U0963005

中国镇物

陶思炎　著

東方出版中心

图书在版编目（CIP）数据

中国镇物：插图本 / 陶思炎著. — 上海：东方出版中心, 2022.4（2024.4 重印）
ISBN 978-7-5473-1967-3

Ⅰ. ①中… Ⅱ. ①陶… Ⅲ. ①民俗学－中国－通俗读物 Ⅳ. ①K892.29-49

中国版本图书馆CIP数据核字（2022）第029873号

本著作中文简体字版由三民书局股份有限公司许可东方出版中心有限公司在中国大陆地区发行
著作权合同登记号：09-2021-0263

中国镇物（插图本）

著　　者　陶思炎
责任编辑　张爱民　黄　驰
装帧设计　钟　颖

出 版 人　陈义望
出版发行　东方出版中心
地　　址　上海市仙霞路345号
邮政编码　200336
电　　话　021-62417400
印 刷 者　上海盛通时代印刷有限公司

开　　本　890mm×1240mm　1/32
印　　张　12
字　　数　252千字
版　　次　2022年10月第1版
印　　次　2024年4月第3次印刷
定　　价　85.00元

版权所有　侵权必究
如图书有印装质量问题，请寄回本社出版部调换或拨打021-62597596联系。

自 序

我生于“六朝古都”南京，长于秦淮河畔，自幼受到南风北俗的熏陶，与中国民间文化结下了不解之缘。还在少年时代，我就爱同哥哥及邻童们参与各类民俗活动：春日到雨花台放风筝，夏日到城墙脚下捉蟋蟀，秋日掘地槽击棒壤，冬日在火炉旁听大伯父讲书说戏。至于逢年过节，更是沉浸在浓浓的民俗气息里。直到今天，每逢过年，夫子庙的纸扎花灯，以及马蹄糕、鸡骨断（寸金糖）、欢喜团、大元宵等民俗食品，总能唤起我亲切的回忆，成为我理不清、丢不掉的节日情结。

民俗曾令我神往，也令我困惑。过年为何要放爆竹？人家门头上为何要放虎头八卦牌？端午节为何要吃粽子？小男孩为何要到老槐树前去拜干妈？巷道口为何立块“泰山石敢当”小碑？新娘子为何顶着红盖头？除夕年夜饭上的红烧整鱼为何不得下筷子？……这些问题从儿提时代就一直萦绕心头，成为我现在写作《中国镇物》的最初的、潜在的诱因。

镇物无时不有，无处不在，其来源幽秘奇奥，其体系庞杂纷繁，建构镇物文化的理论，并理清它的功用与类型，实非易事。1995 年春天，我领学生们去皖南九华山和齐云山等胜地作了一次为期一周的文化考察，释道胜迹和皖南风土给了我灵感和兴致，下山返宁后我便一头栽进书屋，开始了《中国镇物》的写作，历经暑寒，总算一气呵成，如期完篇。

今奉献于读者面前的这部小作，虽有二十三余万言的篇幅，却未能穷尽中国镇物的属种与形态，仅扼要地作出了理论概括，并探讨了一些基本类型。好在，本书不是辞典，不求其全，因此，书中所研讨的具体镇物只是一个个权作解说的范例。读者朋友们若能从小作中多少获得对中国镇物文化和中国民俗传统的识解，则为著者所欣慰。

民间文化是一块奇葩璀璨的园田，在其中当一名挥汗的园丁则是我的志愿。我需要鼓励，也欢迎批评，读者们的中肯意见就是撒向这块园田的露滴，它将永远晶莹而甜润……

陶思炎

于金陵三通书屋

壬寅年春

目 录

壹　岁时镇物

岁时镇物是按一定的期日、时令而设用的镇物系统，它与民间日常生活息息相关，具有周而复始的文化惯性。它主要作为一种风俗传统和特定时节的象征，显示出因时设镇的常备性，并以所选节物的不同点画出岁时的气息。岁时镇物包括新年镇物、节日镇物、时令镇物等支系，其因时选物的传统大多已渐次褪去滞重而神秘的色彩，展现着生活的风情。

第一节　新年镇物

辞岁迎年事象是中国岁时风俗中的荦荦大者。从除夕、元旦到上元节，是万户团圆、举国欢腾的喜庆日子。人们准备年货，装饰门户，打扫居室，烹制佳肴，敬祖祀神，上灯放炮，游乐闹春，终日沉浸在融融的春光里和暖暖的人意中。不过，用以装点新年的各类“年物”，大多为镇物的遗留与化用。新年镇物主要体现在门户镇饰、辞岁镇物及新岁杂镇诸方面，具有物类繁多、隐义幽深、承传持久、色调明朗的特征。

一、门户镇饰

中国人家的新年气象首先是从门户的装饰开始的，而门户之饰又多为镇物，诸如桃符、门笺、门神、春联、鸡符、画虎、灯笼等，均有镇物的意义。

桃符

宋人王安石《元日》诗中有“千门万户曈曈日，总把新桃换旧符”句，强调了正是桃符的换用，才使新年的气象进入了千家万户。

桃符或“桃梗”在风俗中的运用不晚于战国时代。《战国策·齐策》曰：“今者臣来，过于淄上，有土偶人，与桃梗相与语。”“桃梗”即“桃人”，为用桃木所刻出的人形镇物。《后汉书·礼仪志》载：“讫设桃梗，郁儡（垒）苇茭。”此外，《晋书·礼志上》也载：“岁旦，常设苇茭、桃梗，磔鸡于宫及百寺之门，以禳恶气。”《晋书》点明了桃梗是在“岁旦”用于“禳恶气”的新年镇物。

至于桃梗制成人形之故，魏人董勋释曰：“桃，鬼所恶，画作人首，可以收缚不死之祥。”因此，禳恶就是禳死。

南朝时桃符开始流行，又称作“桃板”“仙木”，其制法，即用桃木削出的宽 4—5 寸，长 2—3 尺的薄木板，[1] 岁旦时取两块，上各书“神荼”“郁垒”二神之名挂于门之两侧，用以镇鬼压邪。梁朝宗懔的《荆楚岁时记》曰：“正月一日……帖画鸡户上，悬苇索于其上，插桃符其傍，百鬼畏之。”

---

1 《岁时广记》引《皇朝岁时杂记》曰：“桃符之制，以薄木板长二三尺，大四五寸，上画神像、狻猊、白泽之属，下书左郁垒，右神荼，或写春词，或书祝祷之语，岁旦则更之。”

以桃镇鬼的信仰应索之于上古神话。汉王充《论衡·订鬼》引《山海经》曰："沧海之中，有度朔山，上有大桃木。其屈蟠三千里，其枝间东北曰鬼门，万鬼所出入也。上有神人，一曰神荼，一曰郁垒，主领阅万鬼。恶害之鬼，执以苇索而以食虎。"

由于桃木是万鬼的候判所或"鬼门关"，故古人信能镇辟邪鬼。此外，桃的镇杀之性也与羿的神话有关。《淮南子·诠言》曰："羿死于桃棓。"许慎注云："棓，大杖，以桃木为之，以击杀羿，由是以来，鬼畏桃也。"桃棓连射过九日、向西王母请过不死药的大神都能棒杀，更何况区区小鬼哉！由于这类神话的长期讲传，导致了桃木为镇的信念的树立。宋人范成大《霜后纪园中草木十二绝》之十一曰：

桃能驱不祥，霜后叶铺地。
抱枝昆仑奴，犹解御魑魅。[1]

桃的这种驱辟之功使其进入了"仙木"之列，并被称作"五木之精"或"五行之精"。《典术》曰："桃者，五木之精也。今之作桃符着门上，压邪气。此仙木也。"[2]

其实，桃为新岁镇物是周代的传统。明人顾起元言及岁除岁旦的门饰时说："自夏后氏以苇茭，商人以螺首，周人以桃为梗。"[3]不过，以桃为镇物的信仰风俗也在不断地变异和发展，作为新年镇物，桃符在五代以后演化为春联样式，同时汉代用以鞭洒屋壁的桃汤在南朝时已成元日的饮食，并逐渐由桃木汤变成了桃仁汤。《四时宜忌》卷一载："元旦服桃仁汤，为五行之精，可以伏百邪。可见，桃木镇物曾由门

1 《范石湖集》卷三二。
2 〔唐〕欧阳询：《艺文类聚》卷八六。
3 〔明〕顾起元：《客座赘语》卷四。

饰向其他领域不断渗透。”

此外，桃木镇物还有非岁时、非世俗的应用。《左传·昭公四年》有“桃弧棘矢，以除其灾”之载。这种世俗之用被宗教所借取，例如道士的“天篷尺”取桃木制成,作为行法事时“祓除不祥”的“法尺”。在白莲教的“大刀会”中,还出现以“桃花女”为护身符的信仰(图 1–1)。也许桃与弓矢的联系，被引申为与枪弹的联系，故桃花女护符两边写有“周公祖封枪不发，桃花仙化弹为泥”之句，成为“刀枪不入”的神咒和禳死的镇物。这是桃木作为新年镇物的异变。

图 1–1　桃花女

春联

新年门饰中的春联，与桃符及度朔山神话也有源流关系。清人富察敦崇《燕京岁时记》曰：春联者，即桃符也。自入腊以后，即有文人墨客，在市肆檐下，书写春联，以图润笔。祭灶之后，则渐次粘挂，千门万户，焕然一新。春联一般是用红纸写成，为桃板的模拟。自从孟昶写了“新年纳余庆，嘉节号长春”首联之后，春联大多为迎祥纳吉之句或抒情咏志之言，然仍有门户镇物的余威。例如，在江苏省的一些乡村中，有的人家门上正中贴有“福禄寿”合体字的斗方，两边以偏旁合体叠积的方式写有一副春联，拆开后可作如下识读：

李拐先生法道高，钟离盘石把扇摇，
洞宾背剑清风客，采和花篮献蟠桃。
国舅手执阴阳板，湘子云中品玉箫，
仙姑敬奉长生酒，果老骑驴乐逍遥。

这副春联以八仙为题咏，仍具有镇物的意义，因仙人为阳，鬼怪为阴，即所谓：“鬼怪无形，而全阴也；仙人无影，而全阳也。”[1] 以仙人之名立门户，乃迎阳辟阴，招生退死。

至于后门，一般贴上小幅的“钟馗打鬼图”，并配有这样的春联：

手拿宝剑镇腐恶　胸藏护符驱邪气

显然，这类春联仍保持着新年镇物的性质。

---

1 〔清〕朱叔梅：《埋忧集》卷一附录《袁氏传》。

门神

岁末贴换的门神是与度朔山神话相关的又一新年镇物。《礼记·月令》曰 :“孟秋之月其祀门。”门作为“五祀”之一，其神最初没有图像。不过，伴随着神荼、郁垒神话的兴盛，便出现了有形门神，其时不晚于汉代。现存最早的门神图像见之于汉墓画像石上，其在阳宅门户上的运用当也与此同步。东汉蔡邕《独断》曰 :

> 海中有度朔之山，上有桃木，蟠屈三千里，卑支，东北有鬼门，万鬼所出入也。神荼与郁儡（垒）二神居其门，主阅领诸鬼，其恶害之鬼，执以苇索食虎。故十二月岁竟，常以先腊之夜逐除之也。乃画荼、儡，并悬索于门户，以御凶也。

此外,《荆楚岁时记》曰 :

> 岁旦，绘二神披甲持钺，贴于户之左右，左神荼，右郁儡，谓之门神。

早期的门神图像为壮士执虎的神荼、郁垒之摹写，如河南密县出土的汉画像石那样（图 1–2），此外，在辽宁金县营城子汉墓中还出现了手执刀剑的武士门画（图 1–3），成为后世各类武门神的滥觞。

在晚近门神的浩荡队列中,除了神荼、郁垒(图 1–4),还有秦叔宝、尉迟敬德；赵云、马超；赵公明、燃灯道人；孙膑、庞涓；萧和、韩信;温峤、岳飞等。此外，还有一些身披甲胄，手持金瓜的未名门丞。这些“武门神”，或跃马持兵，或巍然挺立，突出其将帅的英武及守门辟祟的功用（图 1–5）。

图 1-2 汉画像石上的神荼、郁垒

图 1-3 汉墓中的武士门画

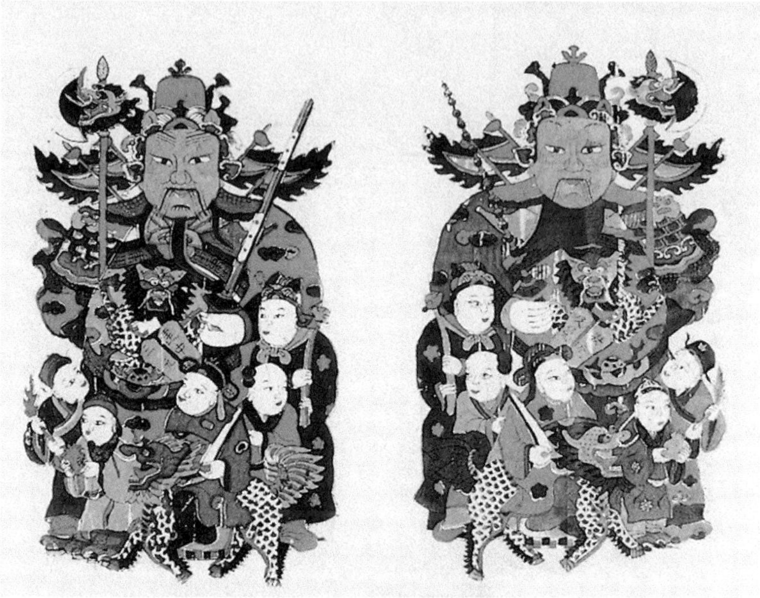

图 1–4　神荼、郁垒

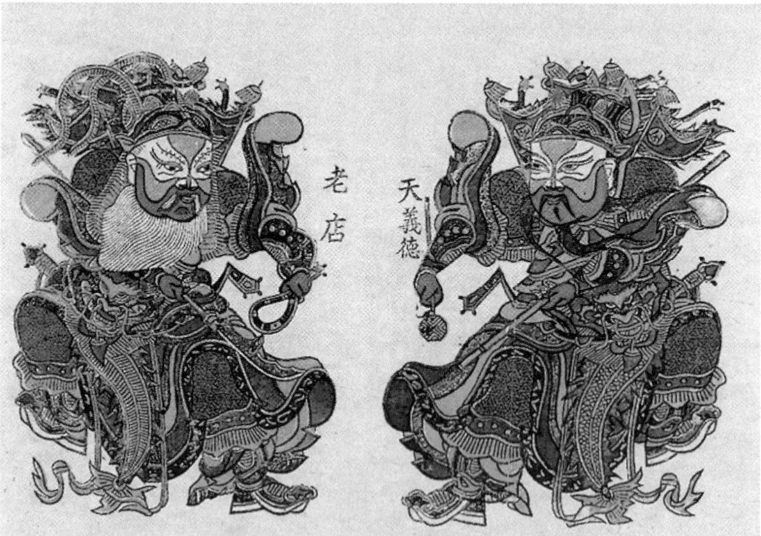

图 1–5　门神

鸡符

画鸡、鸡符也是装饰门户的新年镇物（图 1–6）。

魏人董勋曰："正旦画鸡于门，七日贴人于帐。"《括地图》在描述桃都山的大桃树时也云："上有金鸡，日照则鸣。"东汉应劭《风俗通义》则称鸡主"御死辟恶"，"礼贵报功，故门户用鸡也"。可见，至少在汉代已形成正旦画鸡于门的辟恶风俗。

在明代的南京，贴画雄鸡是"贵家"的年俗。顾起元《客座赘语》卷四载：岁除岁旦，秣陵人家门上插柏枝、芝麻秸、冬青树叶，大门换桃符，贵家房门左右贴画雄鸡。

在西北的一些乡村中至今保持着贴挂鸡图的风俗，以作为门户镇饰。不过，当代的迎年鸡符或加上火珠、钱树，或写上"功名""富贵"一类的吉语，由镇恶辟鬼的滞重主题转化为迎祥纳吉的喜庆追求。

元日画鸡的禳镇风俗与尧的传说和重明的神话联系在一起。晋人王嘉《拾遗记》卷一曰：

> 尧在位七十年……祗支之国，献重明之鸟，一名双睛，言双睛在目。状如鸡，鸣似凤，时解落毛羽，肉翮而飞。能搏逐猛兽虎狼，使妖灾群恶不能为害。贻以琼膏，或一岁数来，或数岁不至。国人莫不扫洒门户，以望重明之集。其未至之时，国人或刻木，或铸金，为此鸟之状，置于门户之间，则魑魅丑类，自然退伏。今人每岁元日，或刻木铸金，或图画为鸡于牖上，此其遗像也。

重明是虚构的神鸟，其原型为鸡，这则神话传说为元日刻鸡、铸鸡、画鸡的风俗加上了神秘的解说，以突出其逐猛兽、除妖灾、退群恶、伏魑魅的神功。

鸡图在岁除岁旦贴挂，除镇辟意义，亦有贺年迎春的性质。古人视鸡为“积阳”，具有与太阳同类相感的神能。据《春秋说题辞》载：“鸡为积阳，南方之象。火阳精物，炎上。故阳出鸡鸣，以类感也。”

古人以五行说释方位，用木配东，火配南，水配北，土配中，故鸡为“南方之象”，即属火，为阳精，本身就是太阳的同类。由于“阳出鸡鸣”，鸡出则日升，所以贴画鸡符有迎接新岁初日的寓意。

鸡在古代信仰中甚至就等同于太阳。《初学记》卷三〇引《风俗通》：鸡曰“朱朱”。俗云，相传鸡本朱氏翁化之，今呼鸡皆“朱朱”也。这里的“朱翁”就是“四神”中位在南方的朱雀。朱雀是红鸟，火鸟，即太阳鸟，本为太阳的兽体象征，因此“朱翁”之称便近似于现代语汇中的“太阳公公”之谓。鸡为朱翁所化，即鸡为太阳的变体。可见，贴鸡于门，就是贴日于门，是人们迎接春阳心态的曲折表达。

由于阳长阴消的观念，俗信画鸡于门，便可长留阳气，并以此退伏作为阴气的各路魑魅。晋人崔豹《古今注》曰：“鸡，一名烛夜。”“烛夜”，就是照亮黑夜的意思，指日出夜退，鸡叫天明，隐含着鸡能战胜黑夜、制伏阴气的观念。

由于鸡、日相感，古人也幻想空中有天鸡。李白诗歌中有“半壁见海日，空中闻天鸡”之句，也是把鸡与日相提并论。天鸡位在何处呢？《玄中记》云：东南有桃都山，上有大树，名曰桃都。枝相去三千里，上有一天鸡。日初出，照此木，天鸡即鸣，天下鸡皆随之。[1] 原来，天鸡居“桃都山”，是第一个感知日出的报晓者，而新年本叫“元旦”，即首次日出，贴画鸡符，也就是由鸡充任向人间报告新年消息的信使。

元旦又有“元日”“正日”“三朔”（年之朔、月之朔、日之朔）等名称。新岁之“朔”究竟起于何时呢？三代各有所定：夏代以平旦

1 〔唐〕欧阳询：《艺文类聚》卷九一。

为朔，殷商以鸡鸣为朔，周代以夜半为朔。以鸡为迎年镇物可能是出自殷商的传统，这同殷商以鸟为图腾的信仰一脉相通，也是东方朔所云“一日鸡，二日犬，三日猪，四日羊，五日牛，六日马，七日人”位序中以鸡为首之由。鸡为“阳鸟”的信仰，是其成为新岁镇物的根本之因。

图 1–6 鸡符

门笺

门笺，又称“挂笺”“挂千”“门彩”“斋牒”“挂钱”“红钱”“喜钱”等，它多用红纸剪刻而成，于岁除同桃符、门神等一并贴挂，不仅装点门户，也用作新岁镇物。

清人富察敦崇《燕京岁时记·挂千》曰：“挂千者，用吉祥语镌于红纸之上，长尺有咫，粘之门前，与桃符相辉映。其上有八仙人物者，乃佛前所悬也。是物民户多用之。”

光绪年间吴庆坻等编修的《杭州府志》卷七七载：“琼宫梵宇，剪五色纸形如旗脚，贴于门额，上书‘风调雨顺’‘国泰民安’等语，在在有之，曰‘门彩’，亦名‘斋牒’。彩笺五张为一堂，中凿连钱文，贴梁间以压胜，曰‘挂钱’。”

贴门笺的迎年风俗至今在大江南北仍盛传不衰。挂笺呈长方形，从现代所见的实物看,有贴于门楣和悬于屋檩两种形制。其贴门楣者，一般长 1 尺左右，宽在 6—7 寸之间；其悬屋檩者，尺度较大，一般长过 2 尺，宽在 1.5 尺左右。

门笺的内容主要由三部分构成：题额、构图与背饰。所谓“题额”又称“春词”，即镌刻出一些迎祥纳吉的迎春彩话，如“喜盈门”“庆丰收”“福如东海”“满园春色”“年年有余”“黄金万两”“鱼跳龙门”“龙凤呈祥”“吉星高照”“人寿年丰”“凤鸣胜利”“招财进宝”等。所谓“构图”，指门笺上一般有一个主题图案，如万年青、大元宝、大“囍”字、福禄寿三星图、喜鹊登梅图、双鱼图、麦穗图、灯笼、鱼跳龙门图、八仙图、十二生肖图（图 1-7）等。所谓“背饰”，即烘托主题图案的背景装饰，主要为古钱纹，此外还有祥云、瑞草、花朵等。著者收藏的一枚苏北挂笺，比较完整地包含了上述三方面的内容，其题额为“鱼跳龙门”，主题图案为一条大鲤鱼和两边装饰着龙首的牌楼，其背饰以六边形小

图 1-7　十二生肖挂笺

图 1-8　背饰为古钱纹的挂笺

孔拟指钱孔，并在垂饰上刻出一排半个古钱的纹样（图 1–8）。作为镇物的意义，正是由其色大红，背饰为钱，以及整个形制像招神的神幡而显示出来。

由题额的吉语、构图的祥物所展现的喜庆气氛，使其在发挥镇辟功能的同时，又带有贺年的情致。清人姚兴泉《龙眠杂忆 · 时令类》诗云：

桐城好，
元旦贺新年，
大族中堂悬福字，
小家单扇贴春联，
处处挂门钱。

此外，清人蒋士铨《花钱》诗则云：

郇公云五色，飞傍孔方家。
舞共青幡出，飘同彩燕斜。
门楣增气象，蓬荜借光华。
难买东风性，终防等落花。

此处的“花钱”就是门钱，既为“增气象”，也为防阴气。

在南京，门笺又称作“闭门钱”。《金陵琐志 · 炳烛里谈》在述及清代南京年俗时说：“家家门悬镂文红胜，谓之‘闭门钱’。”用于闭门，就是用于镇户，由于此“钱”经过“镂文”的艺术处理，故“闭门钱”是一种装饰性很强的新年镇物，凝聚着俗民除凶纳吉的情感。

苇茭

苇茭也是古代用以装饰门户的新年镇物。苇茭即苇索，也就是用芦苇编织的绳索。由于度朔山上的神荼、郁垒二神对恶害之鬼，是以苇索捆扎而用以饲虎的，故在古人信仰中，苇茭便成了使鬼畏妖惧的象征。

不仅苇索，连苇杖、苇叶、芦灰也都成了驱鬼除患的镇物。晋人葛洪的《抱朴子·登涉》曰："山中鬼常迷惑使失道径者，以苇杖投之即使也。"上古神话中的女娲在救治洪患的过程中，除"炼五色石以补苍天，断鳌足以立四极"外，另一法便是"积芦灰以止淫水"了，五色石、鳌足与芦灰在神话逻辑中正是消灾弭患的镇物。

苇茭不仅可与桃人相配悬于门户，另有"桃弓苇戟"或"桃弓苇矢"之制，以作为"除残去恶"的象征。《古今注·舆服》曰："辟恶车，秦制也。桃弓苇矢，所以祓除不祥。"

苇茭作为悬于门户的新岁镇饰，其岁时性的应用本来自度朔山之"度朔"与"过年"的义同。因朔为初始，为初一，而古时元旦又称"三朝"或"三朔"，故"度朔"就是度元旦，也就是现代语汇中的"过年"。苇茭同桃符、荼、垒、画虎一样出自"度朔山"神话，因此都与新年风俗结下了不解之缘，并作为恶鬼的克物，终演成民间辞岁迎年的又一镇物。

羊头

羊头作为新年的门户镇饰，显得神秘而古奥。

在中国古代典籍中，可略见对这一奇俗的零星载述。刘宋裴玄《新语》曰："正朝县官杀羊悬其头于门，又磔鸡以副之，俗说以厌疠气。玄以问河南伏君，伏君曰：'是日土气上升，草木萌动，羊啮百草，鸡啄五谷，故杀之以助生气。'”[1]《杂五行书》则曰:“悬羊头门上，除盗贼。”

不论是“厌疠气”，还是“除盗贼”，羊头都是作为一种免患除凶的镇物，用于门饰风俗之中。羊头的镇辟之功，与古人对羊的认识与奇谈也不无关系。《史记》曰 :“宋义下令军中曰 :‘很（狠）如羊，贪如狼，不可使者，皆斩之。'”《玄中记》曰:“千岁之树，精为青羊。”前者称羊凶狠，后者说羊为树精，故羊头可取凶悍以御敌害，以树之精灵而退邪鬼。此外,《家语》言季桓子穿井获土缶，其中有羊，便问仲尼，孔子答称:“土之怪，坟羊也。”[2]土怪与树精义同，此说也把羊视作精灵的异变。

这类带有前逻辑思维性质的异变观,还曾附会出其他的奇闻怪谈。《艺文类聚》卷九四载: 昔有攘羊者,以羊头遗晋叔向,向母埋之不食。后三年，攘羊事发，追捕向家，检羊，骨肉都尽，唯有舌在。国人异之，遂以羊舌为族。

此类说法虽不足为训，但描述了羊舌及羊头的不死之性，并演示其以舌噬草、得土中生气而长生长活。正是这种不朽观透露出羊头作为镇物的信仰基础。

在中亚、太平洋地区等地以及在中国西部、西南部地区的少数民族中，都有以带角的羊头骨装饰门户、屋角和外栏的风俗，除了对羊的崇拜情感，也含有其骨角不朽、可御死佑生的观念。

在中国古代传说中，还有鬼化羊的说法，并记录下一则妙趣横生的鬼故事。晋干宝《搜神记》卷一六载 :

> 南阳宋定伯，年少时，夜行逢鬼。问之，鬼言 :“我是

---

1 杨荫深 :《事物掌故丛谈》，世界书局 1945 年，第 17 页。

2 〔唐〕欧阳询 :《艺文类聚》卷九四。

鬼。”鬼问：“汝复谁？”定伯诳之，言：“我亦鬼。”鬼问：“欲至何所？”答曰：“欲至宛市。”鬼言：“我亦欲至宛市。”遂行数里。鬼言：“步行太迟，可共递相担，何如？”定伯曰：“大善。”鬼便先担定伯数里。鬼言：“卿太重，将非鬼也？”定伯言：“我新鬼，故身重耳。”定伯因复担鬼，鬼略无重。如是再三。定伯复言：“我新鬼，不知有何所畏忌？”鬼答曰：“惟不喜人唾。”于是共行，道遇水，定伯令鬼先渡，听之，了然无声音。定伯自渡，漕漼作声。鬼复言：“何以有声？”定伯曰：“新死，不习渡水故耳。勿怪吾也。”行欲至宛市，定伯便担鬼着肩上，急执之，鬼大呼，声咋咋然，索下，不复听之。径至宛市中，下着地，化为一羊，便卖之。恐其变化，唾之。得钱千五百乃去。当时石崇有言：“定伯卖鬼，得钱千五。”

这则宋定伯捉鬼故事千古流传，脍炙人口。它为悬羊头的古俗也留下了揭解的信息。羊既鬼变，羊头乃鬼头，而岁除阴气最盛，鬼气最重，故以所斩鬼头（羊头）吓鬼，如同斩鼠头悬梁吓鼠一样，是一种“杀一儆百”的顺势巫术，可借以除凶得吉。也许，正是羊有这种镇辟的文化应用，《说文》才有“羊，祥也”之释。以致后来人们以图画三只羊表达“三阳（羊）开泰”的吉祥意义，才完成了镇物向祥物的演化。

二、辞岁镇物

除夕是岁末，也是冬季的最后一夕，被古人视作阴气最重的一个夜晚，于是人们设置各种镇物，并以多种祈禳手段，以辞岁迎年，去阴接阳。常用的辞岁镇物，有白垩、爆竹、灯火、压岁钱、屠苏酒、纸马、年画、中堂画等，在长期的承传中，它们大多失却滞重的气氛，融入了祥瑞的因素。

白垩

白垩即石灰，在大江南北的乡村中都有除夕用白垩画地的禳镇风俗。嘉靖《江阴县志》卷四载：除夕“画灰于地，象弓矢，云以辟邪。画内书其祝词”。光绪《丹阳县志》卷二九载：“白垩画干戈弓矢于门。”

弓矢为古代利器，又是阳光的象征和男性生殖器的象征。《墨子·经说下》有“光之人，煦若射”之载，云南沧源岩画中的太阳神正是一手持弓，一手执箭。在阴山岩画中，见有一壮伟猎手的图像，他左手握住长弓，右手下垂，双腿蹲屈，而其硕大的生殖器向上高举，成为箭的指代(图1-9)。弓矢既与阳光或阳器相关，俗信借此能退辟作为阴物的鬼魅。用白垩画箭有“白日”的寓意，即以日光驱除夜色，以阳气战胜阴气，以元旦替接除夕。

白垩粉不仅用于图画弓矢，也有盛于布囊和蒲袋中，印迹户外者。《昆新两县合志》卷一载：“以石灰盛布囊印户外，曰白驴迹。”在苏北地区，除夕以蒲包盛石灰印地，称作“打囤子”，又称之为“年”的足迹。

所谓“年”，指传说中的恶兽。它本是紫微星君的坐骑，平日被铁链扣于擎天柱上，每年除夕便悄悄溜到人间来吃人。不过，它胆小，记性差，既怕红，又怕响，此外，见人家户外有白灰印，就误认为是自己的足迹，以为此户已去过，就不再侵扰，重换一家。于是，户户门前都打上白灰印，让其徒劳奔命。

由于辟凶与纳吉相通，“打灰囤”的风俗又作为“以兆秋成”的祈年发家的象征在民间承传。道光《泰州志·风俗》载：(除夕)家家于户外，用小包贮石灰印地，俗谓之“打屯子”。元旦，人见之，呼曰："元宝。"

不过，白垩画地的主要功用还是辟鬼除阴。《银环记》曰：除夕人家用白垩，统门画城池干戈之类。"盖鬼阴物，喜黑而畏白。"[1]

敦煌《进夜胡词》中也提及鬼与"黑"的联系：

西方有一鬼，便使夜黑漆。

北方有一鬼，浑身黑如漆。

而古人正是把白垩与黑漆相对，并作为天渊之别的标志。《吕氏春秋·察微》曰："六日使治乱存亡，若高山之与深溪，若白垩之与黑漆，则无所用智，虽愚犹可矣。"白垩与黑漆的两极对应，也就是阳阴的区分，而黑漆又作为鬼的象征，故白垩便有了镇鬼的性质。

图 1-9　阴山岩画中的猎手（摹本）

此外，古人还有"金气白"的观念，《淮南子·墬形》注云："金气白，故曰白门。""白""金"间可以通转。晋人陶侃曾在建康筑白

1　光绪《丹阳县志》卷二九。

石垒，后又称“白下城”，故南京有“白下”之名。而“白”“金”的联系，又致使南京另有“金陵”之称。金可以制兵，金有杀气，故白就有了镇杀之力。这是白垩作为岁除镇物的又一重文化隐义。

爆竹

爆竹作为古代驱鬼除疠的辞岁镇物，本出于中国南方，其时不晚于汉代。

汉东方朔《神异经·西荒经》曾言及爆竹的起因、制法与功用：“西方山中有人焉，其长尺余，一足，性不畏人，犯之则令人寒热，名曰山臊。以竹着火中烞烨有声，而山臊惊惮。”

“山臊”是传播疾疫的鬼祟之属，唯怕声响。放爆竹逐除山臊的风俗作为新年的事象，至少在南朝已经形成。梁人宗懔的《荆楚岁时记》载：“正月一日，是三元之日也。春秋谓之端月。鸡鸣而起，先于庭前爆竹，以辟山臊、恶鬼。”可见，爆竹作为镇物在梁人已具有岁时禳镇的意义，其驱辟的对象已明言“山臊、恶鬼”，而不若《神异经》称之为“人”，这样，放爆竹很自然地纳入了新岁除阴去鬼的风俗体系之中。

爆竹在唐代又称“爆竿”，[1] 南宋时发明了纸裹火药的“爆仗”，[2] 后又称作“炮仗”，至今“炮仗”“爆竹”之名仍同传共用。早在唐宋时期，放爆竹已成为流布各地的国俗，宋人范成大在《腊月村田乐府十首》中写有《爆竹行》一诗，生动地记述了当时燃放爆竹的情状与信仰：

---

1 〔清〕翟灏《通俗编·俳优》曰：“古时爆竹，皆以真竹着火爆之，故唐人诗亦称‘爆竿’。”

2 〔宋〕施宿《嘉泰会稽志》曰：“除夕爆竹相闻，亦或以硫黄作爆药，声尤震惊，谓之‘爆仗’。”

岁朝爆竹传自昔，吴侬政用前五日。
食残豆粥扫罢尘，截筒五尺煨以薪。
节间汗流火力透，健仆取持仍疾走。
儿童却立避其锋，当阶击地雷霆吼。
一声两声百鬼惊，三声四声鬼巢倾。
十声八声神道宁，八方上下皆和平。
却拾焦头叠床底，犹有余威可驱疠。
屏除药裹添酒杯，昼日嬉游夜浓睡。

从诗中可知，不仅爆竹的声响能惊倾鬼巢，其炸裂的“焦头”仍有驱疠的余威，可垫床下，作为禳病的镇物。

其实，所谓的“山臊”“恶鬼”“百鬼”，都是瘟气、疾疫、阴气的代称，爆竹之声是对春日雷霆的模拟，而春雷是春阳震发之象，也是阳长阴消之征，故俗信爆竹能扫灭阴气，震发万物。《月令广义》曰：“除夕爆竹，所以震发春阳，消除邪疠。”此外，清代北京的一首《竹枝词》曰：

一声爆竹除残腊，换尽桃符逐祟回。
且暖屠苏守岁饮，听他万户震天雷。

爆竹作为春阳震发的信号和邪疠的克星，随年俗而承传千载，后又在婚嫁、寿诞、店铺开张、乔迁新居、迎宾宴客等礼俗中广为应用，在喧闹喜庆的气氛中，爆竹仍保有镇物的潜在意义。

爆竹在近古又有“烟火”“花炮”之变，且名目繁多。明沈榜《宛署杂记》云：“燕城烟火，有响炮起火、三级浪、地老鼠、沙锅儿、花筒、花盆诸制。有为花草人物等形者，花儿名百余种，统名曰‘烟火’。”

光绪十二年《遵化通志》载：

> 花炮声大者，以麻杂纸中，曰“麻雷”；连响者，曰“二踢脚”；高起者，曰“旗火”；有响带灯者，曰“炮打灯”。有“九龙戏水”“五鬼闹判”“冰盘落月”“飞老鼠”，又有“八宝盒”“四方斗”“莲花缸”“葡萄架”等制，及纸糊“炮打襄阳”“火烧战船”等故事，无非驱瘟逐祟意也。

尽管爆竹在向“烟火”“花炮”发展，其游乐与观赏性越来越强，花色品种越来越丰富而奇巧，但仍未失“驱瘟逐祟”的本义，成为一种颇富情趣的新年镇物。

压岁钱

压岁钱又称“压祟钱”“押岁钱”或“厌胜钱”，是一种专用于镇鬼压祟的守岁镇物。

每逢除夕，吃过丰盛的年夜饭，长辈就要向晚辈，特别是未成年者分发压岁钱，正如近代钱沃臣《压岁钱》诗所云：“老人分岁浑无事，手数孙曾压岁钱。”古时多用方孔铜钱为压岁钱，用五色线或红线穿结成花样，穿上一串铜钱，挂在小儿脖子上，以护身压祟。

压岁钱不仅用于护身，也用于镇床。富察敦崇《燕京岁时记》曰：“以丝绳穿钱，编作龙形，置于床脚，谓之压岁钱。尊长之赐小儿者，亦谓之压岁钱。”镇床的“压岁钱”看来与赐给小儿的压岁钱不同，但功用一致，名称趋同。在近现代，银圆、钞票用红纸包上也可充作压岁之用，护儿退祟始终是这一年俗的主题。

压岁钱最初称“厌胜钱”，是以非流通的币形饰物作为佩件，具有辟邪与赏玩的双重功用。厌胜钱的形制很多，多铸有各类图案。

据宋人王黼《宣和博古图录》载："厌胜钱有五，一体之间，龙马并着，形长而方。李孝美号之曰'厌胜钱'。"

其实，厌胜钱早在西汉就已出现，在山东临沂银雀山汉墓竹简博物馆藏有一枚西汉厌胜钱，其正面为"五铢"，背文为"五毒"，表现了对"五毒"的诛灭愿望。厌胜钱上常铸有各类吉语或咒语，例如"君宜侯王""千秋万岁""天下太平""去殃除凶""顺风大吉""三元及第""五子登科"等。厌胜钱上还多见有龟蛇、龙马、双鱼、星斗、宝剑、道符、八卦等图案。有一种"天罡符咒币"，其正面铸有"天罡，天罡，斩邪灭亡，吾有令剑，斩鬼不存，急急如律令，上清摄"的咒语；背面则铸为"神清，神清，捉鬼降妖，此符到处，灭鬼不存，急急如律令，雷煞摄"的符咒[1]（图 1–10）。

在明李诩的《戒庵老人漫笔》卷二中，收录了两枚古代的厌胜钱，其一为"斩鬼大将"，其二为"魏骑骥足"（图 1–11）。

1992 年在江苏省灌云县小伊乡吴正村，农民唐庆华在建房时挖出了一枚明代的石钱，该钱呈圆形，直径 15 厘米，方孔边长 3.5 厘米，厚 3.5 厘米，重约 1 公斤。其正面凿有"正德通宝"四字，文字端正清秀。[2] 这枚石钱也是用于辟邪的厌胜钱，它可能是镇库之物，也可能埋于宅基用于镇宅退祟。

厌胜钱功在压祟，而"祟""岁"同音，于是化入了新年风俗，但压岁钱仍未失镇物的身份。

钱何以成为镇物呢？这同古人的神秘观与俗用观均有联系。古有"天圆地方"之说，而古钱因边圆孔方，成为天地抱合的象征。天地抱合即阴阳相就，因此古钱纹具有与太极图相类的象征意义：以两仪合化万物的"生"气，辟克死亡，获取永生的祥瑞。

1　蒋晓星：《中国历代货币的故事与传说》，江苏文艺出版社 1991 年，第 172 页。

2　《扬子晚报》1992 年 4 月 1 日第 5 版。

图 1-10　厌胜钱

图 1-11　厌胜钱

除了这一神秘的文化观念，也与古人对钱在俗用中的“神能”所引发的认识相关。晋人鲁褒《钱神论》曰：“钱无位而尊，无势而热。钱之所在，危可使安，死可使活；钱之所去，贵可使贱，生可使杀。”[1]

世俗生活中的拜金倾向，强化了钱的“万能”，钱既能“危可使安”“死可使活”，就已具备了镇物的性质，因此被广泛用于镇宅、护身、镇墓、压岁，成为神秘性与世俗性交并的特殊镇物。

屠苏酒

屠苏酒是中国古代又一种辞岁镇物。王安石《元日》诗云：“爆竹声中一岁除，春风送暖入屠苏。”可见，在中古时期饮屠苏酒是年俗中最典型的事象之一。

“屠苏”究竟为何物，文献载述不一，可谓众说纷纭。《通训·植物》曰：“屠苏，阔叶草也。”北周王褒《日出东南隅行》中有“飞甍雕翡翠，绣角画屠苏”句，其中的“屠苏”也是指草类植物。南朝梁人沈约《俗说》曰：“屠苏，草庵之名。昔有人居草庵之中，每岁除夜遗闾里药一剂，令井中浸之，至元日取水置于酒樽，合家饮之，不病瘟疫。今人有得其方者，亦不知其人姓名，但名‘屠苏’而已。”

沈约称屠苏是以草庵之名而命名的一种中药配剂。可见，用之浸酒是在南朝就已形成的新年风俗。

《太平御览》一八一汉服虔“通俗文”则云：“屋平曰屠苏。”《宋书·索虏传》曰：“所住屠苏，为雷击，屠苏倒。”“屠苏”亦指房屋。

道士们则称屠苏为“轩辕黄帝神方”，并取药八味合成，故又称作“八神散”或“屠苏散”。孙真人《屠苏饮记》曰：

1 〔明〕孙传能：《剡溪漫笔》卷二。

> 屠者，言屠绝鬼炁；苏者，言其苏省人魂。其方用药八品，合而为剂，故亦名“八神散”。大黄、蜀椒、桔梗、桂心、防风各半两，白术、虎杖各一分，乌头半分，咬嘴以绛囊贮之。除日薄暮，悬井中，令至泥，正旦出之，和囊浸酒中。顷时，捧杯咒之曰：“一人饮之，一家无疾；一家饮之，一里无病。”先少后长，东向进饮。取其滓悬于中门，以辟瘟气。三日外，弃于井中。此轩辕黄帝神方。

孙真人对“屠苏”二字从功用上作出了解说，即“绝鬼气”“省人魂”，有镇辟与疗救之性。至于用红布囊盛装，除日放井底，元旦取而浸酒，饮时伴有一些神秘的行为，如说祝咒之辞、先少后长、东向进饮等，主要从颜色、岁时、空间、年龄、步骤、方位等角度烘托巫道气氛，渲染屠苏酒的镇辟神力。

饮屠苏酒时，为何一反中国的长幼之序而为“先少后长”呢？宋洪迈《容斋随笔》曰：“小者得岁，故先酒贺之；老者失岁，故后饮殿之。”小孩过了年就长了一岁，是值得高兴的喜事，而老人过一年则少一年，故不急于去饮这杯年酒，以盼多留得几许岁月。

屠苏酒实为“椒柏酒”的变异，而“椒柏酒”早在汉前就已用于享神和祛病。汉崔寔《四民月令》曰：“椒是玉衡星精，服之令人身轻能走，柏是仙药。”又曰：“正月之朔，是谓正日。躬率妻孥，洁祀祖祢。及祀日，进酒降神毕，乃室家尊卑，无大无小，以次列于先祖之前，子妇曾孙，各上椒酒于家长，称觞举寿，欣欣如也。”[1] 椒柏酒与屠苏酒的源流关系已十分明朗。

此外，唐欧阳询《艺文类聚》卷五引《养生要》曰：“十二月腊除，令人持椒卧井旁，无与人言，内椒井中，除温病。”这里的椒酒与屠

1 〔唐〕徐坚：《初学记》卷四。

苏酒已无区分。

宋人陆游《除夜雪》诗中有“半盏屠苏犹未举,灯前小草写桃符”句，他将“屠苏”与“桃符”相提并论，可见二物在时人信仰中同为神奇的辞岁镇物。

剪纸

剪纸又称“剪彩”，其图案也被民间视作辞岁迎年的镇物。

剪纸风俗原为人日和立春的祈禳事象,《荆楚岁时记》曰 :“正月七日，为人日。以七种菜为羹，剪彩为人，或镂金箔为人，以贴屏风，亦置之头鬓，又造华胜以相遗。”唐人段成式《酉阳杂俎》载 :“立春日，士大夫之家，剪纸为小幡，或悬于佳人之首，或缀于花下。又剪春蝶、春钱、春胜以戏之。”

不论是“置之头鬓”，还是“贴屏风”，或其他戏用，均有春日镇辟的功用。从宋人梅尧臣《元日立春》诗中的“缀条花剪彩，插户柳生烟”句可知，剪彩与插柳并举，当同为春日镇物。

古人有说剪彩之风起于晋代贾充之妻李夫人,[1] 唐诗人李商隐也有“镂金作胜传荆俗,剪彩为人记晋风”句,剪纸的源头看来不晚于晋代。

到了宋元以后，这一风俗已固定在元旦或除夕了。明刘侗《帝京景物略》卷二载:“唐制:立春日，郎官、御史、长贰以上，赐春罗幡胜;宰臣、亲王、近臣，赐金银幡胜入贺，带归私第；民间剪彩为春幡簪首。今惟元旦日小民以鬃穿乌金纸，画彩为闹蛾簪之。”

清光绪《丹徒县志》卷四载 :“(除夕) 剪纸作壶卢形，贴于室。换桃符及门联。”

可见，剪纸的辞岁迎年意义及其借以镇辟的功用愈来愈明朗。

1　王三聘 :《古今事物考》卷一“花胜”。

直到当代，剪纸图案还见于岁时禳镇风俗之中。例如，滨州剪纸中的雄鸡图，贴于窗户之上，具有鸡符的遗意，其身还剪出了古钱纹，强化了镇物的性质（图 1–12）。陕北的“挡鬼娃娃”，以头戴牛角的五子携手的构图，以阻挡阴气（图 1–13），因角为“阳气动跃”之象，五子戴角便突出阳气的存在，以产生镇辟之力。在烟台地区有“八仙”剪纸（图 1–14），仙人长生不老，阳气永存，故也作为民间辟阴的镇物。

剪纸在各地形成不同的传统与风格，[1] 题材也丰富多彩，但都有相近的功能和岁除贴用的风俗，并以艺术的方式执着地寄托着除凶镇恶与迎祥纳吉的人生追求。

图 1–12　雄鸡图（民间剪纸）

1　沈之瑜：《剪纸研究》，上海人民美术出版社 1961 年。

图 1-13　挡鬼娃娃（民间剪纸）

图 1-14　八仙（民间剪纸）

松盆

松盆，又称“粡盆”“糁盆”“旺盆”，它是以松柴为燃料的除夕镇物。宋周密《武林旧事》卷三曰：“至除夕……至夜烛糁盆，红映霄汉。”明高濂《四时幽赏录》载：“除夕，唯杭城居民家户架柴燔燎，火光烛天，挝鼓鸣金，放炮起火，谓之松盆。”

明刘侗、于奕正《帝京景物略》曰：除夕，“夜以松柏杂柴燎院中，曰烧松盆，熰岁也”。《月令通考》曰：“除夕送旧神，焚松柴，谓之粡盆。”

此外，光绪《丹阳县志》卷二九则曰：除夕，“烧榾柮满盆，为‘旺盆’”。

松盆的岁时功用在于助阳气、辟阴祟。宋陈元靓《岁时广记》卷四〇《岁华纪丽》：“除夜烧榾柮，为熙庭助阳气。”又《四时纂要》云：“除夜积柴于庭，燎火辟灾。”再者，光绪五年《通州志》载：除夕，“烧炭火、苍术以辟瘟，各于门前燔柴，曰‘燔岁’”。“燔岁”之说按谐音理解，乃意取“燔祟”之义。

在乾隆五十九年《直隶遵化州志》中，烧松盆之俗被称作“熰祟”：“除夕，易桃符，贴春联，剪红纸葫芦于牖户，曰‘拒瘟’。爆竹彻夜，焚松柏枝，令烟满院宇，曰‘熰祟’。”所谓“熰祟”，即以火燎之阳热驱辟阴冷的鬼祟，因此，“松盆”是辞岁的镇物。

烧松盆以辟祟的禳镇风俗早在宋代已相当普及，尤其在江南一带已成传统，宋人范成大写有《烧火盆行》，生动地记述了这一事象：

春前五日初更后，排门然火如晴昼。
大家薪干胜豆秸，小家带叶烧生柴。
青烟满城天半白，栖鸟惊啼飞格磔。
儿孙围坐犬鸡忙，邻曲欢笑遥相望。
黄宫气应才两月，岁阴犹骄风栗烈。

将迎阳艳作好春，正要火盆生暖热。

从诗中“大家薪干胜豆秸，小家带叶烧生柴”等句可知，“烧火盆”在宋代的吴地曾是无贵无贱、老少咸与的“迎阳”风俗，“生暖热”的实用功能之外，主要表达扫除“气阴”的新岁祈盼。

烧火盆的镇辟观念来自火的信仰，与此相关的新年灯笼和别种灯火也具有镇物的性质。慧琳《众经音义》引《风俗通》曰：“今俗法每以腊终除夕，饰桃人，垂苇索，画虎于门，左右置二灯像虎眼，以祛不祥。”除夜门前挂红灯一对，与其说“像虎眼”，莫如说是火崇拜的孑遗。此外，除夕“照虚耗”一类的禳镇风俗也与“烧火盆”异曲同工。“虚耗”是一种使人家贫穷匮乏之鬼，然畏灯火，人们将灯火置于床底或厨厕等处，信能加以驱辟。[1]因此，松盆与灯火都是火崇拜的岁时化，或者说是出自这一自然镇物的两个人工化的亚种。

三、新岁杂镇

中国旧时的“过年”不只在除夕、元旦两日，而是从腊月二十三或二十四“送灶”开始，延至正月十八“落灯”日止，几乎有一个月的“过年”期日。这期间的风俗活动丰富多彩，从饮食、交际、游乐、敬神、祭先直到各种占验、禁忌和祈禳活动，可谓蔚为大观，其中不乏镇物的应用。新年镇物不仅在辞岁迎年风俗中集中应用，也不单在门户镇饰上充分展现，它还显示在其他的年俗中。诸如灯盏、野火、太平鼓、傩仪、假面、五谷、纸马、年画等，也都构成各具内涵的新年镇物。

1 〔宋〕《异闻总录》：“京师风俗，每除夜必明灯于厨厕等处，谓之照虚耗。”

灯盏

正月初八或正月十三日民间有“散灯”的祭星风俗。富察敦崇《燕京岁时记》曰:“初八日，黄昏之后，以纸蘸油，燃灯一百零八盏，焚香而祀之，谓之顺星。十三日至十六日，由堂奥至大门，燃灯而照之，谓之‘散灯花’，又谓之‘散小人’。亦辟除不祥之意也。”

所散之灯为“辟除不祥”，可见，灯盏是新年镇物。此外，光绪一百三十卷本《顺天府志》载:“十三日，家以小盏一百八枚，夜灯之，遍散井灶、门户、砧石，曰‘散灯’也。其聚如萤，散如星。富者灯四夕，贫者灯一夕止，又甚者无灯。”“散灯”已发展为元宵节俗，其潜在的意义为星的模拟。

在都市，元夕放灯为年中盛事，到处灯如星雨，火树麦秸、通草、羊皮、玻璃等，在中国北方还见“凿冰为冰灯”“堆雪为雪灯”。[1]从造型说，有三星灯、八仙灯、聚宝盆灯、西瓜灯、草虫灯、皮球灯、金鱼灯、楼船灯、鳌山灯等，在当今南京夫子庙的春节灯市上，还见有狮子灯、荷花灯、兔子灯、蛤蟆灯、飞机灯、菠萝灯、花篮灯、双球灯、小灯笼等十数种，包括提的、举的、拖的、推的、挂的等多种样式。

在乡村，元夕的灯盏有的不仅可看，也可食用。民国三十三年新中国印书馆铅印本《宜川县志》载：“元宵节，家家燃灯通宵，并以面作鸡、犬、猫、兔等形状，分置于鸡埘、犬窝等处，中竖棉花引条，注油燃之，至十六日早，作羹食之。是日，迎女归宁看灯。”

为何“迎女归宁看灯”呢？我们从无名氏的《海丰元夕灯词》中可窥得秘密：

1 光绪十二年六十卷本《遵化通志》。

元夕浮灯海水南，红灯女子白灯男。
白灯多甚红灯少，拾取繁星满竹篮。

原来，灯盏不仅是繁星的象征，而且能兆男兆女，成为乞得子嗣、禳除不孕的镇物。在华北，正月十四、十五、十六 3 日的灯盏被分别称之为“神灯”“人灯”和“鬼灯”，并各有所置，各有其意。据民国十一年铅印本《文安县志》载：

> 十四夜，谓之“神灯”；十五夜，谓之“人灯”；十六夜，谓之“鬼灯”。神灯放于家祀各神、宗祠木主；人灯放于门窗、床笫、几案及一切坐卧常用物件等处，俗谓可以辟蝎；鬼灯放于丘墓、原野，谓游魂得灯可以脱离鬼蜮。

上述三灯分别用于乐神、辟蝎、安魂，这些功用正表明了灯盏的镇物性质。

至于闹春中的狮子灯、龙灯、犬马灯等，透过其欢腾的游乐气氛，仍能看到其追求驱除蝗旱、祛疫消灾的真正功用。

元夕放灯所拟之星为太一星。司马迁《史记·乐书》曰：“汉家常以正月上元祭祀太一甘泉，以昏时夜祀，至明而终。”

此外，《史记·天官书》还说：“中宫天极星，其一明者，太一常居也。”可见，以灯夜祀，所拟者为太一星，即北极星。由于古有“日分为星”之说，因此拟星也就是拟日，表现为对阳精的借取。可以说，对北极星或太阳的模拟与祭祀，不仅是元夕灯火的来由，也是灯盏用以镇除不祥的信仰基础。

野火

从腊月二十四至正月二十日，农家有夜晚在野田烧火的祈禳风俗，称作“照田蚕”“点田蚕”“照田财”“放烧火”“掼火把”“摺火把”等。所燃放的野火不仅用于水旱占验，也作为除虫免灾的镇物。

清人顾铁卿《清嘉录》卷一二曰：“村农以长竿燃灯，插田间，云祈有秋。焰高者稔，谓之‘照田财’。”

除田中燃灯，更多的是用树枝、棉秸、草把、豆藤、秃帚之类放在田中点燃，村童边烧边唱“照田蚕词”，成为一种逗趣谐乐的岁时性活动。流传在江苏常熟地区的《点田蚕词》唱曰：

点田蚕，点田蚕，
点蚕菩萨到我屋里来！
我俚田里大棵稻，
人家田里小棵草！

在江苏江阴地区，草把燃起后，儿童们边舞边唱：

正月半，放田财，
田财，田财，到我屋里来！
我俚田里收三担半，
别人田里收三木碗！

在江苏南通地区，正月十四日各家扎稻草把数个，置于田中，又用面粉搦成数百个棉桃形之物，缀在棉花秸上，并遍插田中。到了十五日夜，人们把草把点燃，边舞边唱：

正月半，二月半，
家家户户放烧火。
别人家菜不曾栽，

我家的菜上了街。
别人家豆子谷子大，
我家的豆子盘碗大。
别人家的棉花瘦又低，
我家的棉花壮了要撑天。

火烧完后，面果从棉花秸上取下，回去炒熟了给小孩吃，俗信吃了这面果，可免一年的灾殃。

上述放野火的歌谣，多以夸己贬人的言辞来逗乐，使威严的镇物带上了几许轻松。尽管它被附加了免灾的功用，但农事禳镇仍是其主要的目标。

在江苏海州，放野火称作“撂火把”，人们把废弃的干刷锅把、高粱秆、芦苇棒等包扎麦草做成火把，一般要准备十数个，由孩子们在田里点着后边扔边唱：

火把火把琉璃灯，一棵秫秫打半升。
火把火把琉璃灯，土蚕芦狗都死清。
火把火把琉璃灯，大小蝗虫都死清。[1]

在宋人范成大《照田蚕行》中，也见有“不惟桑贱谷芃芃，仍更苎麻无节菜无虫”之句。可见，自古以来，野火主要是作为农事镇物而在民间承传，其信仰基础依然是以火的阳精退辟野田的阴冷及潜而未露、贼害于人的各类害虫，以祈得一年农事的丰穰。

1　刘兆元：《海州民俗志》卷二二，江苏文艺出版社 1991 年。

五谷

五谷类的杂粮，以及稻米等种子、种皮或秸子，也是新年辟祟祛灾的镇物，并带有浓烈的农耕文化色调。

新年插芝麻秸或踏芝麻秸就体现了民间的镇鬼俗信。光绪二十八年《顺天府志》载："（除岁）插芝麻秸于门檐、窗台，曰藏鬼秸中，不令出也。"芝麻收住鬼祟，禁闭其中，因此芝麻秸就是治鬼的镇物。

光绪十二年《遵化通志》引《采访册》曰："（除夕）以芝麻秸铺地，出入践之有曰'亟祟'。五更以赤小豆纳井中，一岁食水者不染疾。"所谓"亟祟"，就是用鞋子踩灭被囚的鬼祟，表现了对阴祟彻底镇除的决心。

在西北，人们则用糠皮祛灾。雍正十三年百卷本《陕西通志》载：

> （正月）七日，用糠着地上，以艾炷灸之，名"救人疾"，俗以"疾""七"声相近也。
>
> ——《延绥镇志》
>
> ……九日，灸谷皮于阈，以祛灾。
>
> ——《同州志》
>
> 九日，用糠一盒，黎明置门前，炭火燃之，名曰"灸穷"。
>
> ——《韩城县志》
>
> ……正月十五日，州人将五谷攒于寺观，因而祝神，以祛禳虚耗，谓之"送耗"。
>
> ——蔡交《洋州》诗自注

谷粮之皮能禳疾、祛灾、脱贫，亦透露出它的镇物之性。

在洛川地区，有炒五谷以除秽的"炼干"之俗。据民国三十三年二十六卷本《洛川县志》载：

正月月尽之日，备麻子、麦、豆等，先入水泡湿，总置锅中炒干，名曰“炼干”。俟夜，各户将屋庭扫除洁净，积秽物于一处，并入所炒麻子之类燃之，更撒以盐，取其爆发，意谓可除秽气也。然后，将小儿衣被等物一一于火上燎之，且念云：“炼干哩，花花女上天哩，我院里坐官哩，你院里打砖哩。”

除“秽气”，也就是除阴气、除脏气、除鬼气，以小儿衣于火上燎之，即借助所撒麻、豆之类将潜入小儿衣的阴祟一并逐除，以达镇宅、护儿的双重功效。至于“你院里打砖哩”的讥嘲，具有咒语的性质，也体现民间镇辟风俗中的乐观情调。

谷物在新年风俗中不仅用于禳镇，也用于占验。乾隆三十九年《永平府志》载：除日，“取百谷种，量较钧一，置之地面；取秸茎以析之，纳豆十二，闰加一粒，置之水中，以为元旦占验”。谷物何以作为神力与神意的显现呢？这主要因它们为蕴含生命的种子，能长生长长，不断地复活再生，洋溢着不灭的生气。生气即阳气，因此麻、豆之类的五谷或“百谷”，就成了阳气常在的象征，成了退阴辟祟的象征，也成了迎年祈福的象征。正是以阳祛阴，以生辟死的信仰观念，使寻常的谷粮也成了神力非凡的又一类镇物。

面具

面具作为新岁镇物，源出于古代的傩蜡文化（可参阅东大图书公司出版之《傩史》）。

面具，俗称“漫脸子”“鬼脸子”“脸壳子”，多以凶神恶兽之形传导除邪辟恶的镇压之力。

《周礼·夏官》所记述的古傩礼中的“方相氏”，就是一个戴了面具的傩神："方相氏掌蒙熊皮，黄金四目，玄衣朱裳，执戈扬盾，帅百隶而事难（傩），以索室驱疫。"

"黄金四目"并非方相氏的本来肖像，同"熊皮""玄衣朱裳"一样，实为用以装扮的傩具。"黄金四目"正是假面的写照，其功用在于"驱疫"。

在汉代，"先腊一日，大傩"，[1]后又在"季冬晦"，即除夕行之。面具不仅在傩仪中见用，甚至也用于元夕的游乐项目。《柳彧传》曰："都邑百姓每至正月十五作角抵戏，人戴兽面，男为女服。彧请禁断，诏可其奏。"[2]这种戴兽面、穿女服的角抵之戏，亦为驱疫傩仪的遗意。

假面不仅用于驱疫，也用于逐鬼。宋孟元老《东京梦华录》载："至除夕，禁中呈大傩仪，并用皇城亲事官。诸班直戴假面装将军，又甲胄门丞。""将军""门丞"为门神之属，戴假面乃具有镇户辟祟的取义。

明冯梦龙《谭概》卷三四记有金陵一卖"鬼脸子"的，因遇雨沾湿，便用火烤面具，一黑汉竟被吓得跪地求饶，招认自己是与主家小姐私通的黑鱼精怪。

面具能退疫鬼、辟精怪，因此，面具在现代乡村中仍略见应用。例如，在江苏省溧阳地区有名为"跳幡神"的傩舞，舞蹈者脸上分别戴上赤、青、黄、白、黑五种颜色的木雕假面，穿上铠甲，提上大刀，由小马开道，"旗头"引导，上场边走边舞，边舞边唱：

（青面词） 东方青面一神将，
威风凛凛透胆寒，
如许尔愿命保佑，
扫尽邪恶保平安。

1 《后汉书 · 礼仪志》。

2 丁世良等：《中国地方志民俗资料汇编》（西北卷），书目文献出版社 1989 年，第 195 页。

（白面词）西方白面真神君，
子夜出游更已深，
剪开罗帽显斗牛，
村中邪雾尽扫净。
（赤面词）南方赤面一尊神，
烈火红旗瑞气腾，
村前村后斗凶煞，
散尽邪恶定乾坤。
（黑面词）北方黑面果英雄，
凶恶怎敢战英勇，
收尽灾难难逃免，
村村庄庄皆太平。
（黄面词）中央黄面耀神光，
旌旗飘拂显十方，
左手执掌兵书剑，
右手执掌铁扇刀。[1]

五位面具神均以扫邪雾、收灾难为己任，依然展现着面具的镇辟功能。在江苏省高淳县的一些乡村中，建有祭供面具神的小庙，乡人在岁除请出面具，在村庄中巡游，以收瘟除祟、祈获太平。

当今的面具，作为古傩的遗存，同时又作为有神性的镇物，主要体现了艺术化与宗教化的倾向，并或明或暗地融入了新年禳镇风俗之中，成为一种古老而神秘的特殊镇物。

1　常州市民间文学集成办公室编：《常州市民间文学三套集成资料选编》第八辑，1988年12月。

太平鼓

太平鼓又称“腊鼓”“羊角鼓”“羊皮鼓”“咚咚鼓”等，是腊月至正月儿童作乐的打击乐器，也是一种自娱兼表演的舞蹈道具。打太平鼓，在古代风俗中既为辞岁，又以禳镇。

明刘侗、于奕正《帝京景物略·花市》曰：“童子挝鼓，傍夕向晓，曰太平鼓。”这敲打一夜之鼓何以称作“太平”呢？这得从其功用去识得。民国二十四年十九卷本《重修镇原县志》载：

> 《通俗编》：“湖州土俗，岁十二月，人家多设鼓乱挝之，至正月半乃止，相传名‘打秏’。打秏者，言惊去鬼祟也。”
>
> 《雍洛灵异小录》：“马周上言，令金吾每街隅悬鼓夜击，以止其行李以被窃盗。时人随呼为‘咚咚鼓’也。”

这鼓可以驱鬼祟，防盗贼，对恶人害鬼均能加以镇除，岂不“太平”哉！

此外，程先甲《游陇丛记》卷二曰：“正月初，兰州城内有腰系鼓遍行街巷，且行且击，其声震人，谓之‘羊角鼓’。据地方人云：甘地寒气闭塞，春初非击此鼓则地气不融和，岁必不熟。”[1]“羊角鼓”信能调地气，促丰稔，扫寒气，可见它是一种俗用的新年镇物。

至于太平鼓的用料，富察敦崇《燕京岁时记》曰：“太平鼓者，系铁圈之上蒙以驴皮，形如团扇，柄下缀以铁环。”而给小儿游戏者，有时则以纸糊代之，正如清人胡天游《太平鼓歌》所云：“腔以竹枝鞔以纸，小儿相和大儿喜。”古代传说则云，黄帝与蚩尤大战时，玄女制夔牛鼓。《山海经》称：“夔，大兽，似牛，一足，无角，皮可面

1　叶大兵等：《中国风俗辞典》，上海辞书出版社 1990 年，第 609 页。

鼓。”[1] 鼓面既出自神兽之皮，固有镇辟之功。

鼓能镇辟之因，如《周易》所言：“鼓之以雷霆，则其所象也。”[2] 鼓是对雷霆的模拟，鼓声有如雷声，故可镇杀阴气。《尔雅义疏》称“鼓声使人警动”，《太平御览》则称：“鸣鼓振铎，以动其心；劳形趋步，以发阴阳之气。”[3] 可见，打“太平鼓”，意在使人警动，并催发阴阳之气，以助阳除阴，在其游戏的外象中包藏着镇物的内核。

纸马

纸马作为版印的神祇图像，既是民间迎神与祭拜的偶像，也是用以辟鬼逐祟的镇物。纸马多在新年前后沿用，可视作岁时性镇物。

光绪《睢宁县志稿》卷二载：“元旦贺岁，户无大小，多服明洁衣，具酒醴、香烛、纸马，祭天地诸神，祀祖先。”《金陵岁时记》曰：“取纸长约五尺，墨印财神仙官或莲座等状，新年立春供设厅堂。削木如牌坊形，高尺余，曰纸马架。”纸马既是祭品，又是拜物，成为旧时年俗中的一个不可忽视的节物。它能纳吉，也能除凶。康熙《澄江府志》卷五载：“除夕饮分岁酒，先少后老，二更迎灶，围炉守岁，烧爆竹、欸马以逐祟。”纸马不仅能逐祟，也能禳疾。《清嘉录》卷一二提及吴地人祭供“井泉童子”神马（图 1–15）及其禳目疾之信：

> （除夕）置井泉童子于竹筛内，祀以糕、果、茶、酒，庋井栏上揜之，谓之“封井”。至新正三日或五日，焚送神马。初汲水时，指蘸拭目，令目不昏。

1　王三聘：《古今事物考》卷五。

2　〔唐〕徐坚：《初学记》卷一六“鼓第七”。

3　萧兵：《傩蜡之风》，江苏人民出版社 1992 年，第 437 页。

图 1-15　井泉童子（民间纸马）

除夕或元旦祭供纸马曾是习见的年俗，不过各地在神祇的选配及祭供方式上不尽一致。

在江苏靖江地区，新年供奉的纸马主要有五种：佛、观音、天地（图 1-16）、东厨司命和总圣，供品主要用米面的小圆子，上元日则另供“花果”。所谓“花果”，即做成鸡、鸭、棉桃、石榴等形状的米面果或加印红点的大元宵。

在苏州地区所祭供的纸马主要有玉皇、财神、玄坛、灶君、土地等，供品则选用活鱼、猪头、鸡卵、雌雄鸡及干湿素菜十数种。

在南通地区供奉的纸马有十八种，以应“十八路神仙”之说。它们是：南无观世音菩萨、猪栏之神、阿弥陀佛、虮蜡之神、顺风大吉、家堂香火列位高真、地藏王菩萨、井泉童子、甘露将军、福德正神（图 1-17）、天地、大圣国师王、平天玉帝关圣帝君（图 1-18）、显应城隍、本命元辰、增福财神、禁忌六神、耿七公公等。

在陕西省、河南省民间供奉的纸马有灶君、财神、土地神、仓神、马王、牛王（图 1–19）、关帝、火神等。

在河北省张家口地区，新年也供纸马，人们习惯于“院内供天地，屋内供诸神”，所供纸马包括喜神、四方诸神、天地、财神（图 1–20）、灶君等，其中尤以财神的供奉最为隆重。供品除馔肴、枣山大供（系面制）外，并供雄鸡、猪头、鲤鱼，谓之“三牲”。[1]

在北京旧时，每届除夕，设天地桌，供“百分”纸马，即“诸天神圣之全图”，在豫、陕则称之为“天地三界十方万灵图”。北京人所设的供品有“蜜供”一层，另有苹果、干果、馒头、素菜、年糕一层，谓之“全供”。[2]

在江苏如皋地区，新年祭供的“三十六神图”和“三十神图”（图 1–21）与北方的“百分图”异曲同工，它包括释、道、儒及民间宗教中的尊神与先师，诸如：城隍、准提、孔圣、玉皇、公侯、东岳、天后、火星、观音、佛、华王、太子、太公、北斗、文昌、大圣、南斗、灶君、和合、财神、天官、关帝、本命、张仙、利市、龙王、雷祖、三官、玄坛、招财、土地、月宫、紫微、吕祖、日宫和泉神。

“百分图”“三十六神图”“三十神图”，这类纸马对天地三界各路神祇的搜罗，显然是为获取神佑，以辟凶纳吉。近神则远鬼，纸马在年俗中的应用，既是岁时性敬神信仰观的表达，也是借以除祟化凶镇物观的显现。纸马以宗教、艺术与民俗的交融，使这一镇物涂上了斑斓而迷离的色调。

1 民国二十三年十二卷本《万全县志》，载《中国地方志民俗资料汇编》（华北卷），书目文献出版社 1989 年，第 205 页。

2 〔清〕富察敦崇：《燕京岁时记》“天地桌”。

图 1-16 天地纸马

图 1-17 福德正神（民间纸马）

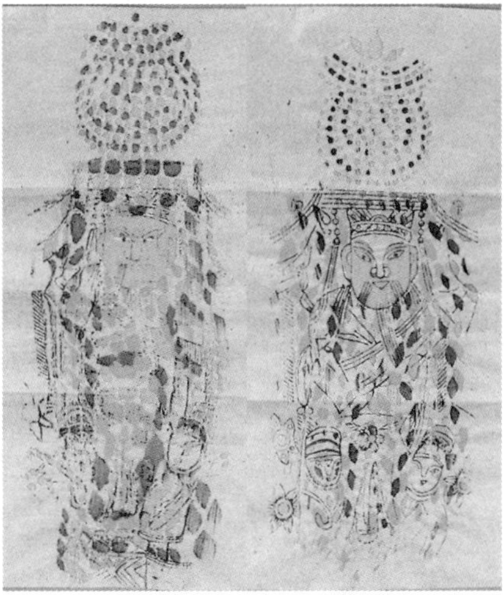

图 1-18　关公纸马

图 1-19　牛王纸马

图 1-20 财神纸马

图 1-21 三十神图（民间纸马）

第二节　端午镇物

端午时值仲夏，为夏令之大节，俗有“端阳节”“天中节”“沐兰节”“解粽节”“龙船节”等名称，其事象自古纷杂而神秘，多带有禳镇的意义。五月为阴阳相争的月份，俗信多有祸患，故称之为“毒月”。古今之端午节物，大多为岁时性镇物，其广泛的应用导致“端午镇物”这一类型的形成。

一、节物为镇

见于古今各地的端午节物颇多，其中龙舟、粽子、雄黄酒、菖蒲、艾草、辟瘟丹、桃印之类，不仅承传久远，且最具镇物的性质。

龙舟

龙舟又称“龙船”，端午日的“龙舟竞渡”或“划龙船”，曾是倾城举国之盛事。龙舟盛会一般在江河或湖上举行，一时间水滨旌旗猎猎，观者如堵，金鼓震响，呼声如雷，使端午成为欢腾喧闹的游乐性节日。唐人刘禹锡在《竞渡曲》中记述沅江上的龙舟赛事，并描述出“扬桴击节雷阗阗，乱流齐进声轰然”的激烈场景，还作出了“风俗如狂重此时”的判断。

在江苏的苏州、南京等地，端午日则以龙船为戏。龙船前雕龙首，后作龙尾，船身彩画鳞片，两旁划桨有八、十、十六之制，中舱伏鼓吹手，头亭之上由小儿扮台阁故事，船首船尾立“篙师”和“挡舵”。有幅题名《端阳喜庆》的江苏木版年画，画上船首立钟馗和利市仙官，船尾立拖刀的周仓，船上挂大幅的八卦龙旗，划手们持桨击波，凝神注目（图 1–22），十划大龙船侧面另有一八划的小龙船，印证了无名氏《龙船乐府》所云“小龙船划疾如驶，大龙船划乱红紫”的描绘。[1] 通过全图竞渡的氛围，我们从钟馗、周仓、八卦龙旗的配置，仍能窥得龙船禳镇的取义。

图 1–22　端阳龙舟

端午龙舟竞渡之事自古多有异说。《事物原始 · 端阳》载 :“《越地传》云 : 竞渡之事起于越王勾践，今龙舟是也。”《岁时广记》卷二一也载 :“《越地传》云 : 竞渡起于越王勾践，盖断发文身之俗，习水而为战者也。”梁代吴均《续齐谐记》曰 :“楚大夫屈原遭谗不用，是日（五月五日）投汨罗江死，楚人哀之，乃以舟楫拯救。端阳竞渡，

1 〔清〕顾铁卿 :《清嘉录》卷五。

乃遗俗也。"《荆楚岁时记》另载："邯郸淳《曹娥碑》云：五月五日，时迎伍君，逆涛而上，为水所淹，斯又东吴之俗，事在子胥，不关屈平也。"

龙舟竞渡的起因或归于越王勾践，或归于吴将伍子胥，或归于追祭楚大夫屈原。其实，这些说法均为附会之言，并未言中这一古俗的功能隐义。

龙舟作为禳灾祛疫的镇物，是原始农耕文化的产物，与图腾崇拜、他界观念有着密切的联系。龙舟本是龙的模拟，它以拟龙悦龙的方式以祈龙护佑。正如古越人文身以像"龙子"一样，龙舟也是亲龙近龙的象征。端午时值仲夏，炎旱将至，龙舟以悦神方式以召唤龙出，而俗有龙出雨降之信，因此，龙舟具有镇除旱魃的功用。

此外，龙舟是两岸交通的工具，原始人类对彼岸难以通达而产生的异域他界观念，使彼岸成为打发鬼魂、灾殃、疾疫的去处，因此，龙舟竞渡同江南的"推端午船"，福建、江西的划"旱龙船"一样，为驱遣瘟神，镇除疫鬼。这种旱龙船又称"迎鬼船"，在泉州人们听到划船时的咚咚鼓声，便急忙抱儿下床，跑到庭院中，双手抖着小儿的衣裤，口中喃喃念道："龙船锣鼓呛呛响，虱母跳蚤摔落田。"[1] 可见，此信追求的是除病保健的功利。

仲夏时节，天气渐热，旱气上升，百虫竞出，瘟疫露头，以龙唤雨、以船送瘟便成了应时的禳镇活动，龙舟也由此成了端午镇物。由于数字"五"意表天地交会，阴阳相就，而龙因能"上下于天"，也就能调和阴阳，因此龙舟又是端午岁时意义的象征，并突出了它的化转、辟克的性质。

1　沈继生：《闽台端午习俗同源略考》，载《闽台岁时节日风俗》，厦门大学出版社 1992 年，第 170 页。

粽子

粽子又称“角黍”，是端午节特有的传统食品。晋周处《风土记》云：“仲夏端午，烹鹜角黍。”又云：“五月五日，以菰叶裹黏米煮熟，谓之角黍。”

粽子作为端午节物，至今承传民间，其品种越来越多。宋人祝穆《事文类聚》曰：端午粽子，名品甚多，形制不一。有“角黍”“锥粽”“茭粽”“筒粽”“秤锤粽”“九子粽”等名。[1]

当今粽子品种更为丰富，并有苏式、广式之分。苏式粽子有白米粽、赤豆粽、豆沙粽、莲蓉粽、烧鸭粽、猪油豆沙粽、叉烧蛋黄粽等，此外更有什锦蒸粽，其馅包括干贝、冬菇、开洋、绿豆、叉烧、鲜肉、咸肉、蛋黄、烧鸭、烧鸡等。[2]

粽子品种虽多，但大多以菰叶裹米而成，其形带角，留下了“角黍”的遗制。粽子不仅是端午食品，也是端午镇物，它以阴阳包裹之象而显示其镇辟之力。

隋杜台卿《玉烛宝典》云：“五月五日，以菰叶裹黏米者，以象阴阳相包裹，未分散也。”[3]

此外，汉应劭《风俗通义》、晋周处《风土记》也言及粽为阴阳包裹之象。《吕氏春秋·仲夏纪》称五月云：“是月也，日长至，阴阳争，死生分。”五月之“五”，上一横表天，下一横表地，其古写为“㐅”，意表天地相接。而粽子何以也有此象征呢？

粽子以黏米为阳，以菰叶为阴，因黏米煮熟后成尖角状，而角又为阳气之征。《经籍纂诂》卷九二引《白虎通·礼乐》曰：“角者，

1 〔清〕顾铁卿：《清嘉录》卷五。

2 顾承甫：《沪上岁时风俗》，华东师范大学出版社 1989 年，第 92 页。

3 〔清〕顾铁卿：《清嘉录》卷五。

跃也。阳气动跃。”在原始文化中，大凡尖利的器型都曾被视作男根的象征，故粽子等角形物当然也为阳物。至于菰叶为阴，乃因其包裹黏米，而一切中空的自然之物与人工器物，也大多在原始文化阶段被视作女阴或子宫的象征。

粽子的阴阳包裹是以物态来表时态，即作为五月五日时令的物化象征。阴阳相合即生化万物的太极之象，故粽子又成为寓意幽深的时令镇物。清乾隆四十三年八卷本陕西省《富平县志》载：“五月五日，簪艾，食角黍，避邪。”民间素有以彩丝粽挂屋或佩身之俗，均以粽子为镇物，以镇宅护身，辟邪驱凶。

雄黄酒

雄黄酒作为端午节物，也取其镇辟之效。蔡云《吴歈》曰：

称锤粽子满盘堆，好侑雄黄入酒杯。
余沥尚堪祛五毒，乱涂儿额噀墙隈。

端午饮雄黄酒的风俗在宋时已有，据施宿《嘉泰会稽志》载：“端午日，设蒲觞，磨雄黄酒饮之。”雄黄酒在民间不仅用来饮用，还用来染点小儿额头和涂洒墙壁，云可“祛毒虫”。

雄黄，即三硫化二砷。李时珍在《本草纲目》中说：雄黄辛温有毒，具有解虫蛇毒、燥温，杀虫祛痰的功效，主治百虫毒、蛇虺毒。在古代传说中，雄黄还能驱鬼除妖，《白蛇传》中的白蛇饮了雄黄酒便显了原形，把许仙吓得昏死过去。在宋人小说中，还见有“雄黄辟邪”的故事：有赵小子纳凉水滨，见行贾掬水灌漱，俯身潭上，一鬼自潭引手至项上，三进三止，赵呼叫，鬼即随没。贾曰：“头髻中有少雄黄，此辟邪之效也。”[1]

由于雄黄能驱虫辟鬼，故以之入酒为镇。不过，雄黄毕竟是毒药，对饮者亦见伤害。《一斑录》曰："雄黄能解蛇虺之毒，其性最烈，用以愈疾，多外治，若内服，只可分厘之少，更不可冲烧酒饮之。”[2] 在当代，雄黄酒已不见饮用，偶有以之涂抹小儿额头或脚心者，以表驱毒除害。雄黄酒主要不是作为节日饮食而传世，在它最初的启用阶段，就已跻身于端午镇物的系列之中。

菖蒲

菖蒲，乃蒲类之昌盛者，因其叶似剑，又有“水剑”或“剑水草”之称。吴氏《本草》曰:“菖蒲，一名尧韭，一名昌阳。”[3] 端午日人们以菖蒲饰户，或切碎入酒，信能却鬼退魅。《清嘉录》卷五载："截蒲为剑，割蓬作鞭，副以桃梗、蒜头，悬于床户，皆以却鬼。”吴曼云《江乡节物词·小序》云："蒲剑，截蒲为之，利以杀鬼。醉舞婆娑，老魅亦当退避。”[4]《岁时杂记》曰:“端午刻蒲剑为小人子，或葫芦形，带之避邪。”

菖蒲能作为镇宅护床、杀鬼护身的镇物，除了形似利剑，也因其有药用功能。《本草经》载:“菖蒲主治风寒湿痹，咳逆上气，开心孔，补五脏，通九窍，明耳目，出声音。……久服轻身，不妄不迷惑，延年，益心智，高志不老。”《孝经援神契》曰："菖蒲益聪。”

此外，梁人江淹作《菖蒲颂》曰：

1 〔清〕余叟辑:《宋人小说类编》卷三之三，北京中国书店 1985 年。

2 顾承甫:《沪上岁时风俗》，华东师范大学出版社 1989 年，第 92 页。

3 〔唐〕欧阳询:《艺文类聚》卷八一“药香草部上”。

4 〔清〕顾铁卿:《清嘉录》卷五。

药实灵品，爰乃辅性。
除痾卫福，蠲邪养正。
缥色外妍，金光内映。
草经所珍，山图是咏。

在古籍中还见有将菖蒲与星辰、仙人相提并论者，以标榜其非凡的神力。《春秋运斗枢》曰："玉衡星散为菖蒲。"[1]《抱朴子》曰："韩终服菖蒲十三年，身生毛。"由于菖蒲有星变、羽化之说，《神仙传》另载有汉武帝遇食"一寸九节"的"石上菖蒲"而长生的仙人故事，[2]故菖蒲在俗信中能助生亦可辟死，遂成禳死的镇物。

端午日饮菖蒲酒之俗在宋前已见流行，因菖蒲令人长生，故文人对之的吟咏才带上几许的轻松。明人瞿佑《菖蒲酒》诗云：

采得灵根傍藕塘，只因佳节届端阳。
金刀细切传纤手，玉斝轻浮送异香。
厨荐鲥鱼冰作鲙，盘供角黍蔗为浆。
同时节物充筵会，纵饮何妨入醉乡。

然而，菖蒲毕竟是斩鬼的镇物，这在明人解缙的《菖蒲》诗中可略见其镇除的杀气：

三尺青青古太阿，舞风斩碎一川波。
长桥有影蛟龙惧，流水无声昼夜磨。
两岸带烟生杀气，五更弹雨和渔歌。

1 〔唐〕欧阳询：《艺文类聚》卷八一"药香草部上"。

2 同上。

秋来只恐西风起，销尽锋棱怎奈何？

至今在苏南一带，菖蒲仍是习见的端午镇物，人们用于悬饰门户，以镇守宅室，祈得仲夏的安宁。

艾草

艾草，俗称“艾叶”，又名“艾蒿”“蕲艾”“冰台”，茎叶有芳香之气，早在先秦已作为佩用或灸用的药物。《孟子·离娄》曰：“七年之病，求三年之艾。”屈原《离骚》曰：“扈服艾以盈腰兮，谓幽兰其不可佩。”

自古以艾入药，其效灵妙，故有西王母神仙之药的比附。《汉武内传》曰：“西王母神仙次药，有灵丛艾。”元人孔璠曾作《艾赋》称之为“奇艾”：“良药弗达，妙针莫宣，奇艾急病，靡身挺烟……”

艾草因其药性被赋予祛毒辟邪的神力，并早在南朝时期就成为用以禳镇的端午节物。《荆楚岁时记》载：“五月五日，四民并蹋百草，又有斩百草之戏，采艾以为人，悬门户上，以禳毒气。”

当时将艾草束为人形，称作“艾人”，取用顺势巫术的法则，以求同类相感。为烘托这一节物的神秘气氛，古有“鸡未鸣时采艾”之说，并称“用灸有验”。[1]

艾草除了悬门镇宅，还用来制糕入酒，成为端午日的饮食镇物。辽人有食艾蒿的端午风俗。《辽史·礼志》六《嘉仪下》载：“五月重五日，午时，采艾叶和锦着衣……君臣宴乐，渤海膳夫进艾糕。”

陈元靓《岁时广记》二一《艾叶酒》载：“金门岁节，洛阳人家

1 〔隋〕杜公瞻曰：“宗测字文度，尝以五月五日鸡未鸣时采艾。见似人处，揽而取之，用灸有验。”

端午作术羹、艾酒。”艾叶制糕、入酒，皆借艾叶镇杀毒气的药性防病强身，祛毒免灾，以获午日的安康。

艾叶还作虎形，称为“艾虎”，用于插头或粘户；艾叶也与菖蒲并合，扎成一把悬于门头，成为神力叠加的镇物。如果说菖蒲似剑，可以斩妖，艾叶则形似虎爪，以虎噬鬼。艾叶正是以这种药用的功能与信仰的功能，成为长传未泯的端午镇物。

艾为镇物的观念，在民间还附会出免祸的传闻。民国三十三年二十六卷本《洛川县志》载：（五月五日）太阳未出前即插艾于门。俗传古有于是日造反者，杀人盈野，遇一孝子不忍杀之，插艾于门，以为识别。于是村人皆死，惟此户独留。后此，遂于是日皆插艾云。此则传闻虽不足为训，但艾叶禳镇之性为其附会的机缘，从镇鬼害到免人祸的功能转移自有其逻辑规律，由此也展现了镇物在民间的流变与多用的性质。

辟瘟丹

辟瘟丹为除虫驱蚊的草药，多用于焚烧，也见于佩带，是端午节又一类略具实效的镇物。《清嘉录》卷五载：“男女佩带辟瘟丹，或焚于室中，盖以苍术、白芷、大黄、芸香之属，皆以辟疫祛毒。又谓五日午时烧蚊烟，能令夏夜无蚊蚋之扰。”

人们将辟瘟丹与菖蒲、蒜头、蚊烟共享，以求对毒虫实施多重镇杀。蔡云《吴歈》云：

蒲蓬卵蒜挂床前，芷术香芸地下燃。
还怕夜来眠不稳，碧纱帐外点蚊烟。

辟瘟丹既有实用性，也含信仰观。譬如，在风俗中，多五日采百草即焚之，《江震志》曰："五日采百草焚之，以避蚊蚋。"[1] 用于制辟瘟丹及蚊烟的药草需五月五日收取，就寄寓了岁时的神秘观念。《月令事宜》载："五月五日收藏浮萍，干为末，和雄黄，作纸缠香，焚之，能避蚊。"

五月五日何以如此神秘呢？除了数字"五"本身表示的天地相接、阴阳相合之象外，也同中国传统文化对"天数""地数"的解说相关。"天数"指一、三、五、七、九，"地数"指二、四、六、八、十，各有五个数字，"天数"相加为二十五，地数相加为三十。所以，《易·系辞上》曰：天数五，地数五，五位相得而各有合。天数二十有五，地数三十；凡天地之数五十有五，此所以变化而行鬼神也。

由于天地之数相加为五十五，五十五亦写作"五五"，而端午节时在五月初五，也可写作"五五"，因此端午日亦可"变化而行鬼神"，成为特殊的通神的日子。这样，百草在端午采集，辟瘟丹于午日焚烧，寄寓着近神远鬼、除疫辟虫的禳镇信念。

二、佩饰镇物

在端午镇物中有一组专用于佩戴的护身节物，诸如五色缕、彩葫芦、布狗、纸狗、榴花、蟾蜍干、鸭蛋等，成为装点节日的游动镇物。

五色缕

五色缕，又名"五彩丝""长命缕""续命缕""辟兵缯"，另有"朱索""百索"之称。它用红黄蓝白黑五色丝捻成，用于系儿臂，或拴于手腕，或挂于胸前，以作为午日的护身镇物。

1 〔清〕顾铁卿：《清嘉录》卷五。

五色者，既在时间上对应五日之“五”数，又在空间上表东南西北中五方，实为时令与宇宙的象征。它本用于装饰门户，后变为系臂护体，其俗在汉代即已形成。王三聘《古今事物考》卷一载：“《风俗通》曰：五月五日，以五彩丝系臂，辟鬼。及东汉，以朱索桃印施门户，今百索即朱索之遗事也。盖始于汉，本以饰门户，而今人以约臂，相承之误也。”《风俗通》称五色缕系臂，可“辟鬼及兵”，“令人不病瘟”，实具有三重镇辟功用。在南朝，五色缕仍用以系臂，以辟兵除瘟。《荆楚岁时记》曰：“以五色彩丝系臂，名曰辟兵，令人不病瘟，又有条达等组织杂物，以相赠遗。”辟兵、除瘟是平安、长久愿望的表达，这一观念一直承传到近代，成为系臂风俗的动因。

五色缕在近古用于系小儿手臂，在北朝则结为人像，由妇人携带。唐段成式《酉阳杂俎》载：“北朝妇人……是日，又进长命缕、宛转绳，皆结为人像带之。”这里的“长命缕”如同菖蒲、艾叶刻作人形，均以顺势巫术的观念传导人在命在、物久命长的信念。

五色缕不仅以其数“五”贴合时令，也以其绵长不断作为“长命”的象征。因其“长命”，也就能辟克死亡，从而成为辟鬼、辟兵、辟疫的时令镇物。

彩葫芦

彩葫芦也是端午除瘟祛病的镇物，它一般用绫罗制成，以彩线相串，或用彩纸折叠、剪贴而成，用作佩饰或门贴。

民国二十三年铅印十二卷本《万全县志》载：“五月初五日，谓之‘端阳节’，俗呼‘端五’。……妇女以绫罗制小虎、桑葚、葫芦等类，以彩线串之，系于钗端，或缝于儿肩。”

可见，“彩葫芦”为妇女、儿童所佩戴的护身镇物。至于其镇辟的功用，民国二十年铅印二十卷本《天津志略》曰：“五月初五日……

闺人皆以绫罗巧制小虎、桑葚、葫芦之类，以彩线串之，悬于钗头，或系之儿背，谓可避鬼，且不病瘟……”

“彩葫芦”作为佩饰，乃以辟鬼祛病为功用，不过，民间还用以贴挂户牖，以图除虫泄毒。这类“彩葫芦”多用红纸剪刻而成，葫芦上还剪出莲花、双鱼、寿桃、牡丹、盘长等纹饰（图1–23），以表除凶纳吉。此类纸葫芦一般都倒贴，即葫芦口朝下，周边剪出蝎子、壁虎、蜈蚣、蟾蜍等毒虫，并加“万寿”的象征字形，以收毒得福（图1–24）。

葫芦在夏日开花，可算是应时节物。自古葫芦被用作盛器，或装药，或盛酒。在原始洪水神话中，葫芦还是藏人的器皿，由此它成为赋予生命的象征。由于葫芦能藏人贮药，能济死救生，在传说中成为藏宝之器，并获有“宝葫芦”之称。因此，作为宝物，它自可辟鬼收瘟，成为鬼惧虫畏的法物。葫芦作为端午镇物，正着眼于它的赋予生命之性，是以生克死、以阳辟阴、以吉化凶心态的一种曲折表达。

图1–23 纸葫芦

图1–24 收毒葫芦

布狗

在中国北方，有端午节给小儿佩戴布狗的风俗。布狗用棉布、棉花缝制而成，佩戴于小儿的身上。有的地方，早在五月初一就给小儿戴上，到端午日午时过后便摘下扔进河水中，叫作“狗咬灾星”，即以狗镇灾。

有的地方则以纸狗代替布狗，即将纸扎的，或纸叠的小狗扔入河中，以追咬鬼魅，获取人安。

早在先秦，便有伏日“以狗御蛊”之俗。《历忌》释云：

> 蛊者，热毒恶气为伤害人，故磔狗以御之。狗，阳畜也。[1]

端午时近初伏，毒虫已出，而一切恶害之物都被视作贼害的阴气鬼祟，然狗为“阳畜”，能守护家宅，故信能御蛊除凶。

狗在古人的眼中，有如神兽，其形神奇，其力非凡。《穆天子传》曰：“天子之狗走百里，执虎豹。”晋傅玄《狗赋》曰：“骨相多奇，仪表可嘉，足县钩爪，口含素牙，首类骧螭，尾如腾蛇……”魏贾代宗《大狗赋》曰：“爪类刀戈，牙如交戟……眄瞷而奋怒，挥霍而振掷，譬若天梁折，地柱劈……”[2]

狗能“执虎豹”，可见其猛；“首类骧螭，尾如螣蛇”，可见其神而奇；而能使“天梁折，地柱劈”，则见其勇。由于狗有神奇勇猛之性，故可镇鬼除灾。磔狗礼俗本在伏日，因端午与伏日同在夏季，故祓除热毒的风俗移至端午也很自然。可见，布狗、纸狗作为端午镇物，留下了文化探秘的踪迹。

1　清雍正十三年一百卷本《陕西通志》引《史记·秦本纪》注。

2 〔唐〕欧阳询：《艺文类聚》卷九四“兽部中”。

榴花

榴花是端午日妇女插头的饰品，也是应时的辟邪镇物。

元人张宪的《端午词》记述了戴榴花及烧五色钱等午日风俗：

榴花照鬓云髻热，蝉翼轻绡香叠雪。
一丈戎葵倚绣窗，雨足江南好时节。
五色灵钱傍午烧，彩胜金花贴鼓腰。
段家桥下水如潮，东船夺得西船标。
棹歌声静晚山绿，万镒黄金一日销。

诗中的“榴花”“五色灵钱”“彩胜金花”等，均为端午节物，同时也具有禳镇的意义。

在北方，五月五日给幼女佩纸符、簪榴花，故有“女儿节”之称。[1] 在南方，簪榴花为禳病除病。清道光《高邮州志》卷六载：“（端阳日）闺中制绒符，用榴花、艾叶簪髻，午则弃之，谓之‘送赤眼’。”除了榴花为红色，弃之则摒除红眼的直观联感外，戴榴花当有更深的文化涵义。

石榴，亦称“若榴”“安石榴”，自西域传入后，就被古人视作奇树，并屡见赋咏。晋潘尼《安石榴赋》曰：“安石榴者，天下之奇树，九州之名果，是以属文之士，或叙而赋之，盖感时而骋思，睹物而兴辞。”

晋张协《安石榴赋》则曰：

考草木于方志，览华实于园畴，

1 《中国地方志民俗资料汇编》（华北卷），书目出版社 1989 年，第 15 页。

穷陆产于苞贡，差莫奇于若榴，
耀灵葩于三春，缀霜滋于九秋。

榴花在五月盛开，作为“灵葩”插头，可谓应时“奇物”。其实，石榴在西域本也是神物。在波斯，专司丰穰、生育的女神阿娜希塔（Anahita）手中便握有一颗石榴。在中国民间有“石榴坐牡丹，儿女生下一大摊”的谣谚，并有“榴开百子”的年画（图 1–25）。由于石榴与生育、生命活动相关，因此簪榴花即带上了生气，并以此禳死祛灾。榴花作为端午镇物，不仅带有岁时特征，且有幽深的文化隐义。

图 1–25　榴开百子（民间年画）

蟾蜍

蟾蜍，又称“虾蟆”，为古人用以辟兵的护身镇物。它于五月五日捉取，腹中灌入墨汁，阴干后，带于身，俗信能“辟五兵”及免灾疗疾。

宋人陈元靓《岁时广记》卷二三载：

> 《抱朴子·内篇》：“肉芝者，谓万岁蟾蜍。头上有角，目赤，颔下有丹书八字，体重而跳捷。以五月五日中时取之，阴干百日，以其足画地，即为流水。带其左手于身，辟五兵。若敌人射己，弓矢弩皆反还自射也。”
>
> 《荆楚岁时记》云：“五月五日，俗以此日取蟾蜍为辟兵，六日则不中用。”
>
> 《神农本草》：“虾蟆，一名苦蠪。五月五日，取东行者四枚，反缚着密室中闭之，明旦启示，自解者取为术用，能使人缚亦自解，烧灰傅疮立验。其筋涂玉，刻之如蜡。”
>
> 《药性论》云：“端午，取虾蟆……以朱砂、麝香为丸，如麻子大。孩儿疳瘦者，空心一丸。如脑疳，以奶汁调滴鼻中，立验。”

五月五日之蟾蜍可谓“灵药神物”，具有浓厚的巫术气息。

其实，蟾蜍也曾直接用于涂抹兵器，以求入阵不伤。《文子·上德》“蟾蜍辟兵”注曰：“案《万毕术》，蟾蜍五月中杀涂五兵，入军阵而不伤。”[1]

蟾蜍何以令人不死不伤呢？这同蟾蜍为月精，而月有不死之性的

1　张君：《神秘的节俗》，广西人民出版社 1994 年，第 148 页。

神话认识相关。梁刘昭注《后汉书·天文志》曰："羿请无死之药于西王母，姮娥窃之以奔月。……姮娥遂托身于月，是为蟾蜍。"

蟾蜍乃嫦娥所化，而嫦娥又偷食了西王母的不死之药，因此蟾蜍也就是"不死"的象征，而五月五日又是天地交会之日，故最易乞得天之灵物。这样，端午之蟾也就成了禳死的镇物，并以其性"不死"而获"辟兵"和"不伤"。

人们从军事祈禳又扩大到生活祈禳，便又有了除病祛疾之说，甚至有了"刻玉如蜡"的夸张。当今，蟾蜍已不再是实用的镇物，但仍见于民俗版画之上，成为点画时令的节物。

三、端午符镇

端午符镇指借助图画或文字以作镇辟之物的端午节物，它包括钟馗图、天师符、五毒图，及一些书画咒语的符箓等。此类镇物与神话、巫术、宗教及艺术创作密切相关，体现为风俗、宗教与艺术的一统。

钟馗图

面目狰狞胆气粗，榴红蒲碧座悬图。
仗君扫荡幺麽技，免使人间鬼画符。

这是《清嘉录》中所抄录的李福《钟馗图诗》，诗中"榴红蒲碧"的词句点画出端午的岁时特征。

当时江南人家在五月里，"堂中挂钟馗画图一月，以祛邪魅"。[1]钟馗图本用于年末，至清初则多在端午。扬州画派的代表人物金农在

1 〔清〕顾铁卿：《清嘉录》卷五。

自己的一幅“醉钟馗画”的题记中写道：“昔人于岁终画钟馗小像以献官家，祓除不祥，今则专施之五月五日矣。”[1] 自清代以来，钟馗图成了民宅端午中堂与后门的主要镇饰。

钟馗中堂画一般尺幅较大，或套色版印，或重彩绘制，其形“绿袍乌帽”，“眼如点漆”，“唇如猩红”，“发如虬”，“髯如戟”，手持宝剑，握拳踢腿，旁绘红蝠。此种中堂画一般加配对联，或曰：

唐帝敕赐青锋宝剑　将军神威斩鬼诛妖

或曰：

手拿宝剑镇腐恶　胸藏护符驱邪气

至于贴在后门上或墙壁上的钟馗图，或黑白，或彩色，多以镇宅为主旨，除钟馗伟岸的身躯外，加上“镇宅除邪”“镇宅神伴”一类的题语（图 1–26），亦见有“钟馗贴家中，执剑斩妖精。镇宅能除邪，合家享太平”之类的题诗。

贴门壁的钟馗图有执双锋宝剑（图 1–27）、握方头大圭、执斧踏鬼、抓食小鬼等几种构图，并早已流布域外，在日本也见有类似的图画（图 1–28）。

钟馗图起始于唐代，据宋人沈括《补笔谈》载，为唐人吴道子始作。传说唐明皇梦钟馗捉鬼而病愈，遂命吴道子画钟馗图，并在画上题词曰：

灵祇应梦，厥疾全瘳，

1　王振德等：《历代钟馗画研究》，天津人民美术出版社 1985 年，第 15 页。

图 1-26　镇宅神伴

图 1-27　钟馗图（木版年画）

图 1–28　日本钟馗图

烈士除妖，实须称奖。
因图异状，颁显有司。
岁暮驱除，可宜遍识，
以祛邪魅，兼静妖氛。

可见，钟馗图一经出现，便功能明确，即“以祛邪魅，兼静妖氛”。

钟馗，亦称“钟葵”“终葵”“终夒”，与唐前大傩中的方相氏有渊源关系，其名本身就有穷治邪鬼之意。明人杨慎《丹铅总录》和清人顾炎武《日知录》均考“终葵”为椎，为辟邪镇物。在唐代，钟馗已被视作人形之神，并附会出他的“武举不捷之士”的身份，且赋予他“除天下之妖孽”的志向。[1] 从此钟馗图长传民间，并由岁除到端午，成为千载未衰的岁时镇物。

1　沈括《补笔谈》引“吴道子钟馗画之唐人题记”。

天师符

天师符也是民间习用的端午镇物，一般由版印制成，除张天师图像外，多加有五雷图形或“五雷”文字，故又称作“五雷天师符”。

天师符多在五月初一贴挂，或挂厅堂，或贴卧房，以辟邪镇宅，纳吉得利。六月初一取焚，整个五月不可无之。《清嘉录》卷五曰：“（五月）朔日，人家以道院所贻天师符，贴厅事以镇恶。肃拜烧香，至六月朔，始焚而送之。”天师符的种类颇多，目前所见主要有以下数种。

（1）“龙虎天师符”，其构图的主体为着道袍的天师立像，他身披八卦太极纹，一手拈须，一手挥剑，旁有蹲虎飞龙，符上并加“五雷神印”的印纹（图 1–29）。龙、虎不仅是附加的镇物，也以其行天在地点画出五月天地交并的岁时文化观念。

（2）“五毒天师符”，以身着八卦道袍的天师坐像为主，旁绘蛇、蝎、蟾蜍、蜥蜴、蜈蚣等毒虫，旁有怒目扬尾的猛虎，上绘五鼓以表“五雷”，并有“敕令”及“此贴卧房大吉利”等符语（图 1–30）。画面上，天师手拈雄黄酒抛洒五毒，其端午镇物的性质尤为突出。

（3）“祈福天师符”，画幅较大，其长 105 厘米，宽为 58 厘米，是端午日贴挂于厅屋檩条的符镇。其构图分作三层：上为“天官赐福”及天庭图景，中为太极八卦、符印及万年青图纹，下为“镇宅灵符”的主体。主图中间为挥舞宝剑的张天师像，旁有蝙蝠飞伴，两侧配饰八仙图样，最外侧为一副对联。其联曰：

菖蒲作剑斩妖魔　艾叶如符保平安

或曰：

艾旗招百福　蒲剑斩千邪

图 1-29 龙虎天师符

图 1-30 五毒天师符

图 1-31　文字天师符

图 1-32　天师符画

图 1-33　天师真人

该符通过斩妖的气氛传导出平安招福的祈愿。

（4）“文字天师符”，即以“敕令”及符画的叠用，以驱邪降福（图1–31）。“文字天师符”的种类很多，其符画似人似鬼，似物似文（图1–32），一般悬于屋檩，或粘贴室壁，以作五月之镇。

天师符的写画与挂用在敦煌唐人中有些风俗定规，例如，符须在端午节日出时写成，砚台内须放“酯磨黑土”，口中含一点酯，“直至书了”，用“牙珠笔”在符上书“敕”字，“不出外”，每日“吃杏七八、枣三个”，止渴饮人参、茯苓汤。[1]

“天师符”的定名，乃因相传符书为张天师所造作。[2]张天师姓张名陵，东汉五斗米道创始人，后被道徒尊称为“张道陵”，魏晋时被奉为“天师”，民间又称之为“天师真人”（图1–33），由于他是道教之祖，符书之父，俗信“天师符”有通天之力，故可除毒驱邪。由于道教文化的广为传布，道符大量流入民间，遂成俗用镇物，而端午贴用的“天师符”，正反映了道教文化对民俗的这一长期渗透。

五毒符

五毒符是另一类端午符镇。它多由妇女以剪纸或刺绣的方式，做出蛇、蝎、蜈蚣、蜥蜴、蜘蛛或蟾蜍之形，悬挂门户、床帐，或穿戴于小儿之身，以求祛毒除邪（图1–34）。

《月令粹编》曰：“谷雨日，画五毒符，图蝎子、蜈蚣、蛇虺、蜂蜮之状，各画一针刺之，刊布家户贴之，以禳虫毒。”[3]这是端午五毒符

1 昌平先生：《中国辟邪术》，新疆大学出版社1994年，第124页。

2 《后汉书·刘焉传》：“初，祖父陵，顺帝时客于蜀，学道鹤鸣山中，造作符书，以惑百姓。”

3 蒋梓骅等：《鬼神学词典》，陕西人民出版社1992年，第16页。

图 1-34 五毒符（民间剪纸）

的泛用，以针刺虫是常见的巫法。不过，五毒符的俗用主要是在五月，典籍中多有载述。《宛署杂记》曰:“端午日，妇女画蜈蚣、蛇、蝎、虎、蟾为五毒符,插钗头。”《清嘉录》载:（五月）“尼庵翦五色彩笺,状蟾蜍、蜥蜴、蜘蛛、蛇、蚿之形，分贻檀越，贴门楣寝次，能魇毒虫，谓之五毒符”。

五毒符还常与实用器物结合。画于纸扇，称作“五毒扇”；绣于小儿背心、背兜，称作“五毒背心”“五毒肚兜”；此外，在当今陕西农村还见有五毒帽，五毒壁挂等生活制品，均可视作端午镇物。

郭麐作有《五毒符》诗,写出了时人端午禳镇风俗的情趣与感受:

跂跂脉脉善缘壁，蜿蜿蛇蛇斗风疾。
周身百足强扶持，密网千丝巧罗织。
庞然独踞中央坐，四虫么麽一虫大。
可怜乙骨走群妖，留向午时作奇货。
五行志传何人作，荆楚岁时多寄托。

千秋哪得孟尝君，六代谁如王镇恶。
角黍须盛五采筩，蛟龙波底泣孤忠。
六丁六甲符安用，且辟人间虿与蠭。[1]

五毒符不仅有图像式的，也有文字咒语式的。例如，旧时在纸上写出“五月五日午，天师骑艾虎，手执菖蒲剑，蛇虫入地府”的咒语贴于墙脚，以除毒虫。或写上“五月五日天中节，赤口白舌尽消灭”之句贴于门户。此符要用生朱在午时写成，信能免毒。此外，还有在端午日早上用白纸写上“仪方”两个红字，张贴于虫类出入处之俗，以驱灭夏日的蚊蝇。[2]

文字符咒作为“五毒符”的特殊形式，仍归属端午符镇之列，在民间风俗中它与五毒图并存共用，以不同的方式烘托出端午禳毒的文化主题。

第三节　四时镇物

在春夏秋冬四时里，各有一些时令特征鲜明的岁时镇物。这些镇物往往并非纯信仰的法物，而是作为玩物、食物、时品等存在于各类岁时风俗之中，并具有多重的社会功用。它们在游戏的、饮宴的、社交的气息中，潜藏着祈禳的追求，寄托着对各类凶殃祸患的镇除愿望。

1 〔清〕顾铁卿：《清嘉录》卷五。

2 胡昌善：《咒语破译》，西安出版社 1993 年，第 96 页。

一、春日镇物

春日东风送暖，大地复苏，万物吐绿，农作又兴，人们从盎然的春意中感受到自然的活力，以及生活与劳作的乐趣，越发触引了对生命的热爱。为了辟克各种对生命与生活有潜在危害的莫名凶殃，人们在春日风俗中强化了某些应时之物的神效，使其带上了镇物的性质。诸如风筝、春牛、兰花、柳枝、荠菜花等物，实际上已构成一类时令镇物——春日镇物。

风筝

“江南二月柳花飞，天外筝琶调最奇。”[1] 每到春日，大江南北均见风筝舞空，成为一时盛景。

风筝，又称“鹞子”“纸鸢”。其起于何时，已难定论。在先秦，公输子、墨子都曾造过“木鸢”。《墨子 · 鲁问》曰：“公输子削竹木以为鹊，成而飞之，三日不下，公输子以为至巧。”

此外，《韩非子 · 外储说左上》曰：

> 墨子为木鸢，三年而成，蜚一日而败。弟子曰：“先生之巧，至能使木鸢。”墨子曰：“吾不如车輗者巧也，用咫尺之木，不费一朝之事，而引三十石之任，致远力多，久于岁数。”

“木鸢”不论是实有，抑或是出自传说，都是纸鸢的先形，至少

---

1 〔清〕管棆：《风筝》诗云：“江南二月柳花飞，天外筝琶调最奇。有志凌云惟故纸，无声落地少牵丝。惊来社燕衔泥去，错认游蜂绕树窥。点缀星辰伴明月，一灯常在半空移。”

为后人开启了效法的思路。“木鸢”可以承重，是军事武器，还是运载工具，已难得其详，而传说中的“纸鸢”却有军事用途。宋人高承《事物纪原》卷八载：“俗谓之风筝，古今相传，云是韩信所作。高祖之征陈豨也，信谋从中起，故作纸鸢放之，以量未央宫远近，欲以穿地入宫中也。盖昔传如此，理或然也。”

在汉高祖时代纸张尚未发明，因此韩信不可能是“纸鸢之父”，此说乃古代传闻而已。

到明代，学者们曾斩钉截铁地指出，纸鸢为五代后汉时所作。郎瑛《七修类稿·纸鸢》曰：“纸鸢，本五代后汉隐帝与李业所造，为宫中之戏者。俗曰鹞子者，鹞乃击鸟，飞不太高，拟今纸鸢之不起者。”

明人陈沂《询刍录》则曰：“五代时李邺于宫中作纸鸢，引纸乘风为戏。后于鸢首以竹为笛，使风入竹，声如筝鸣，故名风筝。”

在明人看来，风筝的功用是一种助兴的玩物。不过，他们断言风筝起始于五代，却又不能令人置信，因早在唐代，一些诗人就已对纸鸢作过吟咏。元稹《有鸟二十章·纸鸢》曰：

有鸟有鸟群纸鸢，因风假势童子牵。
去地渐高人眼乱，世人为尔羽毛全。
风吹绳断童子走，余势尚存犹在天。
愁尔一朝还到地，落在深泥谁复怜？

此外，高骈也作有《风筝》诗曰：

夜静弦声响碧空，宫商信任往来风。
依稀似曲才堪听，又被风吹别调中。[1]

1 徐艺乙：《风筝史话》，北京工艺美术出版社 1992 年，第 103 页。

可见，唐时风筝作为童子之戏已很普及，且带有音哨，形制已颇完备，怎么可能首出于五代的宫中呢？

风筝作为春日的镇物，到清代已十分明朗。曹雪芹不仅写有《南鹞北鸢考工志》，收录了各式风筝的画诀及图谱（图 1–35），而且在《红楼梦》第七十回“林黛玉重建桃花社，史湘云偶填柳絮词”中写出了风筝的禳镇功用：

> 一语未了，只听窗外竹子上一声响，恰似窗屉子倒了一般，众人吓了一跳。丫鬟们出去瞧时，帘外丫头们回道：“一个大蝴蝶风筝，挂在竹梢上了。”……黛玉笑道：“可是呢。把咱们的拿出来，咱们也放放晦气。”……风筝随风去了。黛玉因让众人来放，众人都说：“林姑娘的病根儿都放了去了，咱们大家都放了罢。”于是丫头们拿过一把剪子来，铰断了线，那风筝都飘飘摇摇的随风而去。一时只有鸡蛋大，一展眼只剩下一点黑星儿，一会儿就不见了。

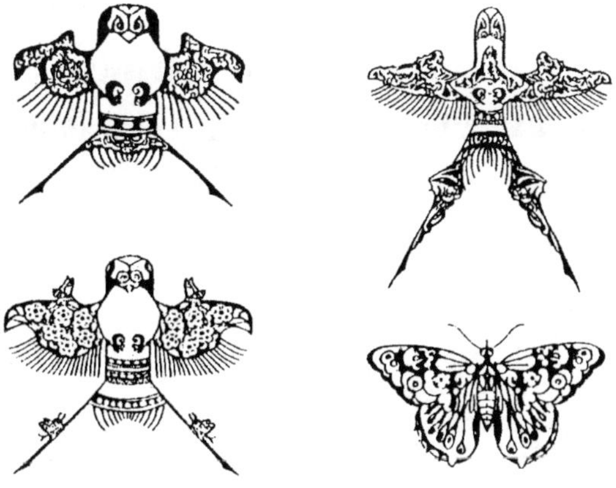

图 1–35　《南鹞北鸢考工志》中的风筝图

放风筝要铰断牵线，让风筝把晦气带走，如同纸船带走疾疫一样。此时的风筝已成为祛除凶殃的镇物。

在民间信仰中，风筝不仅可送走晦气，也能解除小儿内热。《续博物志》载："今之纸鸢，引线而上，令小儿张口望视，以泄内热。"[1]

纸鸢能上下于天，乘风而去是其通神送晦的信仰基础。风筝使人们走向田野，令人们感受到冬去春来的自然活力，作为春风的伴物，它以其上升、飘摇的猛劲展现了万物复苏、欣欣向荣的气势。这种活力与气势正是阳气升腾的时令象征，因此风筝能随春风而扫阴气，成为一种游乐型的春日镇物。

春牛

春牛，又称"土牛"，是古时立春农事祈禳的中心，并因之形成"打春""行春""迎春""鞭春"等礼俗活动。

相传迎春土牛为周公所制。宋高承《事物纪原》载："周公始制立春土牛，盖出土牛，以示农耕之早晚。"此说未必可信，但据正史所载，有关土牛的礼俗至迟在汉代已成定制。南朝宋范晔《后汉书·礼仪志》载："立春之日，夜漏未尽五刻，京师百官皆衣青衣，郡国县道官下至斗食令史皆服青帻，立青幡、施土牛耕人于门外，以示兆民。"可见，在东汉土牛迎春是士农咸集、劝农重时的重要仪典。历代相沿，春牛渐有用色、尺寸、方位的定规。

据宋邱光庭《兼明书》卷一载：

> 今州县所造春牛，或赤或青，或黄或黑，又以杖扣之而

1　姜彬：《吴越民间信仰民俗》，上海文艺出版社 1992 年，第 528 页。

> 便弃者。明曰：古人尚质，仕士所宜，后代重文，更加色彩，而州县不知本意，率意而为。今按《开元礼·新制篇》云，其土牛各随其方，则是王城四门，各出土牛，悉用五行之色。天下州县，即如分土之仪。分土者，天子太社之坛，用五色之土。封东方诸侯，则割坛东之青土，以白茅包而赐之，令至其国，先立社坛，全用青土。封南方诸侯，则割赤土，西方则割白土，北方则割黑土。今土牛之色，亦宜效彼社坛。

在中古时期，土牛之作乃仿社稷之坛，用五色土而为，土牛实已取代社坛成为土地的象征。不惟如此，土牛之制还附会着四时征候。《长沙县志》卷一二“典礼”曰：

> 土牛式：土牛胎骨用桑柘木，身高四尺，象四时；长三尺六寸，象三百六十日；头至尾长八尺，象八节；尾长一尺二寸，象十二月。鞭用柳枝，长二尺四寸，象二十四气。

土牛不仅是土地的象征，而且也是时令的象征，这种集时间与空间为一体的文化认识使之成为宜田兴农的祥物和禳疾驱寒的镇物。

直到清代，鞭春牛的仪礼仍很虔敬，不亚于宗教的敬神仪典。康熙三十七年十二卷本《藁城县志》载：

> 立春先一日，县正率僚属于东郊，赴春牛前一揖毕，进春厂。有盒酒，饮酒三杯毕，出春厂，仍赴春牛前行四拜礼毕。起春自城南，迎春入西门，至县仪门外，赴芒神前一揖毕，至大堂，有春酒，席毕而退。至日交节时，各官朝服，设果酒祭芒神、行神三献，读祝文曰：“维神职司，春令，德应苍龙，生意诞敷，品类荫达，某等忝牧是邑，具礼迎新，

戴仰神功，育我黎庶，尚飨。”祝毕，复位行礼毕，赴春牛前一揖毕。执事捧鼓至县正前，击鼓三声，乐人前导，各官执彩仗向春牛周旋三回毕，复位，乃鞭春牛，一揖而退。

敬春牛的官礼虽说严整，但鞭春后的风俗却较纷乱。人们争抢春牛之土涂抹门户、炉灶，以致“毁伤身体者，岁岁有之”，俗信土牛“宜蚕，亦治病”。[1]

随着版印年画的出现，“春牛图”成为农家不可或缺之物，除了迎春祈年，也用作送寒驱鬼的春日镇物（图 1–36）。在山西临汾地区所见的“春牛图”上，有一段点题文字，表明了春牛的镇物身份：“我是上方一春牛，差我下方遍地游，不食人间草合料，丹（单）吃散灾小鬼头。”

牛为“土畜”，又被称作“中央之牲”，故被视作土地之精和农业恩主。[2] 神话中的炎帝，“牛首人身”，既是农神，也是药神，他既化

图 1–36　春牛图

1　陈元靓：《岁时广记》卷八引《皇朝岁时志》。

2　陶思炎：《祈禳：求福·除殃》，三联书店有限公司 1993 年，第 42 页。

身于牛，牛当也有助农与治病之能。因此，春牛作为镇物自有其神话背景和农耕文化观念，是农耕社会特有的应时镇物。

兰花

兰花作为春日镇物，多与三月三日祓禊的古俗相关。

屈原《九歌·云中君》有“浴兰汤兮沐芳，华采衣兮若英”之句。王逸注曰：“言已将修飨祭以事云神，乃使灵巫先浴兰汤，沐香芷，衣五采，华衣饰以杜若之英，以自洁清也。”三月上巳节的祓禊，即入水洗濯，以洁身除凶。应劭《风俗通》曰：“禊者，洁也。故于水上盥洁之也。”古之上巳祓除，常用香熏草药沐浴，即用“兰汤”。

唐太宗《咏芳兰》诗曰：

春晖开紫苑，淑景媚兰汤。
映庭含浅色，凝露泫浮光。
日丽参差影，风和轻重香。
会须君子折，佩裹非芬芳。[1]

诗中不仅提及“兰汤”，还言及“君子折”“佩裹”之事，暗示了用兰之俗的主旨。

梁孝元帝《赋得兰泽多芳草》诗则曰：

春兰本无艳，春泽最葳蕤。
燕姬得梦罢，尚书奏事归。
临池影入浪，从风香拂衣。

1 〔唐〕徐坚：《初学记》卷二七“兰第十一”。

当门已芬馥，入室复芳菲。
兰生不择径，十步岂难稀。

诗中提及“燕姬得梦”的典故，接近了兰花的“秘密”。

关于“燕梦”，见载于《左传·宣公三年》：

> 初，郑文公有贱妾曰燕姞，梦天使与已兰，曰：“余为伯鯈。余，而祖也，以是为而子。以兰有国香，人服媚之。”……生穆公，名之曰兰。

从此，兰花成了生子得男之兆，唐人骆宾王有“离前吉梦成兰兆，别后啼痕上竹生”句，“兰兆”已成为生儿的文化信息，也成了破译其作为镇物的谜底。

清雍正十三年一百卷《陕西通志》载：“三月三日，朝武子名山，男女拈香毕，各采松枝、兰花簪鬓而归，以为袚除不祥。”这个“不祥”即无子之祸，戴了兰花，或浴了兰汤，即袚除了不孕或无子之疾，从此感应“兰兆”，获得子之吉。兰花作为春日镇物，正体现了上巳风俗的要义。

荠菜花

荠菜花，又称“野菜花”，它在暮春三月的田野中开出一朵朵小白花，虽不艳丽，却也惹人注目。江南民谚曰“三月三，荠菜花，赛牡丹”“三春戴荠花，桃李羞繁华”。荠菜花不仅可食用，也能入药，还可作为头饰，并用于驱虫、驱睡、明目，实为春日的又一镇物。

《诗经·邶风·谷风》中有“谁谓荼苦，其甘如荠”之句，可见，早在先秦时期，荠菜已被食用。到了宋代，已在俗用中成为辟虫镇物。

苏东坡《物类相感志·总论》曰："三月三日，收荠菜花，置灯檠上，则飞蛾蚊虫不投。"

明田汝成《西湖游览志》记录下杭州"三月三日，男女皆戴荠菜花"之俗。到清代，荠菜花的俗用更其普遍。《清嘉录》卷三载：

荠菜花，俗呼野菜花。因谚有"三月三，蚂蚁上灶山"之语，三日，人家皆以野菜花置灶陉上，以厌虫蚁。侵晨，村童叫卖不绝。或妇女簪髻上，以祈清目，俗号"眼亮花"。或以隔年糕油煎食之，云能明目，谓之"眼亮糕"。

以荠花置灶上驱虫蚁之俗，在当今苏南乡村中依然可见。在南京，妇女旧有三月三以荠菜花煮鸡蛋的食俗，云能驱睡。

有关荠菜花的事象，实为古代上巳风俗的异变，它以驱虫、禳疾的说法掩盖着除不孕、祈得子的传统追求。上巳节本有浮素卵或浮绛枣的感孕游戏，以荠菜花煮鸡蛋是这一古俗的流变，即以卵、荠的选用，以疗不孕之疾，以求感而得子。

晋人夏侯湛曾作《荠赋》曰：

见芳荠之时生，被畦畴而独繁。
钻重冰而挺茂，蒙严霜以发鲜。
舍盛阳而弗萌，在太阴而斯育。
永安性于猛寒，羌无宁乎暖燠。
齐精气于冻欵，均贞固乎松竹。[1]

诗赋对荠钻冰斗寒、挺茂独繁的咏叹，实为对荠生命力的礼赞。这种

1 〔唐〕欧阳询：《艺文类聚》卷八二"草部下"。

顽强的生命力恰是荠菜花作为春日镇物的信仰基础。荠能明目驱疾、辟除虫害、疗救不孕之说，均体现了对荠菜执着生命的信赖，表达了以生感生的观念。

城墙

在南京等地有正月十六日上城头的禳镇风俗。据清人甘熙《白下琐言》载：“岁正月既望，城头游人如蚁，箫鼓爆竹之声，远近相闻，谓之‘走百病’，又云‘踏太平’。聚宝、三山、石城、通济四门为尤盛。”

此外，《金陵琐志・炳烛里谈》卷中曰：“正月十六日，以棘刺穿玉黍作假花，执以上城，谓之‘走百病’。”

登城“走百病”之俗还见于中国北方。据光绪三年编修的河北沧州地区的《吴桥县志》载：“十六日，妇女咸登城，谓‘走百病’。”可见，登城祛病是妇女的禳镇风俗，城墙实为免灾的镇物。

登城“走百病”之事来自乡村妇女的“走三桥”风俗。《清嘉录》卷一载：“元夕，妇女相率宵行，以却疾病，必历三桥而止，谓之‘走百病’。”

旧时妇女，往往三五成群在郊野通宵浪游，至少得跨过三座桥，以除病、度厄。[1] 妇女走桥所禳之病，包括不孕之症。因桥多为拱形，有类孕妇之腹，故走桥是以交感巫术的观念以求感应得子。

城墙实际上是放大的，或想象的桥梁。拿南京的聚宝、三山、通济等城头说，各有瓮城三道，城门内外各有护城河一道，城头有如桥头，城门有如桥孔，也构成了象征的三桥。因此，妇人上城头走上一遭，也就是走了“三桥”。

从执玉黍花上城的事象看，玉黍为多籽作物，当为多子之兆。由

1 〔清〕潘荣陛：《帝京岁时纪胜》曰：“元夕妇女群游，祈免灾咎。前一人持香辟人，曰‘走百病’。凡有桥处，三五相率以过，谓之‘度厄’，俗传曰‘走桥’。”

于三桥之“三”为阳数，又透露出乞男的隐义。因此，上城头“走百病”，实际上是禳无子之疾，以求去阴得阳，多育长养。从这一意义说，城墙如同桥梁一样也成了岁时镇物。

上城、走桥的风俗都隐含着对水的神秘观念。《管子·水地》曰：“水者，何也？万物之本原也，诸生之宗室也。”又曰：“人，水也；男女精气合而水流形。”上城头或走三桥均以近水的方式，表达对水为本原哲学观的崇信，并从中获取镇辟力量。城墙之为镇物，倒不在于它的伟岸、厚重，而在于它如桥卧波，与水相接，或者说，乃出自城池相伴所引发的文化联想。

二、夏日镇物

夏日天气炎热，更加上吃不香、睡不浓，人多易消瘦，稍不注意，还可能会患“疰夏”之疾。因此，人们多从食物上加以调理，想凭借食物祛疾养生。欢团、七家茶、野锅饭、面条等，就是常见的夏用食品，并被赋予了镇物的性质。

欢团

欢团，又称“欢喜团”，系用炒米和糖做成的团子。

在江苏省高淳县等地，有立夏日吃欢团的习俗，并有“吃了欢喜团，热天不疰夏”之说。在当地还流传着立夏日吃欢团辟瘟神的传说：

> 据说天上的瘟神，最喜欢睡懒觉，一年睡到头，就是立夏一天不睡。这一天，他就要作祟——疰夏，也就是要吃人肉。弄得人间百姓没办法。后来，女娲就去讲情，可他不买账。女娲就用手把他翻来翻去，翻得瘟神头晕眼花，忍受不

住。这样一来他就答应了。女娲怕他反悔，就在瘟神身上做了一个记号：在他的衣襟上挂一个欢团。以后，瘟神见到欢团就不敢作祟。祖传至今，老百姓为了热天不疰夏，在立夏这一天要吃欢团。[1]

传说中的欢团因出自大神女娲，故有辟瘟的神力。

欢团作为免疰夏的镇物，其信仰根基乃出于生命观念。在古代神话中，女娲是“古之神圣女，化万物者也”，她“一日七十化”，并“抟黄土作人”“置昏姻”，[2] 是生命不息的象征和生命的创造者。女娲作为人类的始祖和恩神，充溢着生命之力，凭借这一力量人类得以去死得生。欢团出自女娲之手，因此它也是生气凝聚的象征，或者说是一种生的武器。

除却来自女娲的神性，这一镇物也与米为生命之种的文化认识相关。欢团由米粒黏成，而谷米因孕育着生命而有镇辟之力，且欢团又形似鸡卵，能唤起人们对卵化万物的生命意识。这样，欢团便成了一种食物镇物，在夏日人们疲惫羸弱时助人以生气，从而镇辟疾疫和死亡。

七家茶

夏日镇辟“疰夏”的食物颇多，浙江湖州地区以“腊肉”免疰夏，江苏仪征地区则以“豌豆粉”免疰夏。一个是经冬的陈物，一个是新收的“时果”，然在俗信中却有“异曲同工”之妙。

在吴越间还有饮“七家茶”的去病之俗。《相城小志》卷三载：“饮七家茶，可免疰夏。”明田汝成《西湖游览志》曰：“立夏之日，人家烹新茶，配以诸色细果，馈送亲戚比邻，谓之七家茶。”清顾禄《清异录》

1　赵善治搜集，载《中国民间文学集成高淳县》（资料本），1989 年 10 月，第 208 页。

2　袁珂：《古神话选释》，人民文学出版社 1982 年，第 16–20 页。

曰：立夏日，“取隔岁撑门炭烹茶以饮，茶叶则索诸左右邻舍，谓之七家茶，以魇疰夏之疾者。或小儿嗜猫狗食余，名‘猫狗饭’。是日虽寒，必着纱衣一袭，并戒坐户槛，俱令人夏中健壮”。

“七家茶”取自各家，乃聚众生之气辟克阴祟，虽不一定就索之于七家，但取数“七”，仍留有数字的神秘信仰。“七”表东、西、南、北、中、上（天）、下（地），是一概括三维空间的宇宙数，而八卦太极之类也是宇宙象征，故“七”数本身就带有镇辟的神力。

茶是夏日时品，且有清凉解毒、生津祛热之性，选作夏日食品或馈赠礼品本合时宜。此外，茶也是一种烘托“生”的文化象征。明人许次纾《茶流考本》曰：“茶不移本，植必生子。”此说诱发了对生的执着及生的繁衍的联想，使茶成了生的象征，故可视作镇物。

至于烧茶取用隔岁撑门炭，则因撑门炭本为除阴防祟的岁末镇物，用以烧茶，更使“七家茶”添加了一重镇辟之力。撑门炭镇宅，“七家茶”护身，二物的并用，使“七家茶”的功能更为丰富。

饮“七家茶”之日戒坐门槛，并祀门栏之神（图 1–37），是希望借重门栏神的守护，多一重对暑热疾疫的防范，以保夏日平安。

“七家茶”是中国茶俗的岁时化，它超出了饮品的功用，成为夏令的饮食镇物。

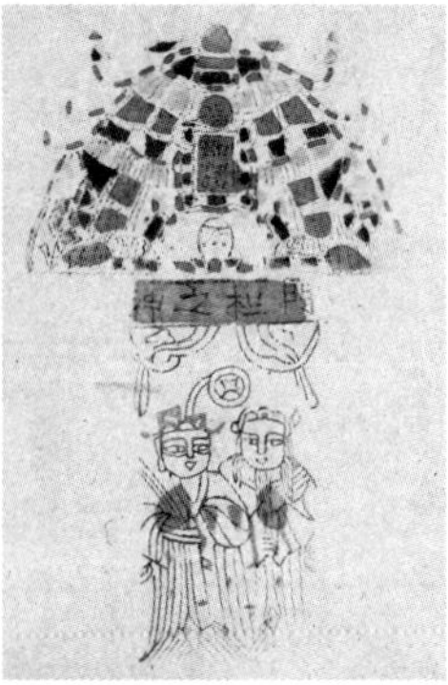

图 1–37　门栏之神（民间纸马）

野锅饭

在浙江省湖州地区有立夏日儿童食“野锅饭”的禳镇风俗。

是日，村上的孩子们三五、六七人不等地组织起来，先向各家去讨“百家米”，然后准备一些菜肴，有向小店讨来的肉数片、豆腐一块、菜油和盐少许（此日店主乐意从俗赞助）；也有到任何一家田里采摘来的蚕豆、豌豆，一般多跑少采，不能只在一家田里摘取，人家概不阻拦，也不称其为偷。此外，男童们还下河摸鱼捉虾，女童们则在野田里支起锅灶，并采来一些荠菜和“百家米”一起煮，又称“荠菜饭”。烧好后，大家分而食之，一般都吃得精光。俗信，吃了“野锅饭”，就不疰夏，人也会变得聪明、勤快。在德清地区，农家在农历十二月十二日蚕花生日做圆子时，用米面捏成几只小狗，挂在通风处阴干，俗呼“立夏狗”。等到立夏日烧野锅饭时，将“立夏狗”取下洗净，放入野锅饭中一并煮食。俗信吃了“立夏狗”，儿童的身体就比狗还要强健。[1]

“野锅饭”是防疰夏的食物镇物，它表现为多重禳镇手段的迭用。

其一，“野锅饭”所用之米，是讨自各家的“百家米”，米为生命之种，且集百家之众，故“百家米”本身就是一种禳死的镇物。

其二，所讨的菜肴中有豆腐一块，豆腐又有“小宰羊”之称，[2]而羊为祥，故豆腐也是辟凶迎祥的镇物。相传豆腐为淮南王刘安所创，而刘安与编写《淮南子》的苏非、李尚、左吴、田由、雷被、毛被、伍被、晋昌都仙升了，故豆腐为仙人之食，信能延年益寿。

其三，菜田所采为蚕豆、豌豆，豆类同谷粮一样，是蕴含生命的

1　钟伟今：《湖州风俗志》（资料本），第 158 页。

2〔宋〕陶谷：《清异录》曰：“时戢为青阳丞，清己勤民，肉味不给，日市豆腐数个，邑人呼豆腐为小宰羊。”

种子，故有助生之性，在他地亦被用作免疰夏的夏令食物。

其四，田野所采为荠菜，它与“百家米”合煮，称作“荠菜饭”，并成为“野锅饭”中的主要配料。荠菜被视作生命力坚韧的象征，故被赋予了辟疾祛病之性。

其五，“立夏狗”系经冬春而长传夏日的食物，如同荠菜一样生于阴而长于阳，具有不死的长效活力，而狗又为“阳物”，故“立夏狗”放入“野锅饭”中为添加阳气。所谓身体“强健”说，实指辟阴驱祟，获得康健和平安。

因此，“野锅饭”体现了多种镇物的选用，或者说，其本身乃为一合成的强力镇物。

面条

面条也是夏令食品，且具有镇物的意义。清人潘荣陛《帝京岁时纪胜》“夏至”载：

> 京师于是日家家俱食冷淘面，即俗说“过水面”是也。乃都门之美品。……谚云：“冬至馄饨夏至面。”京城无论生辰节候，婚丧喜祭宴享，早饭俱食过水面。省妥爽便，莫此为甚。

可见，“过水面”是夏至的时令食品。

“过水面”古称“汤饼”，为伏日的节物。《荆楚岁时记》载：“六月伏日，并作汤饼，名为‘辟恶’。”所谓“辟恶”，即以食为镇，辟克暑热和伏鬼。《青箱杂记》曰：“汤饼，温面也。凡以面为食煮之，皆谓之汤饼。”温面在伏日以“辟恶”为能事，成为特定的岁时镇物。

《释名·释饮食》“索饼”注引成蓉镜之言曰：“索饼疑即水引饼，

今江淮间谓之切面。”古代称面为“饼”，做成条状称之“索饼”，蒸而食之称之“蒸饼”，下于汤中而称“汤饼”。不过，这汤饼只是煮食方式，是何形状未能述及。

“汤饼”在晋代已见有，并被夸饰为令人垂涎的最美食品。晋束皙《饼赋》曰：

> 玄冬猛寒，清晨之会。涕冻鼻中，霜凝口外。充虚解战，汤饼为最。弱似春绵，白若秋练。气勃郁以扬布，香飞散而远遍。行人失涎于下风，童仆空噍而斜眄。擎器者舐唇，立待者干咽。[1]

夏至本是岁时节令中的大节，故以美食祭祖或自食本也合情，然“汤饼”何以“辟恶”呢？

夏至是白昼最长的一日，而后白昼将一天天缩短，黑夜则一天天变长。而面条是食物中最长的一种，且“白若秋练”，正好与夏至的白昼相贴切，它象征着白昼长在，便有辟克黑夜的意味。黑夜与阴气相关，夏至过后，阴气藏伏，因此以“白”“长”为特征的面条（汤饼）就成了留住阳气，镇除阴气的象征，也就因此获取了“辟恶”之名。

面条作为夏至的食物镇物，亦自有其神秘的文化底蕴。

三、秋日镇物

秋日天高气爽，五谷丰登，尽管暑尽寒至，阴气日盛，但人们仍然以游戏的、饮食的等轻松的方式面对时令，并以一些象征的时品与活动表达趋吉避凶的祈禳愿望。秋日里有七夕、中秋、重阳等较大的

1 〔唐〕欧阳询：《艺文类聚》卷七二“食物部”。

传统节日，于是相应地出现了巧针、乌鹊、月饼、茱萸、菊花酒等时令镇物。

巧针

七月七日，古称“七夕”，又称“巧日”，相传是织女、牛郎鹊桥相会的日子。因织女能“织成云锦天衣，”[1] 成为旧时妇女祈拜的对象，故七夕又有“女儿节”之称。

有关织女、牵牛二星的神话在汉代已经成形，在《古诗十九首》中，二星的悲剧性爱情已经明朗：

迢迢牵牛星，皎皎河汉女，
纤纤擢素手，札札弄机杼，
终日不成章，涕泣零如雨。
河汉清且浅，相去复几许？
盈盈一水间，脉脉不得语。

二星的情爱似从这隔水相望的苦恋开始。在汉代，二星的神话已演成祭祈的风俗。东汉崔寔《四民月令》载：“七月七日曝经书，设酒、时果，散香粉于庭，祈请河鼓、织女。”文中“祈请”的内涵虽未言明，但表明二星作为祭祈的对象在中国风俗中至少已存在了两千年。

七夕穿针乞巧的风俗相传也在汉代出现。晋葛洪《西京杂记》卷一曰：“汉彩女常以七月七日穿七孔针于开襟楼，俱以习之。”葛洪虽未言明穿针是为“乞巧”，但这显系后世穿针、浮针等乞巧风俗的滥觞。

1 〔梁〕殷芸：《小说》曰：“天河之东有织女，天帝之子也，年年机杼劳役，织成云锦天衣，容貌不暇整。帝怜其独处，许嫁河西牵牛郎。”

梁宗懔《荆楚岁时记》载：“七月七日为牵牛织女聚会之夜，是夕人家妇女结彩缕穿七孔针，或以金银石为针。陈瓜果于庭中以乞巧，有蟢子网于瓜上，则以为符应。”从此，祭祀二星的主题似已定格于“乞巧”上。

《晋书·天文志》云：“织女，天女也，主司瓜果、丝帛、珍宝”，故民间七夕均以瓜果祭献。

唐代宫中大兴乞巧之风，并建有其高百尺的“乞巧楼”。五代王仁裕《开元天宝遗事》载：“宫中以锦结成楼殿，高百尺，上可以胜数十人，陈以瓜果酒炙，设坐具，以祀牛、女二星。嫔妃各以九孔针、五色线，向月穿之，过者为得巧之候。动清商之曲，宴乐达旦，士民之家皆效之。”对月穿针乞巧之俗从此广传民间，直到清代也未消歇。

除对月穿针，还有水上浮针的七夕风俗（图 1–38），“巧针”成了判断巧拙的卜具。光绪《丹阳县志》卷二九载：“七月七日，水碗丢针乞巧。先以盎水夜露，曝日中，向午膜生，以绣针投之水面，看水底针影，有如笔、如锥、如算珠者，为之‘得巧’。”《武进阳湖县合志》卷二载：“七月七日，午时取河、井水各半，贮一器曝日中，浮针其上，承日影视之，作宝塔或笔形者，巧。”

在南京，妇女们则用蟋蟀草作“巧针”，以行浮针之戏。据《金陵岁时记》载：“七夕前日，妇女取水一盂，曝烈日中，使水面起油皮，截蟋蟀草如针，泛之，勿令沉下。共观水影中，如珠如伞，如箭如笔等状，以验吉凶。”浮针看影，一般以“散如花，动如云，细如线，粗如椎”为卜断巧拙之象。

巧针是禳除笨拙的镇物，它借取织女的神性令人心灵手巧。针影一般都似笔似椎，或似线似伞，用蟋蟀草代针则永浮不沉，故均可得巧。

由于穿针、浮针是妇女之戏，而织女故事又以情爱的悲欢离合为基调，因此在乞巧的外象背后，隐藏着乞爱的心态。张君认为，七夕是一年一度男女大会的残存记忆，“反映出织女的原型即是远古时代传说和崇祀的淫荡的少女神”。[1] 对月穿针，对应着天上的牛女相会，实际上具有月下野合的象征意义。

所谓“巧针”，是心理的物化，即借此禳除孤独无爱、清冷寂寞，而得到情人与性爱。“汉彩女”穿针于“开襟楼”，这“开襟”之名留下了探秘的印迹，也许汉代有妇女宽衣解带的“穿针”之习，体现了原始的乞爱遗风。《西京杂记》卷三载：“至七月七日，临百子池，作于阗乐。乐毕，以五色缕相羁，谓为相连爱。”五色缕作为穿针之物，其功能当也为“连爱”。因此，巧针、彩缕是一特殊的、与乞爱相关的岁时性祈禳镇物。

图 1–38　浮针乞巧图

1　张君：《神秘的节俗》，广西人民出版社 1994 年，第 203 页。

乌鹊

乌鹊的文化应用最著名的仍旧是与牛郎织女相关的神话传说。在《淮南子》中有“乌鹊填河而渡织女”的载述，此外，《岁华纪丽》卷三引《风俗通》曰：“织女当渡河，使鹊为桥。”

乌鹊，即西王母座前青鸟（图 1-39），王母娘娘即西王母的衍变，而西王母为主司生死的大神，她能沟通生死两极，也能连接天上、人间，因此，鹊桥是西王母神力的显现，表现对神人交通的便利。

《山海经》中有“三危之山，有青鸟居之”之述，而三危山与昆仑山均为神话境界。晋人郭璞《青鸟赞》曰：

山名三危，青鸟所憩。
往来昆仑，王母是隶。
穆王西征，旋轸斯地。

图 1-39　汉画像石上的西王母与青鸟

青鸟既为“王母所隶”，故七夕搭桥也就是领受了王母的旨意。王母一方面以簪划河，隔开牛郎、织女，另一方面，又许“一年一度相会”，并遣青鸟搭桥，反映了惩戒与怜爱的矛盾与统一。

对乌鹊七夕搭桥曾有附会的解说，《尔雅·翼》卷一三载：“涉秋七日，鹊首无故皆髡，相传是日河鼓与织女会于汉东，役乌鹊为梁以渡，故毛皆脱去。”这是以乌鹊秋日换毛之性，对鹊桥神话所作的合理化解释，而这种由物象到天象的联想本介于科学与神话之间。

乌鹊与七夕风俗的联系，当另有文化象征的意义。

晋葛洪《西京杂记》曰：“乾鹊噪而行人至，蜘蛛集而百事喜。”乌鹊因能感知人至而预先通报，故被视作“吉鸟”。牛郎去天河与织女相会，当然也是乌鹊最先感知，故“搭桥”有相迎、报喜的寓意。《易·卦》曰：“鹊者阳鸟，先物而动，先事而应。”因鹊为阳鸟，故能辟克阴气和死亡，预兆长生和顺达。

在另一中国古代传说《孟姜女》中，有孟姜女北上寻夫迷了途，乌鸦前来指引的情节。清末四川刻本《孟姜女寻夫》南词曰：

> 正行之间抬头看，两条大路在眼前；
> 指路碑上看不见，不知哪条是长安？
> 思想路上对谁明，来了乌鸦引路行：
> “你在前面把路引，奴在后面紧跟随。”

词中的“乌鸦”，即为乌鹊。它飞来引领孟姜女，正体现了“先事而应”的神能。

乌鸦还被古人视作“孝鸟”和“阳精”。《春秋纬·元命苞》曰：

> 火流如乌。乌，孝鸟。何知孝鸟？阳精，阳天之意。乌在日中，从天，以昭孝也。

此说又涉及一个神话意象,即“乌在日中”。太阳中因有三足乌而有“金乌”的别称，而乌鸦在日则获取了“阳精”之名。阳兆生，兆成，故乌鹊能成牛女之美。成其合，则是禳其离，因此，乌鹊有着镇物的性质。乌鹊晨去暮归，来去守时，故七夕这一年一度之会由其引导，以不致错失。在这层意义上说，乌鹊也是禳除舛误的时令镇物。

月饼

月饼是中秋时节的祭品与食品，也是祈团圆、求不死的岁时镇物。

对月的崇拜与祭祀发轫于原始宗教，早在上古时期就已经礼制化了。《国语·周语》有“秋暮夕月”之载，月祭的期日定在“秋暮”时节。《礼记》则曰:“天子春朝日，秋夕月：朝日以朝，夕月以夕。”它也以秋日的晚上为祭月之期。

将祭月、玩月的期日定在八月十五，并称之为“中秋节”，不晚于宋代。孟元老《东京梦华录》载 :“中秋节前，诸店皆卖新酒，贵家结饰台榭，民家占酒楼玩月，笙歌远闻千里，嬉戏连坐至晓。”当时的“中秋节”已十分热闹，形成了饮酒玩月、通宵嬉戏的节俗。

不过，明确将“中秋节”与“八月十五”连在一起的是南宋的吴自牧。他的《梦粱录》曰 :

> 八月十五日中秋节，此日三秋恰半，故谓之中秋。此夜月色，倍明于常时，又谓之月夕。

“中秋节”虽定在了八月十五，却未见“月饼”的名称。

月饼作为秋夕的食品与祭品究竟始于何时呢？苏东坡曾写有“小饼如嚼月，中有酥和饴”的诗句，这种加了饴糖和油酥的小饼，虽未见称“月饼”，却可能是月饼的雏形。到了南宋，首次在书籍的食物分类中出现“月饼”二字。周密《武林旧事》卷六“蒸作从食”中列入了“月饼”，不过，这是带馅的蒸制饼食，与现代月饼仍旧不同。此外，在南宋临安的“市食”中还有一种叫“七色烧饼”的食品，这种用果仁、饴糖、油酥烧烤而成的食品与后世月饼已颇相近。

月饼的最后成型，并用作馈赠礼品和时令食品与供品，大约在元末明初。明沈榜《宛署杂记》载：“八月馈月饼。士庶家俱以是月造面饼相遗，大小不等，呼为‘月饼’。市肆至以果为馅，巧名异状，有一饼值数百钱者。”

明代的《酌中志》也载：“八月宫中赏秋海棠。自初一起，即有卖月饼者……至十五日，家家供月饼、瓜果。”

月饼有自家制作的，也有从市肆购回的，且形制多样。一般用于祭月的，饼圆而大，甚至有径三尺、高寸余的，饼上用印模压出蟾轮、兔杵、吴刚、嫦娥、广寒宫、月桂树等图样。

拜月是妇女的风俗，有“男不拜月，女不祭灶”的谣谚，所求多为月圆、人圆，长生不死（图 1–40）。拜月时要请月光纸马，如“清凉照夜月宫尊天”纸马，需做成牌位，供于月所出之方（图 1–41）。供品除月饼外，还有瓜果，其中西瓜要雕成牙错形，以像莲花。[1] 另外，还要点斗香，在拜祭时焚化“月光”纸马（图 1–42）。

月饼作为中秋节物，概括了这一节俗的禳死的主题。从月饼上的嫦娥、吴刚、蟾蜍、桂树及玉兔等物象看，无一不伴和着“不死”的基调。

嫦娥因偷吃了“不死之药”而与月长存。此药系羿请于西王母，[2] 而西王母主管生死，这样，嫦娥便获取了不死永生的神性。

吴刚是谪放月宫的学仙之人，亦有不死之性。《酉阳杂俎》曰：

---

1 〔清〕富察敦崇：《燕京岁时记》，“月饼”。

2 《淮南子》：“羿请不死之药于西王母，姮娥窃以奔月，怅然有丧，无以续之。”

图 1-40　拜月图

图 1-41　月神纸马

图 1-42　月光纸马

旧言月中有桂，有蟾蜍，故异书言：月桂高五百丈，下有一人，常斫之，树创随合。人姓吴名刚，西河人，学仙有过，谪令伐树。

吴刚虽“学仙有过”，看来仙术已学成，故可托月不死。而月中之桂，因“树创随合”，也正是不死、再生的象征。

至于蟾兔，蟾蜍有冬眠春苏之性，被古人视作不死之物，而玉兔执杵捣药，当也制成再生之药，同样可以免死。这样，蟾、兔也均为不死的象征。

其实，月亮本身就具不死之性，它圆缺变化，周而复始，永无止境，故屈原在《天问》中曾发出“夜光何德，死则又育”之问。月亮作为再生再育的不死象征,是后世月饼追仿的动因。人们因中秋月明，乃做饼拟月以亲近它，通过月饼物象的交感，以在内心唤起不死的意象，从而得到镇辟死亡的满足。

茱萸

茱萸是重阳节物，也是辟恶禳死的镇物。

重阳时在九月九日，因《易经》筮法中以一、三、五、七、九为天数，即阳数，二、四、六、八、十为地数，即阴数，九月九日以月、日数均为“九”,故称“重阳”,又叫“重九”。九在阳数中又有“老阳”之称，被视作生命久长的象征。魏文帝曹丕在《与钟繇书》中写道：岁往月来，忽复九月九日。九为阳数，而日月并应，俗嘉其名，以为宜于长久，故以享宴高会。可见，时令所预兆的“长久”观，是古人飨宴与登高之俗的文化诱因。

南朝以来，人们把登高与辟灾相连，并附会出一些史事传说。梁吴均《续齐谐记》曰：

> 汝南桓景，随费长房游学累年，长房谓之曰："九月九日，汝家当有灾厄，急宜去，令家人各作绛囊，盛茱萸以系臂，登高饮菊酒，此祸可消。"景如言，举家登山，夕还家，见鸡狗牛羊一时暴死。长房闻之曰："代之矣。"今世人每至九日，登山饮菊酒，妇人带茱萸囊是也。

此说虽不可信，但强调了茱萸、菊酒等镇物的禳厄作用，也是对插茱萸等古俗所作出的夸张的解说。

在晋代的一些文献中，已提及茱萸的镇辟功用。周处《风土记》曰："九月九日，律中无射，而数九，俗尚此日，折茱萸以插头，云辟除恶气，而御初寒。"葛洪《西京杂记》曰："九月九日，佩茱萸，食蓬饵，饮菊花酒，令人长寿。"

茱萸有吴茱萸、食茱萸、山茱萸数种，其实可食，亦可入药。茱萸究竟为何物呢？据《江苏方志》所载"吴茱萸"条称："吴茱萸，高丈余，皮色青绿，春末开细花，红紫色，七八月结实如椒子，梢头累累成簇，熟则深紫。"[1]郭璞注《尔雅》曰："《本草》：茱萸，一名椴，而实赤细者。"可见，茱萸是一种类似红辣椒的子房类果实，具有辛辣的"杀"气，故被古人视作益寿除患的"嘉木"。后魏贾思勰《齐民要术》卷四载：

> 舍东种白杨、茱萸三根，增年益寿，除患害也……井上宜种茱萸，茱萸叶落井中，有此水者无瘟病。

茱萸为何能辟瘟除患呢？《风土记》称九月九日"此日气烈熟"，而《酉阳杂俎》则说"茱萸气为上"，这一方面是概括了茱萸的药用功能，

---

1 陶思炎：《风俗探幽》，东南大学出版社 1995 年，第 48 页。

另一方面“烈熟”“为上”正引发了阳气升腾和登高接天的联想。

由于阳表生，阴表死，疾疫、鬼祟均为阴气所化，所以俗信茱萸能留下“重阳”之阳气，并以阳退阴，实现“长寿”“辟邪”的企盼；由于茱萸有药用的与信仰的功能，故成为重阳时节神秘的镇物，并获取了“辟邪翁”的美称。[1]

菊花酒

菊花酒作为重阳的节物，也是辟邪延寿的镇物。

晋葛洪《西京杂记》言及菊花酒的制法：

> 菊花舒时，并采茎叶，杂黍米酿之，至来年九月九日始熟，就饮焉，故谓之菊花酒。

菊花酒信能“辅体延年”，且有诸多美处。魏文帝《与钟繇书》曰：“至于芳菊，纷然独荣，非夫含乾坤之纯和，体芬芳之淑气，孰能如此！”魏人钟会曰：“夫菊有五美焉：黄华高悬，准天极地；纯黄不杂，后土色也；早植晚登，君子德也；昌霜吐颖，象劲直也；流中轻体，神仙食也。”[2] 此外，《楚辞》中有“朝饮木兰之坠露兮，夕餐秋菊之落英”句，可见在神话幻想中，菊花是和乾坤、通阴阳、永生不死的神的食物。

汉代以后出现菊能益寿的传说，带上了仙道方术之气。《风俗通》载：

1 〔宋〕吴自牧：《梦粱录》卷五“九月”。

2 〔唐〕欧阳询：《艺文类聚》卷八一“药香草部上”。

> 南阳郦县有甘谷，谷水甘美。云其山上大有菊，水从山上流下，得其滋液。谷中有三十余家，不复穿井，悉饮此水，上寿百二三十，中百余，下七八十者，名之“大夭”。菊花轻身益气故也。[1]

此外，《神仙传》曰：“康风子服甘菊花，柏实散得仙”，《抱朴子》则称：刘生丹法用白菊花等，“服一年，寿五百岁”。这些说法均出于对菊能“辅体延年”的夸张。

菊花酒作为重阳节物，一则如《礼记》所言，“季秋之月，菊有黄花”；另则也有文化理解的因素，正如《尔雅图赞》所称：“菊名日精”。“日精”为阳中之阳，正与“重阳”义同，这是菊花成为重九节物与镇物的潜在意义。

菊花被吴自牧称作“延寿客”，其实在风俗中，它不仅用于延年益寿，也直接用于除凶镇害。在清代的北京，人们在九月里“以菊花叶贴户牖，解除凶秽”；[2] 在荆楚地区，则取菊为灰，以“止小麦蠹”。可见，菊花与菊酒在俗用中均为辟邪除灾的岁时镇物。

四、冬日镇物

冬日是寒冷、萧索的季节，也是岁末之季，除了岁除禳镇，还有其他的俗信活动，其中亦不乏镇物的应用。诸如腊八粥、炭火、冰块、灶神、馄饨等，都可视作冬日的镇物。

---

1 〔唐〕欧阳询：《艺文类聚》卷八一“药香草部上”。

2 〔清〕潘荣陛：《帝京岁时纪胜》，“九月·禁忌”。

腊八粥

夏历十二月八日又称“腊八”，民间有煮“腊八粥”的风俗。“腊八粥”同腊月二十五用赤豆杂米所做的“口数粥”一样，不仅是冬令的食品，也是一种除灾免过的镇物。

旧时，每逢腊八，寺庙有向信徒和过客施舍“七宝五味粥”之举，故有人误认为腊八粥是佛教文化的产物，由寺庙而传入民间的。其实，并非如此。光绪十四年十二卷本《东光县志》驳斥道：“今俗乃以腊八造粥，谓源于浴佛，陋矣。……入腊赐食，实朝廷典礼之常，其用八日则以上弦时，所谓如月之纴，取其方兴未艾耳，与彼释氏何干！”此言腊八赐食本是中土风俗，并有特定的取义。

腊本是狩猎以祭先祖的仪典。夏曰“嘉平”，殷曰“清祀”，周曰“大蜡”，汉改蜡为“腊”。腊者，猎也，田猎取兽以祭其先祖之谓。而蜡者，索也，聚万物而索飨之也。腊、蜡的区别在于“腊祭先祖，蜡报百神，同日而异祭也”，即蜡祭有自然崇拜的性质，而腊祭为祖先崇拜的事象。《说文》曰：“冬至后三戌为腊。”腊无定日，凡四十日，唐以腊八行赐食朝典，形成了腊八的礼俗。

腊八粥多用八种谷米、果蔬合煮而成，有时还不止八种，各地所制在配料上略有异同。南方多用黏米、菱角、芡实、红豆、黄豆、花生、白果、松子、蔬菜等料，另有加栗子、芝麻、瓜子、糖、蜜、杏仁等熟料者；华北用米、豆、粟、枣、栗、柿饼，外以桃仁、杏仁、花生、瓜子、葡萄干、青红丝、黑白糖作点缀；西北地区则用豆、麦、粟、稷、面条、豆腐、肉类、果核等煮食。北京作为明、清都城，腊八粥的制作亦颇讲究，据《燕京岁时记》载：

> 腊八粥者，用黄米、白米、江米、小米、菱角米、栗子、红江豆、去皮枣泥等，合水煮熟，外用染红桃仁、杏

> 仁、瓜子、花生、榛穰、松子，及白糖、红糖、琐琐葡萄，以作点染。切不可用扁豆、薏米、桂圆，用则伤味。……并用红枣、桃仁等制成狮子、小儿等类，以见巧思。[1]

腊八粥用料之多正体现了“聚万物而索飨”的蜡祭遗风在民间的持久承传。

腊八粥多在腊七夜或腊八凌晨煮熟，黎明时分食之，俗忌迟食，有“不过午”的禁忌，俗信早食兆来年早收。清乾隆四十八年《府谷县志》载:“初八日夙兴，以黍米和枣肉作饭，谓之‘锛饭’，祀神祇，合家旋食之。又农家五更起食，谓早食兆来年早收。”此外，在河北省固安县有“谁家烟囱先冒烟，谁家高粱先红尖”的谣谚。腊八粥的煮食争早，正是取腊八为上弦月，具方兴未艾之象，故视作年成之兆。

腊八粥在乡村还有驱虫镇害之用。光绪《涿州志》载 :“以各样果实，去皮核，入诸色米、豆内，制粥食之。且遍置花木上，次年无虫，且茂艳。”在山西省河曲县，农家用腊八粥的粥汤沃冰，并置粪堆上，以盼水多肥足，来年有秋。在河北省张北县，人们用腊八粥涂抹墙壁、树木、门环等处，以禳不祥。

腊八粥还用于祝子风俗。光绪十二年河北《遵化通志》载:“(腊八) 以粥抹果树上，则多实，或戏贴妇人背上，以祝生子。”因腊八粥多以种子、果子煮成，而这些包孕生命的谷种、果种，通过接触巫术的诱发，又选择蜡祭百神的期日，信能产生通感，使乞子妇感孕得子。

腊八粥既是美味的时令食品，又是除虫镇灾、禳凶得吉的镇物，它不仅用于自然的禳镇，也用于社会的禳镇，反映出其功能的广泛。

---

1 〔清〕富察敦崇 :《燕京岁时记》“腊八粥”，北京古籍出版社 1983 年，第 92 页。

灶神

灶神，又称“东厨司命”“司命灶君”“家主司命”“定福神君”，俗称“灶王爷”“灶老爷”，被民间视作主掌一家福运并能免祸除患的家神。每到腊月二十三或二十四日，人们送灶神上天，并在岁除迎其归来，在灶龛上供上灶神的纸马（图 1–43），信能赐福辟祸。

中古以前，祭灶的期日定在夏日，《白虎通·五祀》曰：“夏，祭灶。灶者，火之主，人所以自养也。夏亦火王，长养万物。祭灶，灶以鸡。”夏日祭灶本与火崇拜及太阳崇拜相关，借火性或阳气以“自养”是其功利动因。东汉蔡邕《独断》也说：“夏为太阳，其气长养，祀之于灶。”可见，祭灶是为了长养阳气，并因此辟克阴气。

中古以后，祭灶的期日发生了变化，逐步定型于腊月“冬尽”时分。《江宁新志》卷五曰：

> 秣陵人家以十二月二十四日夜祀灶，饧饼、酒、果，自士大夫至庶人家皆然。此古五祀之一也。五祀，一曰户，二曰灶，三曰中溜，四曰门，五曰行。天子与诸侯大夫同周制，唯庶人立一祀，或立灶，或立户。户以春祭，灶以夏祭。今士大夫止祀灶，不及其他。又祭以冬尽，皆与礼异。

这段清代的文献从祭灶期日的变化，言及了古礼今俗的嬗变。

传说，腊月二十四日灶君上天向玉帝述职，白“一岁事”，人们为使他多说好话，少说坏话，就用果糖等甜腻的食品祭供他。明刘侗《帝京景物略》曰：“二十四日以糖剂、饼、黍、糕、枣、栗、胡桃、沙豆祀灶君。以糟草秣灶君马，谓翌日灶君朝天去，白家间一岁事，祝曰：‘好多说，不好少说。’”

南京地区祭灶，一般用一根青葱、两块豆腐，以寓“一清二白”。

图 1-43　灶神纸马

在其他地方，则有以戏弄的方式对付灶君的做法。宋孟元老《东京梦华录》记开封之俗曰："（腊月）二十四交年，……贴纸马于灶上，以酒糟涂抹灶门，谓之'醉司命'。"嘉靖《江阴县志》卷四则曰："二十四日祠灶，用粉团、胶牙糖。谓灶君朝天言人过失，糖以胶牙。"前者用酒糟令其烂醉，昏不知言；后者用胶牙糖粘其口舌，让其欲言不能。

不过，灶君平常待在人家灶上，起着镇护的作用。在江苏常熟，小孩第一次患疟疾，须由外祖母家遣人来祭灶。其祭祀之法为：

> 由外家备灶马两个，香烛阡阮、素盘水果、糕饼等物，遣人持至病家灶间，须一径走入，不能和人接谈。将两灶马背与背接，置诸大镬盖上，各种祭品陈列于前。祀毕，将灶

图 1-44　灶神纸马

图 1-45　灶君纸马

> 马与阡阮焚化，携饼一个，直向外走，亦不得与人接谈，口中但云："我以后不再来了。"既出门，将所携之饼，掷以饲犬，其意若曰将病传之于犬也。祀灶所余之物，亦须立时食尽，盖谓吃得快，好得快也。[1]

在浙江富阳，当病人神志不清、昏迷不醒时，病人家属就要为他叫魂。有一种喊魂法名为"叫灶魂"，即一人在灶上呼叫病者名字共四十九声，一人在灶下答应，并将锅拿走，俗信可招回魂灵，使病人苏醒。[2]

上述两例均以灶神为镇护恩神，借以除病免夭，灶及灶神在民间信仰中实起着镇物的作用。目前，灶神的祭拜仍很普遍，在民间神祇体系中灶神流布最广，灶神的纸马现存最多（图 1–44）。人们祭灶不仅为了免灾，也为了祈福，在灶君纸马上甚至还配有"财神""福神""喜神""贵神"之像，祈福的主题更其突出（图 1–45）。

馄饨

馄饨是冬至的传统节物，民间素有"冬至馄饨夏至面"的谣谚。

馄饨是饺子的前身，北朝颜之推《颜氏家训》曰："今之馄饨，形如偃月，天下通食也。"馄饨"形如偃月"，即两端弯起，成为后世饺子的雏形。

馄饨源于何时，已颇难考定。1978 年 10 月，考古工作者在山东省滕县的薛国故城，发掘了一座薛国君主墓。在出土的铜簠中，发现整齐排列着呈三角形的白色食品，每个长 5 厘米至 6 厘米，最宽处 3.5

1　胡朴安：《中华全国风俗志》（下编），河北人民出版社 1986 年，第 174 页。

2　郑晓江主编：《中国辟邪文化大观》，花城出版社 1994 年，第 68 页。

厘米至 4 厘米，发掘者认为，从形制看，这一食品应是“馄饨”。[1] 如果这一判断能够成立，那么，馄饨在 2 500 年前的春秋时期即已成为华夏食品。

汉扬雄《方言》曰：“饼谓之饦，或谓之馄。”可见，在汉代，馄饨归入饼类，是面粉制品的一种。至于其名何以为“馄饨”呢？历来有些妄说。富察敦崇《燕京岁时记》“冬至”词条对冬至的时令特征及馄饨之名作出了解释：

> 按《汉书》，冬至阳气起，君道长，故贺。夏至阴气起，故不贺。又《演繁露》：世言馄饨是塞外浑氏屯氏为之。言殊穿凿。夫馄饨之形有如鸡卵，颇似天地浑沌之象，故于冬至日食之。若如《演繁露》二氏为之之言，则何者为馄，何者为饨耶？是亦胶柱鼓瑟矣。

富察敦崇说馄饨似“天地浑沌之象”，颇得要领。

馄饨作为浑沌的象征，在冬至食之，又有何意？民间常有“冬至大如年”的说法，留下了追寻的踪迹。在南宋时，贺冬仪典要做节三天，周密《武林旧事》载：

> 朝廷大朝会庆贺排当，并如元正仪，而都人最重一阳贺冬，车马皆华整鲜好，五鼓已填拥杂沓于九街。妇人小儿，服饰华炫，往来如云。……三日之内，店肆皆罢市，垂帘博饮，谓之“做节”。

人们何以将冬至当年过，这在吴歌中也有迹可寻。蔡云《吴歈》曰：

1　郭伯南：《华夏风物探源》，三联书店 1991 年，第 276 页。

有几人家挂喜神，匆匆拜节趁清晨。
冬肥年瘦生分别，尚袭姬家建子春。

“姬家”指周代，周人姬姓，而“冬肥年瘦”的风俗是沿袭了周代以十一月为正月的传统。唐徐坚《初学记》卷四引《玉烛宝典》曰：“十一月建子，周之正月。冬至日南极，景（影）极长，阴阳日月万物之始。”

此外，《通纬·孝经援神契》曰：“大雪后十五日，斗指子，为冬至，十一月中，阴极而阳始至，日南至，渐长至也。”“子”为地支之首，“斗指子”，有岁时起始的寓意，故定十一月为正月。

馄饨在冬至食，有时令的象征意义。馄饨是混沌神的模拟，其馅为一团肉球，正是对混沌神无七窍之形象的追仿。天地、万物、人畜均从混沌中产生，有序世界来自无序的混沌。而岁时也是从无到有，旧岁到除夕渐归于无，而子时时分新岁又从无中而起。所以馄饨是冬至时令的象征。

由于冬至太阳最远，日影最长，此后一天天北回，光照愈来愈强，因此冬至象征着阳气的升发和生命的腾跃，馄饨也就成了迎阳辟阴、护生禳死的物象，成了以空间表时间的冬日镇物。

贰　护身镇物

护身镇物是追求人生康宁的手段，它多以佩戴、进食、寄名等方式而展现禳夭免死的心态。护身镇物以防身护体为主旨，以生存或长寿为功利，主要防范疾疫、鬼祟、妖邪、灾害及各种神秘力量对人体及性命的侵扰与伤害。

由于镇护的对象不同，我们对护身镇物可作护儿镇物、男丁镇物和妇女镇物的大略划分。

第一节　护儿镇物

儿童力小体弱，易受疾疫及其他阴害之物的损伤，特别是在其诞生及成长过程中，会遇到种种不测的磨难或危险，于是人们借助身物、符镇和各类灵应的神物加以防护，并透过这些护儿镇物寄托着父母对孩儿的深深的眷爱。

一、生诞镇物

小儿呱呱坠地，宣告了一个生命的诞生，也从此走入了镇护文化的氛围。从出世到满月，在其生命的最初阶段，便有各种镇物与之相伴，诸如稻谷、草灰、胞衣、胎发、锅灰、荆条等，各地所用不尽相同，但都在神秘的信仰中点画着护儿的主题。

稻谷

在稻作文化社区里，稻谷、稻禾、米粒和米饭等都被视作神物，被赋予了镇邪辟祟之力，且具有护佑孩童之功。

在贵州省东南地区的苗民中，保留着祭拜谷神的远古风俗，并以谷米为镇物，用于小儿的生诞礼俗之中。

当一个小生命还在娘胎中的时候，以镇鬼保胎为主旨的禳辟礼俗就已在伴随着他。人们请来鬼师驱鬼，用三条鱼、一个鸡蛋、一股米线（约二十来根稻禾）作祭品和镇物，鬼师念咒语，求谷神保佑。仪式过后，米线被挂在孕妇的房门上，以让谷神驱邪保胎。小孩生下后，又用一碗米和一个鸡蛋放在床边，让米魂镇床护身。到满月，带小儿回外婆家时，背上要挂上米线，这样谷神就护佑着他一路平安。从外婆家回来时，外婆要送米线一挑，要用带稻禾的米线，不能送已脱粒的谷子。平时，小孩的帽子或衣服常常吊着一个小布包，里面包着稻谷或米粒，以作为驱鬼避邪的护身镇物。[1]

在苏南地区，稻米作镇的风俗也极为普遍。

1　潘定智：《丹寨苗族的谷神崇拜》，载《贵州古文化研究》，中国民间文艺出版社1989年，第134–135页。

在苏州地区，小孩夜啼哭闹，俗以米一碗置于病人枕旁，上掩以白毛巾，亲属在其侧轻拍床沿，间隔呼唤 :“米仙人，米仙人，领仔伲家 ×× 转来吧。”另一亲属在旁作答曰 :“转来哉！”亦有以米撒向屋脊呼唤者，用以驱鬼禳凶。[1]

在无锡乡村，若小儿发寒热不退，被认为是碰到了“亡人”，要用“筛里饭”来驱逐这“夜叉小鬼”。一般用一碗饭、一盅酒、一碗肉、一碗鱼及两只小烛、三炷清香安放在小米筛内，由一人手端小米筛至三岔路口，以斋亡人、小鬼。此时，村中的一些穷孩子闻讯后已守在附近，待香烛一点，他们便蜂拥而上，把饭菜一抢而光，俗信抢得越凶，病好得越快。[2]

在吴地，夏至前后开始莳秧的农作、插秧等活计均由妇女承担，她们手拿第一把秧把时，口中便念道“稻结秧，母抱子，母子安，多结籽”，以祈秧壮稻丰，母子平安。从句中“母子安”三字可知，稻谷在俗信中充当着护儿的镇物。

稻谷是稻作区的主要食物，是人畜赖以生存的基础，由于它对人的生存至关重要，便获取了普遍的崇敬与祭拜，并有了“谷神”“米仙”一类的名称。稻谷，种一粒而收万颗，其强劲的生命之力，使之成为禳死除凶的象征，因此小孩戴谷袋、挂米线、撒米粒、供筛饭等，均凭借稻谷的神力以辟除凶殃，求得镇祟护儿的功用。

草灰

在江南生诞礼俗中，还见有锅灰或草灰的应用，由于它被用来涂抹婴儿的小脸，故显得怪诞而神秘。

---

1 杨晓东 :《灿烂的吴地鱼稻文化》，当代中国出版社 1993 年，第 305 页。

2 朱海容 :《古吴春秋》(上)，新疆青少年出版社 1994 年，第 72 页。

当新生儿第一次被带往外婆家时，人们会用灶膛里的锅灰或草灰抹在婴儿的鼻尖上或脸蛋上，有时还在他身上挂上一本旧黄历，以避退邪祟，防身护体。

江南多用稻草作燃料，因此，所谓“锅灰”，也就是草灰，只是颜色更为深黑。给小儿嫩白的脸上涂上这黑灰,具有多重的禳辟意义。

从外相看，小儿脸上抹了灰，不再是娇嫩的婴儿，故可蒙骗路道上妄图侵袭幼婴的邪鬼，让他们莫辨真伪，踟蹰不前。

从来由看，锅灰、草灰都是经火燃烧后的余烬，带有火燎的余威和除阴的阳气，故可用作小儿的护身镇物，以防阴气近身。此外，草灰、锅灰均取于自家的大灶之中，取自家主之神——司命灶君的座下，小儿脸上涂上了灶灰,其性命也就受到了灶君的护佑,故俗信野鬼无计夺害。

从取材看，草灰、锅灰都是稻草所化，而稻草本是能驱辟阴祟的镇物。在无锡乡间至今有“稻草是仙草”的说法,并流传着“稻灰盖秧，儿见亲娘”的农谚。[1] 稻灰还用来做成收晦的“神米”。农家在碾米时要留一碗或一升糙米，米上撒少许稻草灰，称作“灰米”，俗信放在家中能吸除全家的晦气，护佑家人四季平安。在农闲时节，有上门专讨灰米的人。他们每到一家又唱又跳，唱词大多为:“收灰米，收灰米，收去灰米全家喜，全家喜！”各家闻知他们上门，早把灰米放在门口，他们唱罢就自己动手把灰米倒入箩担或麻袋中，然后再到另一家去。他们把讨得的灰米放在关帝庙过一夜,便视为“神米”,信能治愈邪病。[2]

由于草灰具有乔装伪扮、带火带阳、连接灶君、通仙除晦等功能与信仰，因此是一简约易得而神效非凡的护身镇物。它用于涂抹婴儿的小脸，是在小儿首次离家远出的时刻，因还处育婴初期，故可视作护身保命的生诞镇物。

1 朱海容 :《古吴春秋》(上)，新疆青少年出版社 1994 年，第 71 页。

2 同上书，第 78 页。

胞衣

胞衣，又称“衣胞”“胎衣”“儿衣”，不仅是胎儿在母腹中的生存空间，也是其出世后的佑护镇物。

对胞衣的处理在过去十分谨慎，有诸多的禁忌和俗规。清石成金《传家宝全书·全婴心法》载：

> 先用清水将胞略洗，盛新瓶内。入古钱一文，勿令沙土、草垢杂之。用清布包口，仍以物密盖其上，置便宜处。三日后，择向阳高燥之处，入地二尺余埋之，筑实其土，令儿长寿。着藏衣不谨，为狗彘虫蚁所食，则不吉。藏胞器用稍大平稳，若器小则儿吐乳，不平稳则儿多惊。凡井灶社庙流水之处，俱不可埋衣。

俗信藏衣得当，令儿“长寿有智慧”;若藏衣不当，则有各种凶殃，诸如：

> 为猪狗所食者，令儿颠狂；虫蚁食者，令儿病恶疮；犬鸟食者，令儿兵死；近社庙傍者，令儿见鬼；近深水污池，令儿溺死；近故灶傍，令人惊惕；近井傍者，令儿病聋盲；弃道路街巷者，令儿绝嗣无子；当门户者，令儿声不出、耳聋；着水流下者，令儿青盲；弃于火里者，令儿生烂疮；着林木头者，令儿自绞死。[1]

---

1 〔清〕朱端章:《卫生家宝产科备要》,引自《中国辟邪文化大观》,花城出版社 1994 年,第 482 页。

为了妥善处理胞衣，使之无害有利，需加其他镇物，如大小豆、城门土、市门土、狱门土、葱园土等。据清人朱端章《卫生家宝产科备要》载：

> 先用一罐盛儿衣，先以清水洗，次以清酒洗，次入大豆一盒，次小豆一盒，次城门土、市门土、狱门土、葱园中土，各一盒，重重复之。上用五色帛各一尺五寸，重重系罐口。上用铁券朱书云："大豆某胡去无辜，小豆历历去子癖。城门土见公卿，市门土足人行，狱门土辟盗兵，葱韭园土剪复生。与儿青，令儿寿命得长生；与儿赤，令儿身命皆清洁；与儿白，令儿青禄皆千百；与儿皂，令儿长寿不衰老；与儿黄，令儿清净去百殃。急急如律令！"将此令于一尺二寸铁叶上，先用净墨涂遍，上以朱砂写此语令在上，置在罐口上，且放便处。待满三日，然后于月吉向阳高燥之处，入地三尺埋之，罐上令土厚一尺七寸，唯须牢筑，使儿长寿、有智慧。[1]

上述"藏衣法"体现了镇物的迭用，清水、清酒、大小豆、各类土、五色帛、铁券符咒等，均系巫道的除凶镇物，由于它们的迭合并用，不仅免除祸患，且将胞衣也改造成护儿的镇物。

由于胞衣是禳镇的中心，其护卫的主体是婴儿，因此，这类经文化处理的胞衣已作为生诞镇物出现于护儿风俗之中，成为身之物的又一化用。

---

1 〔清〕朱端章：《卫生家宝产科备要》，引自《中国辟邪文化大观》，花城出版社1994年，第482页。

胎发

胎发与胞衣一样与生俱来，是可用以自护的婴儿镇物。

民间有满月给新生儿落胎发的风俗，其仪典本身就有禳镇的意味。宋孟元老《东京梦华录·育子》载有当时的满月礼俗：

> 亲朋盛集，煎香汤于盆中，下果子、彩钱、葱蒜等，用数丈彩绕之，名曰围盆。以钗子搅水，谓之搅盆。观者各撒钱于水中，谓之添盆。盆中有枣直立者，妇人争食之，以为生男之兆。浴儿毕，落胎发，遍谢坐客，抱牙儿入他人房，谓之移窠。

宋代“落胎发”前的“浴儿”过程，实也为镇物的展览与选用：香汤、果子、彩钱、葱蒜、彩、钗子、枣子和胎发，均为习用的镇物。它们之中有自然物、人工物，也有身之物。从上述仪典，可见胎发对于育儿在观念上是何等重要。

在近现代，落胎发的礼俗犹可见之。一般男婴胎毛不剪完，在头顶上留下个“寿桃”形，或在后脑勺上留下个“乌龟梢”，以兆长生长寿。有的留下一绺胎发扎个小辫子，直到十岁以后才剪除，俗信小辫子能吊住小性命，使鬼祟欲拖而不能。留在头上的胎毛，实际就是婴儿先天的生诞镇物。

剪掉的胎发一般也不随便抛弃，常被收集起来，做成离体的镇物。在南京郊区，剪落的胎毛，要用红布包扎起来，有的挂于小儿的床帐之中，有的别在小儿的外衣上或缝入棉袄的夹层之中，有的则悬于屋梁之上，分别取其守床、护身和镇宅的功用。在浙江嘉兴地区，剪落的胎毛同狗毛、猫毛混合在一起搓成圆团，用大红丝线先串上一个枣子，再串上发团，最后串上一个桂圆，吊在床檐中，以此镇床辟邪。

枣子、桂圆是多籽果实，是生命力旺盛的象征。红线亦为镇物，而狗猫易养易长，亦是生气旺盛的象征。故它们与发团不仅是镇物的迭合，用以辟邪，同时枣子、发团、桂圆为三个圆球状物，又隐含“连中三元”的吉祥祝愿。胎发因从胎中而出，与生俱来，被看作是连接彼岸与此岸、前生与今世的法物，因此在生诞风俗中得到了充分的应用。

二、佩身符镇

在护儿镇物中有一类专用作饰物，或佩戴在小儿的衣帽上，或套挂在孩童的颈项、手腕、脚脖、耳朵之上。此类符镇大多为文化制品，其主要功用在于护身。护儿的佩身符镇形制极为纷杂，包括：虎头帽、虎头鞋、狗头帽、猪头鞋、虎头包、棺材钉、百家锁、百家衣、桃核、喜鸡、面条、猪骨、狗牙、鸡心袋、项圈、香包、耳环等，神秘而多趣。

虎头帽

虎头帽、虎头鞋、虎头包等，是婴儿满月后至三岁左右的护身符镇，同时又具有实用的、审美的价值。

虎头帽、虎头包均用大红布作底色，边镶黄色或白色，虎眼为白，虎眉为黑，虎鼻为蓝或绿，虎额“王”字为黄色，整个虎头汇集了红、黄、蓝、白、黑五色，显得异常的威武与醒目。

从浅近的眼光看，小孩戴上虎头帽，是为了显得虎头虎脑，易养易活，神气健壮；而从深层去考察，虎头帽的文化寓意则联系着鬼岛度朔山的神话。

度朔山上的老虎专食恶害之鬼，是神荼、郁垒二神的帮手，故俗信虎图、虎物能避退鬼祟、护佑康宁。虎头帽之类，不是虎图腾的遗存，也不是小孩扮作虎子的道具，正如猪头鞋、狗头帽也不是猪狗图腾遗风一样，虎头帽、虎头包等，只是一种意在禳凶的护身符镇。

虎头帽、虎头包用色五种，同端午节俗中的五色缕有相近的取义，即以五色表五行、五方，从而调和阴阳，达到多方位镇辟的神效。

虎头帽作为佩身的符镇至今仍见之于育儿风俗中，特别在乡村中较为多见。它常在小儿满月、百岁或过周时由亲友馈赠，使之成为融交际、装饰、保暖与护镇等多重功用的风俗物品。

棺材钉

棺材钉细细长长，两头扁尖，用于封钉棺盖和棺箱。在旧时，民间亦将棺钉改制成为小儿的佩身符镇。这种棺钉先打制得更为细长，再包上银皮，做成手镯或脚镯，专给男孩佩戴，用以护身辟邪。

为何取棺材钉呢？因民间称棺材为“寿材”，这样，棺钉又叫“寿钉”，谐音为“寿丁”。用它套在小儿的手腕或脚腕上，可作为“寿丁”的标志，即讨得长生长寿的吉兆，从而镇除夭亡。

此外，棺材在民间又称作“喜材”，为老年人打制棺材叫“做喜材”，它非但不使人联想到死丧，相反，未亡做材被看作是一种延年益寿的手段。在苏北流传着一首《做喜材》的歌谣，它是工匠在做材的仪典上演唱的，其词为：

新做喜材喜洋洋，两片金墙一样长，
外面好看里面光，福禄寿禧巧成双。
彭祖活到八百岁，爹比彭祖寿更长，

寿比南山松不老，福如东海水流长。
人说彭祖八百多，爹比彭祖大得多，
九十九来二十一，祝君寿高胜南极。
还要翻个大跟头，十七八个重孙绕膝贺。

可见，歌谣以长寿为祝颂，点画出这一风俗的主题，并以仙人“彭祖”、“南山松”、“东海水”、“南极”老人星、“重孙”等作铺垫反复渲染“长寿”的喜庆气氛，让人看不到半点死亡的悲哀。

因此，棺钉也是“喜钉”，是喜庆的、延寿的象征，也是忘却死亡、退避死亡的镇物。它做成男童的佩饰，乃寄托着父母讨寿延命、禳死除夭的亲子祈愿。

香包

在汉族风俗中，各地均有在端午日给小儿挂香包的事象，以驱镇邪恶，保得平安。

香包一般由纸折扎而成，纸取长方形，外印钟馗、关公的彩色图像，也有用色布缝制成桃子、小猴、金锁、青蛙等形状的小袋，或用硬纸和五彩丝线做成粽子形，包内装有香料或独瓣大蒜，挂在小孩的胸前以驱邪除瘟。

类似香包的佩饰在其他节令，在不同的地区，还有不同的形制。在陕西省潼关，每逢立春日，母亲用布制成一寸来长的雄鸡，缝在小儿的帽顶上以除凶纳吉，故称作“吉鸡”或“春鸡”。在浙江金华地区，“香包”则制为鸡心形的小袋，内装茶叶、米和雄黄粉，挂在小儿的胸前，以驱邪祈福。

香包的外形与内物往往都是习见的镇物：桃子、金锁、青蛙、粽子、雄鸡、钟馗、关公等，以及香料、大蒜、茶叶、米、雄黄等，都是寻常设镇的材料。香包之为镇物，主要在其“香”气或“杀”气，因一切邪祟鬼怪都是阴秽之物，有异味或腥臭，畏香料和药物，所以香在则臭去，香包在，则鬼祟避。香包在风俗中是一时令性护儿符镇，而并非实用的装饰，也无爽身去汗的实效，它主要作为一种文化手段寄寓着护儿的信念，即成为心态的物化象征。

耳环

耳环通常是成年女子的首饰，然民间也用作男童的护身镇物。特别那些单传的独子，大人怕小儿会有病害夭亡，便给他戴上耳环，扮作女相，俗信女泼男娇，充作“丫头”，易存易长。

耳环作为镇物的功用，首先是为了惑鬼。民间素有鬼祟爱夺男童性命的迷信，给男童戴上耳环，让鬼祟迷惑不辨，误认女童而不加祸害。有的人家还给男童留起长辫，给男孩取名叫“丫头”，也都是出于惑鬼护儿的动机。

此外，耳环的文化功用还如同项圈、银锁，是为了套住小命，不让鬼祟夺去命魂。在护儿的佩身符镇中，有不少是套在颈项上的，如狗牙、猪骨、桃核等，多用红绳挂在脖子上，其取义与项圈亦略有所同，都有扣住小命的象征意义。耳环也正是一个扣命的圈环，其应用不是装饰，而为象征的护身镇物。

耳环本为女性所用，如同戒指、项链一样，成为与女性相联系的符号，而男童所戴之耳环，特别能产生与母体相联系并受佑护的潜在心理，唤起女祖崇拜、女阴崇拜的模糊记忆。这样，耳环就成了信仰的圣物，并被视作具有辟邪护儿的神力。

耳环仅仅是一种文化符号，其在禳镇风俗中的应用乃基于幽深的信仰观念，显得既寻常而又神秘。

三、护儿神物

在护儿镇物中还有一类非日用的神秘镇物，它们多与宗教、巫术相关，被视作灵验的神物，诸如寺庙、竹木、筛子、保书、床公床母、张仙、挡箭碑、度关符等，就是非穿戴、非食用的护儿神物。

寺庙

寺庙是佛像的祭供之所，是僧人的修持之地，也是各种宗教仪典举行之场，历来被人们视作通天的圣地和净土。在这方“净土”中，没有病的痛苦、死的困惑和鬼的侵扰，寺庙成了获取神佑的象征。

在北方和南方，过去都有将小儿寄名于庙的禳镇风俗。所寄者均为男童，或因时常闹病，父母怕其夭折，或因独子，倍加防范，以免舛乱。寄名寺庙后，待小儿七八岁时或快成人时，再通过一定的仪式还俗为民。

在东北，有名为“跳墙”的“还俗”仪典。据民国十年十六卷本《凤城县志》载：

> 若小儿病，辄许替身……甚且剃儿发如僧，许某岁向某庙跳墙。及期，父母携诣，住持横凳为墙，予箕一、帚一、俾扫神堂，伪怒其拙，夺帚出之，儿即跳凳而遁，取逃出佛门之义。或病险，真许出家，愈而反悔，则以驴一头舍庙中，便令儿还俗。

此外，民国二十年十八卷本《义县志》也载：“有削儿发，谓为秃子者，意在许愿使为僧，以托佛荫而免病灾。至七八岁，其父母携往庙中，请僧人以板凳为墙，假怒击儿，令跳过板凳而逃，谓之‘跳墙’，意取逃出佛门。然后始为蓄发，俗曰：‘留辫子。’”“跳墙”风俗似有游戏的性质，但仍烘托出寺庙作为特殊镇物在护儿中的作用。

在苏中地区，亦有寄名于庙的护儿风俗，当小儿长大当婚时，便到庙中去烧香“扫愿”，以乞“还俗”。“扫愿”者来到庙中，要披上出家人的袈裟，跪在佛像前，和尚在一旁为他拈香诵经，然后用扫帚在庙堂东西各划三下，再用扫帚掸“还俗”者的背部，谓之“消斋障”。和尚边掸边念道：

一进庙门许多年，扫地烧香不周全。
僧人纸灰三扫帚，后代儿孙福寿全。

念毕则说:“走！不要回头望！”这时扫愿者起身，退出庙门，径直回家。途中不得左顾右盼，这样，他便消了“斋障”，从此，可以成家娶亲了。

在上述“扫愿”仪式中，除了有“成丁”的暗示，主要还是表现寺庙对孩童的镇护，正是寺庙与孩童的特殊关系，才使他无病无恙，长大成人。同时，也正因为寺庙被当作护儿的神物，人们才以亦庄亦谐的仪典表达自己的虔敬与谢忱。

竹木

竹子和树木易长易活，根深叶茂，年岁久长，被认为有树神竹魂，可用作护儿的神镇。

南京旧时有寄名于树的护儿禳夭风俗。《金陵琐志·炳烛里谈》卷下载：

物之久者，愚民每奉之如神。牛市旧有槐树，千年物也。嘉、道间，小孩初生，辄寄名于树，故乳名“槐”者居多。

何选槐木以寄儿名？除了上述槐树为千年之物，以物命长久兆儿命久长外，与树种的文化理解亦颇相关。《春秋说题辞》曰："槐木者，灵星之精。"[1] 槐树既是星精的再现，当然也就可充作护儿的神物。"龙鱼河图"云："天镇星主得士之庆，其精下必为灵星之神。"[2] 也就是说，槐树本是"天镇星"之精，能"主得士之庆"：既有天镇之神力，又能得士而升官。可见，民间选取槐树寄名是祈禳心态的表述。

不仅大树是镇物，柴木也是镇物，特别过火之木曾被民间用来驱捉令小儿夜啼之鬼。这种过火柴头往往要削平一面，用朱砂写上捉拿夜啼鬼的咒文："拨火杖，天上五雷公，差来作神将，捉拿夜啼鬼，打杀不许放。急急如律令敕。"晚间用它置于小儿床头，明早用宝烛送出门外，谓夜啼可止。[3] 这是树为神物的一种变异形式，在内涵上又融入了"火"或"雷"的信仰成分。

竹子同树木一样，作为文化象征也见之于护儿风俗。在浙江省玉环岛沙鳝地方的闽南籍渔民中，有元宵节让小儿"摇竹娘"的佑生助长事象。

每年正月十五日的白天，家长领小孩到竹林中，选一棵去年长高的健壮青竹，教孩子背熟口诀。夜晚，这孩子要悄悄来到竹林中，找到那棵选好的青竹，双足并立，双手高举过头，扶着青竹摇动，边摇边念道："摇竹娘，摇竹娘，你也长，我也长，旧年是你长，明年让我长，明年你我一样长。"口诀不能念错，俗信念错了，孩子就不长个子了。念完口诀后，要悄悄跑回家，不能让人碰见。[4]

这一事象体现了对竹神的信仰，并把青竹作为镇除不长个子之疾的

1 陶思炎：《祈禳：求福·除殃》，三联书店有限公司 1993 年，第 120 页。

2 〔清〕桂馥：《札朴》卷七。

3 同上。

4 陈永正主编：《中国方术大辞典》，中山大学出版社 1991 年，第 450 页。

神物，通过小儿的神秘接触与咒语诱发其神力，以达到护儿的功力。因此，竹子同树木一样，被民间当作护儿的神物，起着与镇物相类的作用。

筛子

筛子作为生产与生活的工具也成为护儿的镇物。旧时小儿被抱出门外，有先用筛子罩一罩的风俗，并有除夕夜小儿就寝后，大人用筛子在脸上绕一绕的做法。此外，江南吴地有钉小筛子于门户用以驱祟的俗信。在民间亲迎礼俗中，还见有伴娘以筛子遮挡新娘脸面的辟煞事象。

筛子作为护儿镇物的俗信还传播到周边国家，尤其在韩国早已成为岁时性护儿神镇。《东国岁时记》“元日”条载：

> 俗说鬼名夜光，是夜降于人家，遍穿儿鞋，足样合辄穿去，鞋主不吉，故群儿畏之，皆藏鞋灭灯而宿。悬筛于厅堂壁或阶庭间，谓以夜光神数筛孔不尽，仍忘穿鞋，鸡鸣乃去。夜光未知何鬼，而或药王之音转也。药王像丑，可令怖儿耳。

此外，韩国《京都杂志》卷二“元日”条也曰：

> 鬼名夜光，夜入人家喜偷鞋，鞋主不吉。小儿畏之，藏鞋灭灯早宿，厅壁上悬筛，夜光计其孔不尽，鸡鸣乃去云。或言夜光者，瘽鬼也。当曰“瘽光”，“瘽”与“夜”东语相近也。按：此说非也。夜光即“药王”之音转也。药王像丑，故怖儿使之早宿。[1]

1 《韩国民俗学》第 14 期，第 44 页。

可见，筛子可用以驱鬼护儿。不过，东国人将“夜光鬼”以其谐音判断为“药王”神则属谬误。

“夜光鬼”即“鬼鸟”，又名“鬼车”“鸺鹠”，又称“夜行游女”或“游魂”。《荆楚岁时记》曰：“正月夜多鬼鸟度，家家槌床打户，捩狗耳，灭灯烛以禳之。”因此，东国的“夜光”也就是中原的“鬼鸟”。

关于“夜行游女”，《酉阳杂俎》曰：“衣毛为飞鸟，脱毛为妇人。无子，喜取人子，胸前有乳，凡人饴小儿，不可露，小儿衣亦不可露晒，毛落衣中，当为鸟祟。或以血点其衣为志，或言产死者所化。”这一鬼鸟为“产死者所化”，因其无子，故“喜取人子”，以毛、血等对人家小儿加以贼害。而筛子可以驱之，除了韩国人所言她因数孔不尽而忘了加害外，也因筛子之孔有如眼睛，一筛千百眼，鬼祟难隐身，鬼鸟受到了千眼的监督，便无法暗中行害，只得溜去。

民间除了用筛子，还供“游魂”纸马（图 2–1），游魂为女身，头上插有羽毛，旁有孩童，表明她为害儿的鬼鸟。民间祭奉她，希望她不妄加祸害。纸马与筛子有时并用，可谓“先礼后兵”，或“礼”“兵”迭用，俗信更具镇辟之功。

图 2–1　游魂纸马

保书

“保书”是一特殊的护儿镇物，它以文书的形式把孩子托付给某位神灵，以盼镇邪辟灾，护佑成人。

在南京郊县的高淳、溧水一带，“保书”用红布制成，宽约 2 尺，长约 3 尺，上端缝在一小段竹竿上，两头用红绳子牵着，用于挂在屋壁或立柱上。红布上用墨笔写有祝颂或祈祷的文字，以“过继”或其他攀亲的方式，将小儿寄名神下，望得神佑。

“保书”上还缀有方孔铜钱数枚，顶上有的加书“福”字，其祈福禳凶的性质十分突出。有的“保书”用一种难以识读的怪字书写，以增加神秘的通神气氛。至于这些怪字是乱画的“符字”，还是一种秘密传承的“道书”，目前还不清楚，尚待继续查证。

“保书”除挂在自家的厅堂，也有放于乡间的小庙中。著者在田野作业中，曾于溧水县凤山乡的“大仙庙”中抄录到一幅陈挂在“老仙太”神龛前的“保书”。其格式如下：

祝　保障百世
福祷　福全书
令媛过本村老仙太案前更名
王十保
苏姬千秋
云
信士弟子
夏×× 敬献

由上可知，“保书”的全名当为“五福十全保书”。“保书”上除缀饰铜钱，还见有万年青叶、柏枝的附缀，而“保书”又形同神幡，因此，它也是多种镇物的并用。不过，作为护儿的神镇，“保书”的核心是其文句与文字，这反映了人们对自身智能与创造的神化与应用。

床公床母

民间称床神为“床公床母”或“床公床婆”，并视作护儿的神物。

对床神的祭祀一般在腊月祭灶之后，或正月上元前后。《清嘉录》卷一二收录了祭床神的风俗：

> 荐茶酒、糕果于寝室，以祀床神，云祈终岁安寝。俗呼床神为“床公床婆”。……杨循吉《除夜杂咏》云：“酌水祀床公。”盖今俗犹以酒祀床母，而以茶祀床公，谓母嗜酒，公癖茶，谓之“男茶女酒”。

祭床神的风俗大约在宋代已经形成，到明代在祭品上定型为以酒水致祭，其功利为“安寝”。

在清代的南京，人们则于除夕以扁柏枝系诸果，用红纸裹葱放于卧床顶格上，并“率儿童祀床公床婆”，以祝“安眠”。[1] 率儿童祭祀，透露出床神的护儿性质。

旧时产妇生下了孩子，为谢顺产，并祈保佑母子健康，都要在产房中祭拜床公床母，供放床公床母纸马（图 2–2），并设酒茶之类的祭品。在北京，孩子生下后的第三天，即“洗三”日祭床神；在南京，若生下了男孩，除祭供床公床母外，还将小儿在床腿上绕三圈，表示把孩子的命魂扣在床上，托付给床公床母看护。

此外，在孩子夜啼、出疹子、发烧患病时，也敬祭床公床母，盼得护佑而疾除。床公床母在民间信仰中的主要功用是对儿童加以镇护，实际上它就是神灵化了的护儿镇物，这也是为什么在床公床母的神像前总有小儿的图像（图 2–3），且看上去亲若家人的缘由。

1 《金陵琐志 · 炳烛里谈》卷中。

图 2-2 床公床母（民间纸马）

图 2-3 床公床母

张仙

张仙是一位护儿保生的男性神，他的画像曾广传民间，贴于灶侧，被视作护儿消灾的神物。

画像上的张仙冠带齐整，眉清目秀，面白唇红，五髯飘胸，俨然是个美男子。他左手持弓，右手挟弹，对天弯弓，上有天狗作逃遁状，身前背后各有一孩童，表明了他的护儿职能（图 2-4）。

传说张仙的原型为蜀主孟昶，后蜀为宋亡，其妃花蕊夫人因绘其像而传为“张仙神”。其像先传宫廷，后流入民间，成为一位专供祈禳的俗神。

张仙的画像多贴在大灶烟囱的左侧，据说天狗专从烟囱孔道进入各户，去传播疾疫、吓唬小孩、祸害儿女，但他畏惧张仙的弹弓，有张仙像在，天狗就不敢贸然入屋，并赶紧逃窜。张仙因此也就成了护儿的神镇。

由于张仙是护儿神，故其画像上总少不了孩童，而其吓退天狗之“弹”又与诞生之“诞”谐音，故民间又附会出“张仙送子”的俗信与图像（图 2–5）。张仙的图像往往被加贴一副对联。常见的联句有：

打出天狗去　保护膝下儿

此外，还有：

金弹打得天犬去　玉盘托送麟儿来

可见，它们均以驱逐天狗为目标，以达护儿、得儿的镇辟愿望。张仙同床公床母一样，并非真的天仙尊神，其塑像几不可见，仅以画像或版印纸马而流传，也只在护儿的俗用中才显示其存在的价值。

图 2–4　张仙护儿

图 2-5 张仙送子

第二节 男丁镇物

护身镇物虽没有明确的性别划定，却有一个选用的习惯，对于男丁来说，在穿戴行路、登科入仕、辟兵除妖等方面，都有镇物的应用，在一定程度上体现出性别的特点。

一、冠带镇饰

男子的冠带不仅是成年与身份的象征，同时其形状与纹饰往往有驱邪辟祟之用，其中有的就是护身镇物。角帽、牙鞋、玉带扣、冲牙、刚卯、辟邪印等，可归属这一系列。

角帽

角帽，即带有牛角或牛角形装饰的各种头饰或帽子，陈文帝所戴的“角巾”，实际上就是角帽，其角不是菱角的模拟，而是牛角的化用。《白虎通·五行》曰：“角者，气动跃也。”所谓“气”即为“阳气”，《白虎通·礼乐》又曰：“角者，跃也。阳气动跃。”[1]把“动跃”的“阳气”戴在头上，自取其辟阴除祟之效，显然角帽，就是护身的镇物。

角帽的前身，当为角饰，以角或角形物戴在头上的装饰风俗，在先秦的中原地区和当今西南的苗族地区，亦见于妇女之间。在河北平山三汲出土的中山国玉人，为一穿襦裙的女子，其头饰便做角形物（图2–6），而黔东南苗族妇女至今仍在节日里戴“角梳”和牛角形饰片。在汉族地区，从角饰到角帽、由女性饰物到男性冠饰的变化，是封建伦理文化的驱动。

其实，头戴兽角或角形饰物本是天神和巫觋的装束。古埃及大神伊西斯（Isis）便是一头顶兽角、手捧丰乳，表示生气腾跃并赋予人类以生命的象征（图2–7）。在古埃及十九王朝神庙中有一幅伊西斯和法老的浮雕，伊西斯头戴角饰，角饰间为一轮太阳，正与中国古籍称角为“阳气动跃”的观念吻合（图2–8）。兽与太阳的同图，表现了伊西斯女神对法老的镇护。

太阳与角的相连，仍出于神话观念。《史记·律书》曰：“角者，言万物皆有枝格如角也。”《淮南子·时则》注云：“角，木也。位在东方也。”因角为木，位在东方，而日出东方，日栖扶桑，故木、日的联系便转易为角、日的联系。这样，在伊西斯的角饰中出现太阳，及角表“阳气动跃”之说，都符合神话的逻辑。

原始的与古代的巫师们，也都以兽角为头饰，以表通神。在欧洲

1 《经籍纂诂》卷九二。

史前岩画中发现有“鹿角巫师”的图像（图 2-9），而在中国战国时期的器用铜匜的内壁，则发现多种头戴牛角的巫师祭天图画（图 2-10）。在“巫师祭天图”下，有的绘有群蛇虬结，以表地下或冥界，图上则有天河相隔，上绘三鱼以表天上或神界，巫师头戴牛角（图 2-11），以作通神的法器和通天的象征。

鹿角和牛角并无实质的区别，鹿角图像多见于欧洲或北方游牧区域，而牛角则见于农耕文化地区，其中水牛角饰则必然是稻作文化的产物。它们均以阳刚的气势表现生命的强健，并因此引发通神驱鬼的联想。因古代男子年满二十，便行加冠之礼，因此帽子成了男子的服饰，而加有角饰之帽，则突出了对角的信仰观念，它在装饰作用的背后，显示着得阳去阴、助生禳死的镇辟意义。

图 2-6　中山国玉人

图 2-7　古埃及伊西斯女神

图 2-8　伊西斯女神和法老的浮雕

图 2-9　欧洲史前的鹿角巫师岩画（摹本）

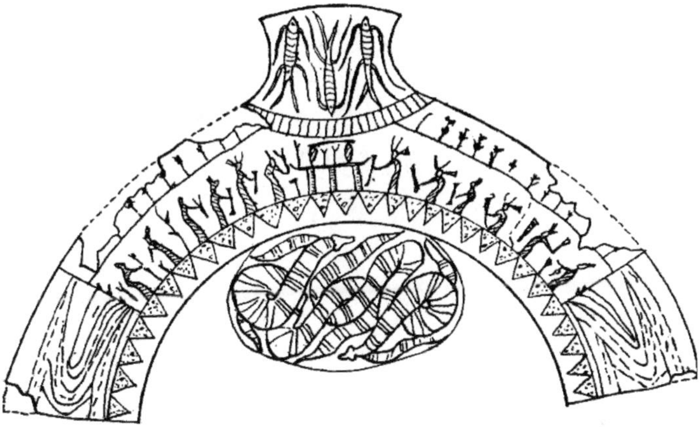

图 2-10　绘有巫师祭天图的战国铜匜残片

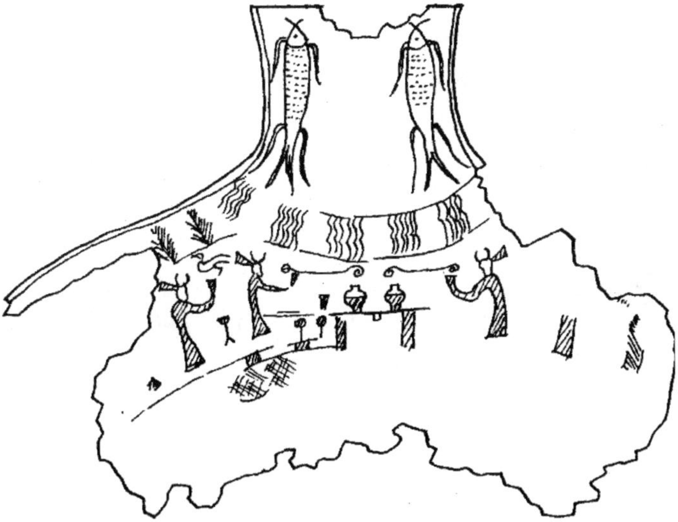

图 2-11　铜匜上戴牛角的巫师

牙鞋

牙齿尖利、坚韧，早在原始文化阶段已成为佩身的饰物（图 2–12）。在海南黎族中的侾人，还有杀狗祭鬼神，取狗牙做护身符的风俗。狗牙被他们长期挂在胸前，表示狗魂长在，能逐除鬼魅。侾人有民谣曰：

入村狗声叫，进家狗吠问；
出门狗相随，守园狗凑陪。
放狗围山猪，肉份送到屋；
养狗安家寨，狗魂驱鬼神。[1]

在中国古代有佩玉质冲牙的礼俗，《礼记·玉藻》“佩玉有冲牙”疏曰：“凡佩玉必上系于冲，下垂三道，穿以蠙珠，下端前后以县于璜，中央下端县以冲牙，动则冲牙前后触璜而为声。所触之玉其形似牙，故曰冲牙。”[2] 冲牙是兽牙的模拟，表现了文化观念的沿袭和表达手段的演进，即从自然镇物到人工镇物的发展。

牙形饰物不仅用于男子的佩饰，甚至也见之于穿戴方面。在西汉有齿牙头麻鞋（图 2–13），由于用料不糜，手工不繁，估计在当时一般平民均有穿用。

牙头麻鞋是牙文化的又一表现形态，但它与冲牙一样，在观念上发挥着护身镇邪的功能。牙齿因与生命之种、生命载体相关，曾作为镇物广泛运用，或装饰小孩的摇篮，或投于亡亲的棺椁，或做成屋上的牙脊等，均取其镇辟之力。牙头麻鞋既是实用物品，又是护身镇物，可能是没有冲牙玉佩的男子所选取的补偿手段，即平民布衣们的随身镇物。

1　王国全：《黎族风情》，广东民族研究所印 1985 年，第 30 页。

2　《辞源》（合订本），商务印书馆 1988 年，第 1526 页。

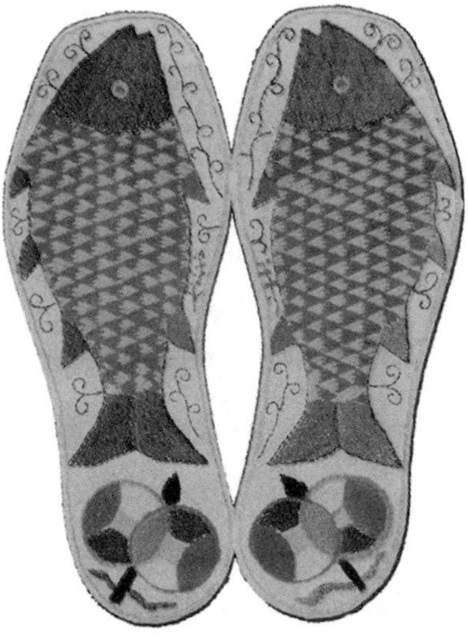

图 2-12　护身的鱼纹鞋垫

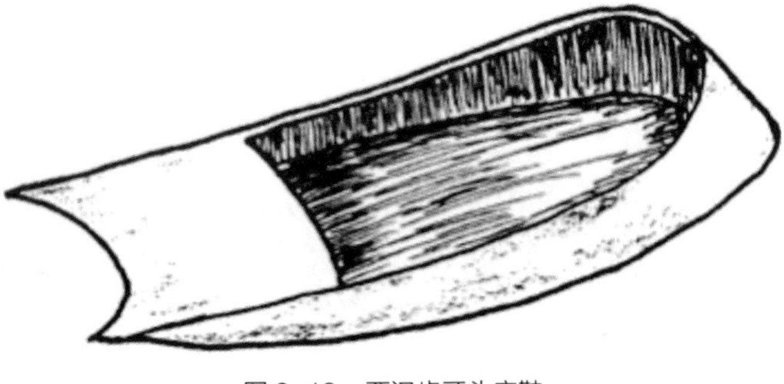

图 2-13　西汉齿牙头麻鞋

玉带扣

玉带扣是古代男子腰袋上的饰件，同时又是护身的镇物，它是佩玉礼俗实用化的产物。

玉带扣多见于汉墓和高句丽墓中，其雕饰的图样多为青龙、白虎、朱雀、玄武等“四神”纹饰。例如，在朝鲜平壤高句丽王根墓中出土有青龙饰玉带扣（图 2–14），在上海博物馆有白虎纹玉带扣（图 2–15）。此外，还有二兽同图的雕饰，例如，台北“故宫博物院”所藏的玉带扣上，雕有一带翅的“白虎”，其右爪抓着一凤尾形物，当为“朱雀”的变异与象征（图 2–16）。在云南省晋宁县出土一雕着龟、龙、海浪纹饰的玉带扣，其图恐为以龟蛇为合体的“玄武”纹之变异（图 2–17）。

“四神”表东、南、西、北四方，又象征春、夏、秋、冬四时，其中青龙、朱雀为阳气蒸腾之像，表生命之盛；而白虎、玄武表接阴、连冥，为镇除黑夜、辟克阴祟的象征。因此，不论“四神”中的哪一种，都可用作护身之镇，或迎阳，或去阴，或表阴阳相接相转。

这类带扣用玉制成，同它们的构图取义相类。《大戴礼记 · 劝学》

图 2–14 朝鲜平壤出土的青龙饰玉带扣

图 2-15 上海博物馆藏之白虎纹玉带扣

图 2-16 台北“故宫博物院”藏之白虎纹玉带扣

图 2-17 云南出土的玄武纹玉带扣

曰："玉者，阴之阳也。"《贾子·道德说》则曰："玉者，阳之阴也。"[1]总之，在古人观念中，玉为阴阳抱合的象征。和阴阳，则通生死，并生化不息，具有道之太极相类的意义。因此，玉带扣以其质料和构图都显示出镇辟的功能，成为风行一时的护身镇物。

古时戴冠佩带还口念辟邪的咒语，宋张君房《云笈七签》卷四七《秘要诀法》云：

> 旦起叩齿，着衣咒曰："左青童玄灵，右青童玉英。冠带我身，辅佑我形。百邪奔散，鬼贼摧精。敢有犯我，天地灭形。急急如律令。"

这玉带扣再配上咒语，可谓从形、质、音、义诸方面加大了镇辟的力度，最大限度地满足了护身的心愿。

二、求仕神物

旧有"万般皆下品，唯有读书高"之说，男子们莫不以登科入仕为梦想，并视"金榜题名时"为人生最大乐趣。为实现这一梦想，士子们便将敬祈与禳辟的愿望投射到某些神祇或灵物身上，从而形成了一类"求仕神物"。例如，魁星神君、文昌帝君、科举符等，就带有镇辟与护卫的性质。

魁星神君

魁星神君被民间视作主文章、司文运之神。旧时各地建有魁星阁，

1 《经籍纂诂》卷九二。

文人书房中也多供魁星塑像或画像，以盼佑得功名利禄。

魁星为北斗星的“璇玑杓”，《晋书·天文志》载：“北斗七星在太微北……魁四星为璇玑杓。”《春秋运斗枢》则曰：“北斗七星，第一天枢，第二旋，第三机，四权魁，第五衡，第六开阳，第七摇光。第一至四为魁……”此外，还有“魁为北斗之第一星”之说。[1] 总之，魁星位在北斗。

魁星，又称“奎星”。《重修纬书集成》卷五《孝经援神契》曰：“奎主文章。”奎星为二十八宿之一，称作“奎宿”，本与“魁星”无涉，但后人以音近而讹，附会合一，使魁星也成了主宰文运之神。清人顾炎武《日知录》卷三二指出了这一错误：

> 今人所奉魁星，不知始自何年。以奎为文章之府，故立庙祀之。乃不能像奎，而改“奎”为“魁”，又不能像魁，而取“之”字形，为鬼举足而起其斗，不知奎为北方玄武七宿之一。[2]

现存魁星神君之像多为鬼头，蓝面赤发，右足抬起，上有方斗。他右手举笔，此笔用以点画及第者姓名；而左手握锭，则寄寓着“必（笔）定（锭）如意”的吉祥意义。

在河北省固安县吕祖祠有一文字组合而成的石刻，碑高 1.04 米，宽 0.59 米，中心构图是以“克己复礼，正心修身”八字组成的魁星之像，反映了“外鬼内儒”的文化观。

旧时科场外有小魁星出售，应试的士子们购以收藏身中，以作镇

---

1 〔清〕顾炎武：《日知录》卷三二。

2 〔清〕钱大昕注：奎，西方七宿之一，非北方也。

护得第的神物。俗传七月七日为魁星诞日，人们杀狗致祭，[1]或以羊首为供，以盼除凶招祥。

文昌帝君

文昌帝君是民间信奉的另一位主禄籍、文运的大神，尤为士子所重。每逢二月三日文昌帝君诞日，各地曾有“惜字会”或“迎圣迹”之类的祭神风俗，以盼求功名利禄。

文昌神的信仰也同星象理解相关。《史记・天官书》载：

> 斗魁戴匡六星为文昌宫，一曰上将，二曰次将，三曰贵相，四曰司命，五曰司中，六曰司禄。上将建威武，次将正左右，贵相理文绪，司禄赏功进，司命主灾咎，司中主佐理。

文昌既能“理文绪”“赏功进”“主佐理”，也就成了士子们祈拜的对象。

传说，晋代的张恶子是文昌星的化身，他战死后被蜀人庙祀于四川保宁府梓潼县七曲山上，故又称作“梓潼帝君”，民间则称之为“梓潼文昌帝君”。

文昌帝君的信仰约在唐代传入各地，到宋代在蜀外已十分兴盛。宋吴自牧《梦粱录》卷一四载：

> 梓潼帝君庙，在吴山承天观，此蜀中神，专掌注禄籍，凡四方士子求名赴选者悉祷之，封王爵曰“惠文忠武孝德仁圣王”。

1 《台湾竹枝词》中有“家家杀狗祭魁星”句。

梓潼文昌帝君因“掌注禄籍”，一直受人敬奉，其纸马在苏北某些乡村至今犹见（图 2–18），并为有中考、高考考生的家庭所争购，以盼跳得龙门。纸马上文昌帝君居中，左右各配侍一孩童，其名“天聋”“地哑”。

《通俗编》引王逵《蠡海录》曰：“梓潼文昌帝君从者，曰天聋、地哑。盖不欲人之聪明用尽，故假聋哑以寓意。”其实，天聋、地哑作为侍者，为文昌帝君看守禄籍，一个听不见，一个说不出，以使秘密不得外泄。

士子们敬祭文昌帝君，以求禳除落第厄运，从这一功用看，文昌帝君也成了护佑性的镇物。

图 2–18　梓潼文昌帝君（民间纸马）

科举符

科举符是道符在科试中的运用，也是最为神秘的求仕镇物。

所谓“科举符”,以“早科昌”的文字咒为主题,下有三星,以拟“福、禄、寿”，其下为“雷”，雷霆有镇辟的神力，故最下为三个“鬼”字，以表镇鬼得科（图 2–19）。

图 2–19　科举符

科举符的运用往往配以一定的巫仪。其法为：取桥上土七升，红枣五升，装入大瓷瓶中，埋入孔子像前地中三尺，用土将此瓶掩埋后，还需依据五方五色（东青、南红、西白、北黑、中黄）放上五块各重一百二十斤的大石头，再将石头用土埋好。五色石不易得，可用颜料将石头染成五色，然后再将此符埋入。在孔子诞日或文昌帝君诞日，须向孔圣和文昌神献祭，俗信能保一方举子，使一方儒学兴旺。至于人家也可用此法，土用七两，红枣用五枚，石头用一斤二两之石，如法埋于孔子像前，据说能保佑一家读书人高中。[1]

巫仪中所用之物均为镇物：桥土、石头、红枣、五色、孔子、文昌帝君，都有禳镇的神效。因此，科举符借助诸多镇物的合力而显得神秘、强劲。科举符的功用较为单一，即以驱鬼登科为职能，强调着得第入仕的主题。

三、禳镇奇物

在男丁镇物中，还有一些随身常带的禳镇奇物，诸如春宫图、萤火丸、刀、镜之类，以满足驱邪、辟兵、斩鬼、照妖的愿望。

春宫图

春宫图是明朝曾风行一时的木刻版画，它以男女同图的生活场景或男欢女爱的刻绘，成为时人性教育的读本。

春宫图并非全为裸体的人物和淫秽的场景，虽多为男女同图，其性文化的含义有时极为隐晦（图 2–20）。

春宫图在古代也曾作为护身的镇物。人们把春宫图带在身上，以此辟邪驱鬼。甚至将有关图案制于佩带、衫衣、衬裤上，以作护身之用。此外，还有将春宫图装入金银箱中，以镇守金银，不使遁亡；也有将春宫画册藏于家中，用以镇宅。[2]

春宫图何以被当作辟邪的镇物？其信仰基础在于男女同图所体现的阴阳和合观。男女同图即阴阳同在，而两仪为万物化生的基础，也是生气与生命力的显现，故可用作退祟镇物。此外，春宫图中亦有露

1　叶明鉴：《中国护身符》，花城出版社 1993 年，第 189 页。

2　昌平：《中国避邪术》，新疆大学出版社 1994 年，第 231 页。

性器者，特别是男根，被看作阳气的象征，信能驱除作为阴害的鬼祟。作为特殊的镇物，春宫图因其粗陋在风俗中早已敛迹，但留下了文化追踪的印痕。

图 2-20　春宫图 · 唤庄生

刀

古时男子有身戴佩刀、腰刀之风，其刀不仅是防身的兵器，也是观念中的护身镇物。在古代笔记小说中记有大量的以刀镇鬼逐魅的故事。

清人朱梅叔《埋忧集》卷一记平湖钱孝廉赴选入都，至通州日已暮，投宿寓舍，客房已满，乃入居尘封多日、传有狐妖的后楼。夜半，果有两女子前来，履声细碎，皆二十许丽人。钱孝廉闻知“花貌而雪肤者，妖也”，遽引佩刀刺之，纵体入怀之女则即躲避……

在《醉茶志怪》中有“刀置枕畔”,辟退疟鬼的描写,[1] 在《子不语》中则有“挥刀杀之”之言竟吓退妒鬼的故事。[2]

流传于江苏省溧阳地区的民间舞蹈“跳幡神”，是脸戴木雕面具，身穿古装神袍的迎神驱鬼的傩舞遗存。“幡神”队列中的主神是祠山张大帝，又称“祠山真君”，他手拿大刀，在舞队中压阵，最为观者注目。祠山真君边舞边唱道：

压阵大帅是真君，威震禹功显神灵。
手托神刀村中过，收灾降福定太平。

刀作为镇物不仅见之于文学艺术，也见之于生活风俗；不仅见之于中国，也见之于域外。

在尼泊尔有一种弧形钢刀称作“廓戈利刀”，不仅是武士的腰刀，也是辟邪的镇物,被用来镇护婴儿、慰死安魂、定情除变和去懦增勇。[3]

中国民间信仰中的钟馗、张巡、张天师、关圣帝君等均为镇护之神，在他们的图像上总少不了刀剑，刀剑既是他们手中的武器，也是俗民心理中的镇物，并作为这些男性神威力的象征，成为其神性与神力最典型的标志。

镜

古人之镜，皆为铜制，故称“铜镜”，又叫“铜照子”。铜镜能照

---

1 〔清〕李庆辰：《醉茶志怪》卷四。

2 〔清〕袁枚：《子不语》卷二三。

3 郝章印：《雪山·雪人·女神·节日》，世界知识出版社 1984 年，第 47 页。

见人影，俗信也能使鬼邪妖魅显形难匿。铜镜不仅有家用的台镜，也有随身携带的辟邪“怀镜”，它可藏于衣内怀中，用作护身的镇物。

晋人葛洪《西京杂记》卷一载有汉宣帝身带宝镜之事：

> 宣帝被收系郡邸狱，臂上犹带史良娣合采婉转丝绳，系身毒国宝镜一枚，大如八铢钱。旧传此镜见妖魅，得佩之者为天神所福，故宣帝从危获济。及郡大位，每持此镜，感咽移辰。

宣帝的这面“身毒国宝镜”实为护身辟灾的镇物。此外，《西京杂记》卷三还记有能“见肠胃五脏”“知病之所在”及“有邪心”的秦始皇“方镜”。此说虽有方术色彩，但仍透露出镜为镇物的文化信息。

怀镜有带一面的，也有带两面的，其两面者各怀身体的左右两旁，故又称作“日月镜”。《云笈七签》卷四八“秘要诀法·老君明照法叙事”曰：“商子云，以九寸镜各一，使其左右，名曰日月，亦以延年矣。”所谓“延年”，即禳死除殃，日月镜正是护身的镇物。

用作镇物的铜镜，其背饰纹样往往也是镇物，甚至是镇物的迭用。例如，背饰为“大定通宝”的金代铜镜，便以五枚方孔铜钱表示两仪、五行的同在，以禳死佑生（图 2-21）。此外生肖八卦镜则体现为镇物的叠用，例如唐代生肖八卦镜，除了十二生肖与八卦的卦名与卦象的排列，还铸有铭文曰：“水银呈阴精，百炼得为镜，八卦寿象备，卫神永保命。”[1] 该镜背饰分作四区，每区各是一项镇物，意使铜镜具有更奇的神力（图 2-22）。从铭文可知，“保命”是铜镜的信仰主题。

---

1 《考古》1994 年第 17 期，第 672 页。

由于水银为“阴精”，而百炼之火为阳精，因此，铜镜也是阴阳的合体，与铜钱阴阳相抱一样，它也以内在的化生之性展示着延年保命的潜能，成为又一集合着多重文化因素的禳镇奇物。

图 2-21　钱纹铜镜

图 2-22　唐生肖八卦镜

第三节 妇女镇物

妇女镇物为妇女专用的镇物类型，它多以催生助产、乞子乞孕、除厄保健等护身的功利为目标，而在对象上突出其性别的因素。

一、产育镇物

产育镇物用之于保胎、催生、增奶、除厄等方面，以平安顺产、产妇健康为追求，其物类涉及食物、器物、动物、植物、符咒、巫药等，是一古老而又神秘的镇物类型。其具体物件有：纸裙、衬衣、百家馒头、红布、生姜、扫帚、蛇蜕、兔脑、杏花、桃花、催生符、催生药等。

纸裙

纸裙,由红纸做成,是妇女免“产厄”的象征镇物。据顾铁卿《清嘉录》卷七“地藏王生日”载：“（七月）晦日为地藏王生日，骈集于开元寺之殿，酬愿烧香。妇女有‘脱裙’之俗，裙以红纸为之，谓曾生产一次者，脱裙一次，则他生可免产厄。”

地藏王为佛教主司冥府之神，梵文音译为“乞叉底蘗婆”,《地藏十轮经》称其为：“安忍不动犹如大地，静虑深密犹如地藏。”他曾在佛前立下誓愿：“为是罪苦六道众生广设方便，尽令解脱，而我自身方成佛。”由于他要解脱地狱的每一个“罪鬼”，故颇受人敬重，在其诞日便有烧塔灯、放地灯等祈请解罪的信仰风俗。妇女所求，乃免血污之厄，并将红纸裙带入象征的解脱仪典。

关于脱裙解厄之俗，蔡云《吴歈》亦有歌咏：

脱裙解秽一重重，村妇纷投地藏宫。
砖塔夜来燃珀屑，水镫放后地灯红。[1]

红纸裙作为镇物的象征意义究竟在哪里呢？是以裙红与灯红相谐调吗？其实不然。红裙脱自其身，乃小儿胞衣的象征，而脱除“胞衣”，即表解厄顺产。

类似的免产厄的风俗还见于清人朱端章《卫生家宝产科备要》中：“产妇临产，先脱常着衣裳一件，覆灶头，即无胎衣不下之厄。此法极验，不可不信也。”“衣裳”作为“胎衣”的象征，这是顺势巫术在清代产育风俗中的孑遗。此“常着衣裳”同象征的红纸裙取义相同，不过一个求之于灶王爷，一个求之于地藏王，但均拟指胞衣，并成为妇人的解厄镇物。

百家馒头

在民间风俗中，产妇若奶水不足，便向左邻右舍、邻乡近村讨白面馒头，这些馒头便叫着“百家馒头”，俗信产妇吃了“百家馒头”，乳汁就能增多，并够婴儿食用。

馒头古称“曼头”，由面粉加酵母蒸制而成，雪白松软、高高隆起，形似妇女乳房。讨来百家的馒头，有借取百家之乳的寓意，故产妇食之便信能增乳。

这种以物喻物的象征比附，再加上“百家”所体现的众生之力，使馒头这一寻常食物也成了神秘的妇女镇物。俗信它能镇除无奶之祸，从而对产妇和婴儿产生护佑作用。

在朝鲜族中，产妇在生产后的最初几天有吃海带以护身的习俗，

---

1 《清嘉录》卷七“地藏王生日”。

她们相信海带能排淤血，并下奶。海带一般洗净后放在清水锅中，再放上适量的大酱，煮得烂烂的，便可用来催奶护身。[1]

海带煮烂后形同淤血块，这种形似也引起了物物相感的联想，产生了食前者，排后者的巫术观。由于可诱排淤血，也就护卫了母体健康，产妇身体健康了，自然奶汁便充足。这正是海带用作催奶镇物的逻辑。

海带与“百家馒头”一黑一白，但都以形似而产生的巫术感应观为信仰基础，并由此被赋予了镇辟的神力，成为产妇的护身镇物。

扫帚

扫帚是民间的清洁用具，是习用的辟邪之镇，也是孕妇的护身镇物。

旧时，人家乔迁，孕妇一般不参与搬家事宜，万一非得动手时，宜购一把全新的扫帚，由孕妇把全部家具先挥扫一番再搬，俗信这样就不会触犯胎神，以保胎护体。[2]

扫帚用于祓殡，早在春秋时期已成礼俗，并有“巫以桃苅”之载。[3]“苅”是黍穗，秋老实落后，缚以为帚，它与桃枝同为辟鬼的镇物，且为厉鬼所最惧。

袁枚《子不语》卷一七《白骨精》在叙述一髑髅咬撞栅门，因鸡鸣而倒地化为白骨一堆后曰：

> 问之土人，曰：“幸足下遇白骨精，故得无恙。若遇白

1　叶明鉴：《中国护身符》，花城出版社 1993 年，第 32 页。

2　王永宏：《民宅与风水》，中州古籍出版社 1994 年，第 69 页。

3　《左传 · 襄公二十九年》。

> 发老妇，假开店面，必请足下吃烟。凡吃其烟者，从无生理。月白风清之夜，常出作祟，惟用笤帚可以击倒之。”亦终不知何怪。

可见，“白发老妇”是比“白骨精”更厉害的恶鬼，然笤帚可以镇之。

笤帚辟鬼之信出自对笤帚的材料与功用的文化联想。笤帚由黍穗或其他谷秸、竹枝扎成，五谷、竹子皆为多子或长青的植物，充满生气与活力，故可助生禳死。至于笤帚的功用，则是清除积垢、淤秽，而鬼怪也是阴臭的秽物，故畏扫帚。这样，孕妇用扫帚护胎，正是对一切可能潜藏家具中的阴祟加以逐除，以粉碎它们任何企图加害母、胎的奸计。扫帚作为妇女镇物，在于它固有的镇辟的强力。

催生符

催生符是以文字和图像组成的，专用于禳辟妇人不孕或难产的一种预防性或救治性的道符。

《三教源流搜神大全》卷五“高元帅”条曰：

> 今士大夫之家乏妊，汝胎之乎？曰：“可。”即以紫英、阳起等石，继以寄生神散，密推生化神符。

“高元帅”乃“受炁于始元太乙之精，托胎于苍州高春公家母梅氏，甲子年十一月甲子日子时”生下的“一团火”，因有“回生之术”，被玉帝封为“九天降生高元帅”（图 2–23）。[1]

高元帅是道教之神，其“生化神符”究竟写画了什么，则不得而

1 《三教源流搜神大全》，上海古籍出版社 1990 年，第 217–218 页。

知，想必与“催生符”相类。

“催生符”又是什么样子呢？据清人《闽杂记》载：

> 俗传催生符以黄纸调朱砂，用净笔写一“车”字，在车四周环写“马”字须遍，且须端楷，大小则不拘。烧灰和水饮之，立娩。“马”字成单必男，成双必女。[1]

这种以文字表示的“催生符”实例，可见之于敦煌文书之中（图2-24）。此外，还有画出星象的专用于镇辟的“催生符”（图 2-25）。

催生符还有文字与实物并合的形制。清朱端章《卫生家宝产科备要》云：

> 取桃仁分破，书一片作“可”字，一片作“出”字，依前还合。令母吞之即产，此天真法也。神效。[2] 又方：取大豆一颗，擘破，书其夫姓名于上，以酒吞之。

桃仁、大豆本也是辟祟镇物，上述“催生符”是文字镇物与实物镇物的并用。其“可”字，使人联想到“高元帅”；其“夫姓名”，则意取夫妇同在，阴阳合力，而辟邪诱生。

“催生符”是道教符箓的俗用产物，它以文字为主，辅以图像或实物，成为一种信仰型产房镇物。

1　陈永正主编：《中国方术大辞典》，中山大学出版社 1991 年，第 454 页。

2 〔清〕朱端章：《卫生家宝产科备要》，引自《中国辟邪文化大观》，花城出版社 1994 年，第 480 页。

图 2-23　高元帅

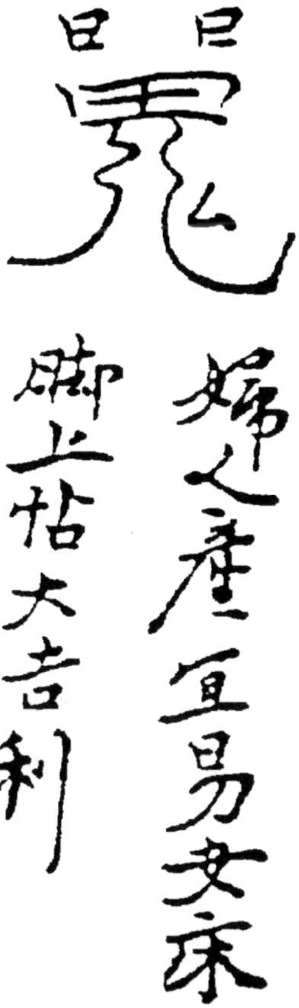

图 2-24　催生符

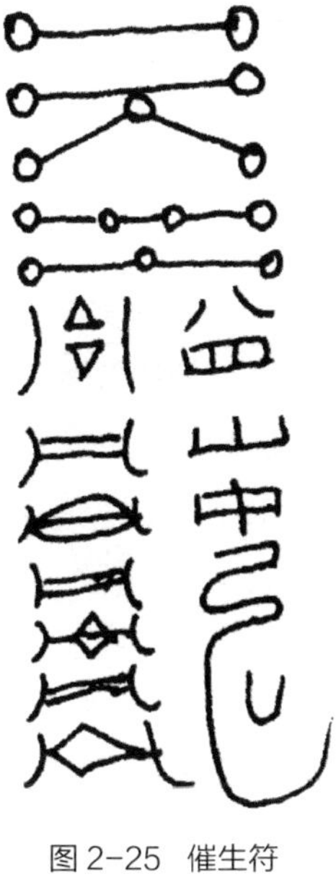

图 2-25　催生符

催生药

催生药又称“催生丹”，系巫药镇物，它仅有信仰的功能，而并无疗救的实效。

腊月的兔脑是民间的催生药物，《岁时广记》详述了其制作方法：

> 催生丹：兔头两个，腊月内取头中髓，涂放净纸上，令风吹干。入通明乳香二两，碎入前干兔髓同研。来日是腊，今日先研。就夜量，宿下安桌子上，时果香茶，同一处排定。须是洁净斋戒，焚香望北帝拜告大道：“弟子某修合救世上难产妇人药，愿望灵佑助此药，速令生产。”祷告再拜，用纸帖同露之，次烧香，至来日日未出时，以猪肉和丸如鸡头子大，以纸袋盛贮，透风处悬挂。每服一丸，醋汤下。良久未产，更用冷酒下一丸，即产。此神仙方，绝验。[1]

此外，民国十七年陕西《怀远县志》也曰：腊八“剥兔脑和白面为丸，名‘腊八丸’，临产催生最验”。

兔脑用作催生镇物，乃因兔子多产易养，往往一胎多只，且产育顺达，于是便借以触感，使产妇速生。

雄蛇蜕也是一种催生巫药。朱端章《卫生家宝产科备要》曰：“雄蛇蜕一条大者，以头按产妇脐中，自腰后左绕转，却以尾按脐中，才匝便下，此法极验。蛇蜕在高处者为雄，在地者为雌，须头尾全者。”[2]以蛇蜕围产妇腰，取意挤压，“雄蛇”及“左绕”，均取其为阳，意在

1 〔清〕朱端章：《卫生家宝产科备要》，引自《中国辟邪文化大观》，花城出版社 1994 年，第 480 页。

2 同上。

辟阴，驱除邪祟。因此，蛇蜕不是疗救性的药物，而是一种诱导性的巫具。

郎君子鲞是古代的一种主治难产的巫药。明人杨慎《异鱼图赞笺》卷一载："郎君子鲞，雄雌相杂置之醋盂，逡巡便合，下卵如粟，顷刻廿卅，善治产难，诞生如达。《本草》名'郎君子'，元文类作'郎君子鲞'，主治妇人难产。手握之便生，极验。"

"郎君子鲞"因善交善产，被选作顺势巫物，其且名"郎君子"，突出其男性特点，即招来阳气，并以此驱除阴祟。而"郎君子"又让人联想到"郎中"，产生医到病除、药来祟去的信念。

在民间用作"催生药"的物类甚多，诸如大肉丸、"过街面"、[1]文鳐鱼（图 2–26），四川刳儿坪血石等，[2]均为救治难产的巫药，形成了妇女镇物的一个专用系列。此外，有的地方还建有娘娘庙，内供送子娘娘、催生娘娘（图 2–27）等女性神，这种人神与物药的并用，信有更强的镇护之力。

二、乞子镇物

旧时，妇人不孕或无子被视作有疾疫或遇阴邪，可借助镇物加以禳除，以获取得子之兆。民间的乞子镇物甚多，大凡多籽植物、某些动物、器物、天体、神话与宗教中的人物都可用作乞子之镇。例如：葫芦、枣子、瓜、豆、石榴、竹子、生菜、鱼鸟、蟾蜍、桥、灯、砖、性器、星辰，以及西王母、送子观音等，都是过去常用的乞子镇物。

---

1 《金陵琐志·炳烛里谈》卷上曰："妇人将产子，母家必备小儿服饰及鸡肉面馓相馈，谓之'催生'。送礼后，逾月犹不生，则遣女仆备熟面数碗送往女家，置诸地，急趋而出，女家人取食之，谓之'过街面'。是亦催生之余波也。"

2 四川刳儿坪下有巨石如盆，其色赤，传为圣母剖腹生禹之处，溪水流入石盆即赤若血水，四时不变。溪水下流二里许，沟底均有带血斑之石，俗以此为催生药。《四川通志》载："血石以滚水浸之气腥，服之能催生。……孕妇握之利产。"

图 2-26　文鳐鱼

图 2-27　催生娘娘

瓜

瓜是藤生的子房类果实，瓜中多籽，被古人视作多子多育的象征。瓜、人间的感应联系不仅产生了孟姜女瓜中出世的传说，还在民间形成了许多摸瓜、偷瓜、送瓜之类的祝子风俗，使瓜成为禳除不孕的镇物。

摸瓜、偷瓜的风俗又称作“摸秋”。《金陵琐志·炳烛里谈》卷上载：“江南妇女艰于子嗣者，每于中秋月夜潜至菜园，摘一瓜回，以为宜男之兆，谓之‘摸秋’。”

光绪年间编修的《六合县志》附录亦曰：“（中秋）乡村愚妇有夜分私取园瓜，谓之‘摸秋’，以兆生子。”“摸秋”多在中秋之夜进行，因秋后瓜熟籽成，并以偷取的方式，以显示交感巫术的神秘。

让无子妇去菜园中偷瓜，只适合乡间的妇女，而城镇妇女和席丰履厚的贵妇则不便亲自“摸秋”，于是便又有了“送瓜祝子”之俗。据《中华全国风俗志》载：

> 中秋晚，衡城有送瓜一事，凡席丰履厚之家，娶妇数年不育者，则亲友举行送瓜。先数日，于菜园中窃东瓜一个，须令园主不知，以彩色绘成面具，衣服裹于其上若人形，举年长命妇者抱之，鸣金放爆，送至其家。年长者置东瓜于床，以被覆之，口中念曰：“种瓜得瓜，种豆得豆。”受瓜者设盛筵款之，若喜事然。妇得瓜后，即剖食之，俗传此事最验云。[1]

所送之瓜已装扮成孩童，并加有仪式和咒语，可见，瓜已成为乞子风俗的中心。

送瓜祝子的风俗不仅见之于湖南，也曾盛行于湖北，清末《吴友

1　胡朴安：《中华全国风俗志》（下编），河北人民出版社 1986 年，第 332 页。

如画宝》曾绘有“送瓜祝子”的图幅，并加附文曰：

> 汉口每值中秋月夜，凡娶新妇之家数年不育者，各亲友相约集资作送瓜之举，取瓜瓞绵绵之意也。如缙绅之家，前导用街牌、执事；如中户人，仅用杂锦、锣鼓，间以细乐。其中扮有“麒麟送子”，手捧南瓜，其次有太保轿，有豆蓬、瓜架、亮伞，殿以丑、旦二人。丑挑马子，旦挈虎子，插科打诨，次第偕行。

在这里，乡间的“摸秋”秘密巫术已演化成兴师动众、招摇过市的礼俗仪典。其中，麒麟、豆蓬、瓜架、马子、虎子同南瓜一样，都是“送子”的象征，它们烘托出瓜的中心地位，强化了禳除不孕、送子祝子的主题。

瓜为乞子镇物的观念已渗透到民间生活中，“瓜瓞绵绵”成了吉祥用语和吉祥图案，以瓜为构图的剪纸、年画已成为民间生活中的寻常装饰。

灯

灯是照明的用具，是观赏的玩物，也是乞子的镇物。纸灯本是对星辰的模拟，然而其形中空，颇似南瓜，因此也引发偷灯、抢灯、送灯一类的乞子风俗。

在黄河边的佳县，每年冬、春两季有打醮活动，第四天晚上要设灯游会，用灯三百六十多盏摆成九曲黄河龙门阵。乞子的新媳妇便于该夜去偷灯，但得把灯钱悄悄放在灯座上。如果偷的是有蕊的灯，便信可生男，而偷去的是无蕊之灯，则兆生女。[1]

1　陶思炎：《祈禳：求福·除殃》，三联书店有限公司 1993 年，第 94 页。

偷灯与偷瓜取义相同，都是为了给巫术信仰涂上神秘的色调。瓜中有籽，灯中有蕊，二物均为子宫的象征，由妇人接触而感应得子。

送灯是乞子妇亲友们参与的公开礼俗。在南京，娘家人在正月里给出嫁后还没生产的女儿送灯，一般多为“麒麟送子”灯，女儿于元宵节燃灯灶前，看灯火以为卜，以“尖者生男，团者生女”。[1]在江苏淮安，送灯礼俗也颇为隆重，据徐珂《清稗类钞》“时令类”载：

> 淮安有送子之俗，恒在元宵后，二月初二前，凡年老无子，及成婚多年未育者，戚友咸送以纸糊之小红灯。……由送者先期择日，备柬通知受者之家；临时，约集十余人，鼓乐大作，持灯或砖送往。受者则远迓门外，以所送之灯或砖悬于望子者之床中，并以酒筵款待送者。它日得子，则有重酬。

风俗如此重灯，可见这纸糊小红灯不是等闲之物，它被悬于床中正表明它被寄托了镇床送子的功能。

在乡间，二月二日土地庙前会挂出红灯一串，久婚不育的妇女便去抢灯或托请青年子弟帮助去抢。据《扬州风土小记》卷上载：

> 二月二日……俗称土地诞辰，绘其庙前之墙以壮观瞻，祀以纸衣蔬果，晚间更祀以纸扎红灯一串，盖还愿者之所为也。相传得土地灯是以生子，是以青年子弟相聚，每抢一灯，命六七龄之男孩头簪以彩花，名曰：“灯保”，提灯送于求子之家。是年若果生子，来年是日必以数倍之灯以酬神。

1 《金陵琐志·炳烛里谈》卷中。

抢灯的乡野气息较重，且有游戏的成分。

据传，抢得头灯者兆生男，可以想见当时攘夺的场面一定非常火爆。

在广东海丰、吴川等地，有元夕浮灯于海或扎桥灯的乞子风俗，故有“元夕浮灯海水南，红灯女子白灯男”的诗句。桥灯上还扎着红白纸花，任人摘取，俗信摘了白花当年生儿子，摘了红花则要生女儿。

这红花白花，其实就是红灯白灯的替代物。灯因中空有火，火为阳精，故为腹中有子之像。人们偷灯、送灯、抢灯、取灯，尽为讨得生子的吉兆，禳除无子不孕的烦恼，纸灯对于她们来说，便是一种充满情感和复杂隐义的护身镇物。

砖

砖头也是祈子的镇物，它与“瓦”相对应，分别兆男兆女。并由此在民间风俗中形成取砖、送砖、扔石、踏瓦一类的求子事象。

《阜宁新志》卷一五载：“初六为六子夜，妇人无子者，戚友以红纸裹砖送其家，为宜子之兆。”

宣统《续纂泰州志》卷四曰：“姜堰岱岳寺东有桥三座，俗传元宵、中秋夕渡此即生子。有张灯鼓乐而过者，曰‘送桥砖’。”

嘉庆《如皋县志》卷一〇曰：“妇女相伴携游集贤里及泮池，曰‘走三桥’，谓文德、武定、集贤桥也。祝孕者密携桥甓以归。”

所谓“桥甓”，就是“桥砖”，送砖、取砖乃为“祝孕”“宜子”。这砖多取自桥堍，且对桥名也有所选择，以讨吉利。徐珂《清稗类钞》“时令类”言及淮安人用砖送子时说：“此砖取自东门外麒麟桥堍，否则无效，盖取麒麟送子之意也。”

在取砖的同时，也有抛瓦的禳镇风俗，多“携瓦罐抛桥梁”，以为禳病。[1]所禳之“病”，即无子之疾。在明代童谣中有“牵郎郎，拽弟弟，踏碎瓦儿不着地”之唱，踏瓦为禳女祈男，这是时人文化观藉童口所做的表达。

砖瓦观来自璋瓦观，可能因“砖”“璋”音近而讹。而璋瓦早在《诗经·小雅·斯干》中已分别作为生男生女的象征，[2]并在后世派生出“弄璋之喜”与“弄瓦之喜”的俗说。璋为玉质，玉为阳精，砖也就成了阳性之征，故为生儿之兆；瓦为土器，属地，为阴，故瓦为生女之兆。

砖又多取自桥梁，因桥多作拱形，为弧状凸起水面，形似孕妇之腹，因此这又成了一重触感的因素，强化了砖的禳除不孕、乞得子嗣的镇物性质。

1 光绪《六合县志》：“夜静妇女出游，携瓦罐抛桥梁……”

2 《诗经·小雅·斯干》第七章：“乃生男子，载寝之床，载衣之裳，载弄之璋……乃生女子，载寝之地，载衣之裼，载弄之瓦。”

叁　家宅镇物

家宅是人们最重要的生活空间，为起居无扰、人兴财旺、寿延运通，人们在动态的建筑仪典及静态的宅室布置方面，都大量启用了各类镇物，以迎合趋吉避凶的心理。

家宅镇物在建筑仪典、门户装饰、屋脊装饰、厅房布置、床帐饰物等方面均有应用，形成了一个以镇宅安居为主旨的镇物类型。

第一节　建房镇物

建房镇物，指的是在建筑过程中加以应用的各种镇物，涉及天文观、风水观及各种巫术与宗教的观念，它往往作为仪典的道具或敬奉的对象，从而成为某一施工环节信仰活动的中心。

一、施工镇物

建筑的施工从选址破土开始，包括开槽、立基、平磉、立柱、砌墙、安门、上梁、封山尖、做屋脊、砌新灶等。其中每一施工环节又包括若干仪式性步骤，例如“上梁”仪典，包括暖梁、浇梁、抱梁、安梁、登高、接宝、丢馒头、挂红绿布、插金花等步骤，每一步都有象征性的镇物或祝咒式的歌谣，以创造一种沟通神鬼的神秘气氛，并求得对凶殃的镇除。当然，各地的建筑仪典有简有繁，在近代其基调渐趋轻松，但还是留有镇物的印痕。

雄鸡

雄鸡作为迎阳退阴的镇物，在岁时风俗、迎神仪典、巫师占卜、黑夜行路等方面曾广为应用，在破土施工中亦是首选的镇物。

民间砌房造屋，旧时先请阴阳先生择定吉日，要避开所谓的“杨公忌日”，即正月十三、二月十一、三月初九、四月初七、五月初五、六月初三、七月初一、七月二十九、八月二十七、九月二十五、十月二十三、十一月二十一、十二月十九这十三日。不仅土木不兴，就是婚嫁、出入、安葬、赴任亦加忌避。民间有歌谣曰：

神仙留下十三日，举动须防有损失。
一切起造与兴工，不遭火盗主遭凶。[1]

即使避开了“杨公忌日”，在动土中为免触犯地神，或为镇除土中阴气，工匠和主家要燃香点烛，置酒设供，烧纸放炮，特别要宰杀

1　王永宏：《民宅与风水》，中州古籍出版社 1994 年，第 77 页。

公鸡，以鸡血溅洒地界。洒完后，工匠手提雄鸡，回到宅基中央，面南念颂祝咒曰：

天苍苍，地茫茫，某氏借此宝地来建房。
恳求天公地神给方便，各位神仙请帮忙。
手拱金鸡谢各位，千秋万代永不忘！
正房大厦建成后，休养生息万年长。
老子英雄儿好汉，生儿育女成凤凰。
鸡血圈内大厦建，恶鬼邪魔滚四方！[1]

念毕，再放一通爆竹，并用锄头在地基上锄三下，便结束了“动土”仪典，然后收拾东西，不能回头，径直回家。

在上述神秘的仪式中，雄鸡是退辟恶鬼邪魔的镇物，也是这一巫仪的中心。其实，雄鸡作为镇物，不仅用于阳宅的动土仪典，也用于阴宅——墓穴的动土验穴仪式。毛南族道公在动土时，手拿公鸡，诵念咒祝曰：

好金鸡，好金鸡，愿在须眉山上啼，
头戴金冠脚踏地，身穿五色美毛衣，
今日我拿你在手，凶神恶煞走如飞。

念毕，道士咬破鸡冠，将鸡杀死，并以鸡血点穴，同时又念诵道：

一点东，亡人井内暖烘烘；
二点南，亡人井内喜洋洋；

1 郑晓江主编：《中国辟邪文化大观》，花城出版社 1994 年，第 404 页。

三点西，亡人井内生欢喜；
四点北，亡人富贵自然得；
五点央，亡人穴内大吉昌。[1]

鸡在建筑仪典中的镇辟信仰，源于鸡与太阳相感、为“积阳”之象的文化观。《春秋说题辞》曰：“鸡为积阳，南方之象。火阳精物，炎上。故阳出鸡鸣，以类感也。”晋人崔豹《古今注》则云：“鸡，一名烛夜。”由于鸡为“积阳”，能照亮黑夜，驱辟阴气，故鸡成为战胜阴邪的天然镇物。人家起房在动土之初便求得阳之助，以驱逐阴害，雄鸡便成了点画这一仪式主题的象征，获得了新的应用。

镇石

在民间，建房破土之后，首先挖出墙脚地槽，在砌砖石墙基之前，往往有埋宝设镇的禳辟手段。所谓“埋宝”，多在墙基的四角下或柱础下埋入一盒米、茶，或几味中药，或几枚铜钱，也有埋石为镇者，甚至有埋入石粉所制的“镇宅药”。

以石为主体的“镇宅药”见于敦煌建筑风俗，它是石料、药物和咒语的合用。“镇宅药”的原料，包括：雄黄五两（武都者）、朱砂五两（神门者）、硅青五两（不康者）、白石羔（膏）五两、紫石羔（膏）五两。其用法：“石件等物石函盛之，置中庭，以五色彩隋理文，彩三尺，令人宅家（吉），读文。”所读咒文曰：

时加正阳，宿镇天仓。五神和合，除阴祸殃。配以酒一

1 耀宏：《“鸡歌”与魂灵信仰》，载《中国民间文化》1993 年第 4 期，第 52–53 页。

盏，急急如律令。

又咒曰：

今镇之后，安吾心定。吾意金玉，煌煌财物。满房子孙，世世吉昌，急急如律令。

再咒曰：

东西起云，五神攘之。南北起云，宅神譬（辟）之。贼神迷之，发动五神诃之。伏龙起云，五神赛之。朱雀飞动，神安之。贵登之公，无有病褱。急急如律令。

咒念三遍，埋镇之后百日内不杀生、不远行、不大出恶语，则能镇住一切鬼魅妖邪，安居吉宅。[1]

不过，以石镇宅脚的风俗更为普及。《宅经》中有“白石七两”“埋于寅卯间，入土七尺，大吉”之载，并有阳宅埋五寸“赤石”于丑地，“必迁官”之说。在徐州地区至今流传着以石为镇的《镇宅脚歌》，其歌曰：

一块宝石四方方，镇住龙地把家当，
建宅今年添光彩，代代儿孙进朝房。

一块宝石四方方，建房四角震双响，

1　胡昌善：《咒语破译》，西安出版社 1993 年，第 119 页。

今日建房不算富，明年再建高楼房。[1]

镇石因信能辟凶，故唤起人们对儿孙高升、再建高楼的吉祥祈盼。

石头作为建筑镇物源起于原始文化，石头的坚硬和不朽，被初民视作有灵性的神物，而生命久长是其上升神格的重要基础。原始神坛、神庙、支石墓及其他巨石建筑，均赖石而成，石头成了迎神送死的象征。此外，人类早期的工具是石器，石斧、石刀、石箭等既是生产、生活的工具，又是猎兽、斗敌的武器，它们作为力量与权威的象征而被神化，并演变成文化观念中的辟凶镇物。石头的物命久长所引发的生命长在的幻想，使之成为阳气常聚的象征，故屋宅以石为镇，意在借阳除阴，与石长存。屋宅长在，家室长兴，正是镇石进入建筑仪典所追求的目标。

米粮

在上梁仪式中有抛撒米粮的禳镇风俗，称作“抛梁”或“抛粮”。除了直接用五谷、稻米在刚架起的屋梁上抛撒下来外，也用馒头、糕馍、团子等米面食品从新梁上抛撒地面，或抛给下面的人群，以喻谷粮满仓，粮多财旺。

抛梁的建筑仪典广见于大江南北，至今此俗犹存。在抛梁中，往往伴有相关的歌谣，大多已将镇辟的用意隐藏在纷纭迭出的好话吉语中。在镇江地区丹徒县流传的“抛梁歌”唱道：

一颗小麦两头尖，长在田里大半年。
春三二月真肯长，四五六月回家乡。

---

1 《徐州民间文学集成》下，江苏文艺出版社 1991 年，第 8 页。

磨子一磕粉粉碎，筛在地上白如霜。
请个师傅手段强，蒸起馒头来磕梁。
姑娘吃得描花朵，相公吃得读文章。
南京城里中了举，北京城里状元郎。
状元头上插金花，府上财主第一家。[1]

在江北的扬州地区则以糕馍用作抛粮镇物，流传于邗江县泰安乡的歌谣曰：

一把糕馍撒东方，东买三十六盐场；
二把糕馍撒南方，南买瓜州与镇江；
三把糕馍撒西方，西买六合与天长；
四把糕馍撒北方，北买淮安和清江；
五把糕馍撒当央，只见宝地放金光；
四面八方都买到，才选中这块好地方。
张鲁二班同协作，心灵手巧砌华堂。
前人栽树后人凉，儿孙世代把福享。[2]

在江苏省句容县，是以馒头抛梁，人们边抛边唱：

一抛东方太阳升，百无禁忌福降临，
送子童子前引路，和合送宝进府门。
二抛南方南至海，观音老母送子来，
先送一子文秀才，后送南京科举来。

1 《中国民间文学集成·丹徒县》（资料本），1987 年铅印本，第 192 页。
2 《扬州歌谣谚语集》，中国民间文艺出版社 1989 年，第 114 页。

三抛北方放光彩，四方邻居带喜来，
抢了馒头回家走，回家也砌新楼房。
四抛西方日落山，好比当初沈万山，
万山有棵摇钱树，金银仓库满仓库。[1]

在徐州地区的“十撒”抛粮歌谣，均为吉语好话的迭用：

一撒荣华富贵，二撒金玉满堂，
三撒桃园结义，四撒四季来财，
五撒五子登科，六撒六六团圆，
七撒牛羊千头，八撒万石余粮，
九撒九世同堂，十撒百世齐昌。[2]

从如此繁盛的“抛梁”歌谣看，以米粮及其制品在上梁时抛撒的风俗曾十分盛行。从歌谣的表面祝颂吉语看，似乎抛梁仪典所追求的是多子、财旺、得第、粮丰之类的祈望。实际上，米粮是作为镇物，以驱退因房屋新造可能潜入的一切鬼祟阴害。米粮是种一粒而获万颗的生命之种，是人畜赖以生存的主要食物，在农耕社会中它就是人们观念中的神。以米粮抛撒新梁是一种古老的巫法，它的逻辑在于：以生诱生，以生禳死，以神退鬼，在退避一切可能的贼害之后，便获得了吉宅的安宁。正是这一逻辑，使米粮成了施工环节中的又一镇物。

1 《句容的传说与歌谣》（资料本），第 447 页。
2 《徐州民间文学集成》下，江苏文艺出版社 1991 年，第 6 页。

红绿布

在上梁之后，民间有在脊檩上挂红绿布的禳镇之法。所谓“红绿布”，可以用红、绿、黄等彩色布条，也可用大红、大绿的被面披在脊檩上，以示迎神驱鬼。

挂红绿布的建筑仪典至今犹存，但已附会上吉祥的取意。伴随这一仪式，仍有一些祝颂的歌谣，成为早期咒语的演进样式。

在江苏省句容县传承的建筑歌谣唱道：

红绿布来千根纱，亲人苏杭买回家，
左边飘的灵芝草，右边飘的牡丹花，
灵芝草来牡丹花，江南好称第一家。
一顶绫罗一顶纱，光照九州香天下，
招财童子前引路，喜笑和合送财发。[1]

在浙江省湖州地区流传的《挂红绿布》唱道：

红绿布来千根丝，亲家买来贺主家，
左边飘来牡丹花，江南号称富贵家。
一拜天、二拜地、三拜祖师在上头，
主家给我一只壶，上有金下有银，
托是托的聚宝盆，万两黄金造花厅。
一敬天来二敬地，三敬东方三喜逢，
四敬南方黄道日，五敬西方福禄寿三星高照，
六敬北方会八仙，各路神仙来保护，

1 《句容的传说与歌谣》（资料本），第447–448页。

保护主家喜上紫金梁。[1]

从上述歌谣看，挂红绿布的主题似乎在发家、称富、显贵、神佑等方面，但随着社会的变迁与发展，也会在旧形式中注入新的内容。在扬州地区当今仍流传的与挂红绿布相关的建筑仪式歌唱道：

我把红绸挂一挂，全家都来干四化；
我把金花插得高，年年都把产量超；
我把红绸招一招，下次楼房更加高；
我把红绸扽一扽，造的华堂能防震；
…………
我挂红绸你插花，恭喜大家笑哈哈。
一片纱来一片绸，子子孙孙砌高楼；
一边红来一边青，家有白玉千万斤；
一边青来一边红，门里门外游金龙；
…………[2]

在这首新歌谣中，出现“四化”“产量”“防震”等字眼，表明追求的目标有所转移与更新。

红绿布挂在脊檩上有似旗幡，因此被称作招神的标志。至于它作为镇物，所欲驱辟的对象主要指树怪。因梁和檩均伐木为用，而在《风俗通义》中有“世间多有伐木血出以为怪者”[3]之载，而后世书籍所载出血之树则更多。清人朱梅叔《埋忧集》卷九“乌柏树”记有乌柏树

1　钟伟今主编：《湖州市歌谣谚语卷》，浙江文艺出版社 1991 年，第 228–229 页。

2　《扬州歌谣谚语集》，中国民间文艺出版社 1989 年，第 109 页。

3　〔汉〕应劭《风俗通义》“怪神第九”。

脂液流出，“如琥珀色”；伐濯龙祠树，“而树血出”；移美梨，“根尽血出”；桑树下斧之处，“血流至地”；柏树，“砍一枝见血”等。可见，出“血”之树颇多，树怪自然不少。为避退可能伏在梁檩上的树怪，故以红绿布镇之。俗信鬼怪大多怕红，人们便取之为镇，这样，红绿布就成了带有“吉祥”意义的施工镇物。

二、土木之神

民间在土木兴作中，除了借助镇物以辟克各种想象的阴邪妖鬼，也对某些与土木相关的神祇加以敬奉，以盼获取神佑而纳吉除凶。常见的这类土木之神包括姜太公、鲁班、张班、土地正神、宅神、家柱神、门栏神、太岁神等。

姜太公

在民宅建筑施工中，立柱与上梁是两个较为重要的环节，有关仪式也比较隆重，其中包括对姜太公的敬祭与延请。人们在中柱与脊檩上分别贴上“上梁正逢黄道日，立柱巧遇紫微星”和“姜太公在此，百无禁忌”的联句与条幅。

姜太公，姓姜名尚，字子牙，商朝末年冀州人，因文王对他说：“吾太公望子久矣！”因号“太公望”，后为世人称作“太公”。姜太公被周文王拜为师，又辅佐周武王讨伐商纣，终灭商建周。传说他写有《太公兵法》一书。

姜太公在唐前已受人敬仰，在唐代则列入国家祀典。《唐会要》卷二三载：

开元十九年四月十八日，两京及天下诸州各置太公庙一所，以张良配享……上元元年闰四月十九日，追封为武成王，有司依文王置庙。

从此，姜太公成了宫廷与民间敬祭的与文庙同等的显赫大神。

小说《封神演义》在明代刊行之后，更使姜太公成为民间遣神制鬼的禳镇之神。正如《封神演义》第一百回的赞诗所云：

宝符秘箓出先天，
斩将封神合往愆。
敕赐昆仑承旨渥，
名班册籍注铨编。
斗瘟雷火分前后，
神鬼人仙任倒颠。
自是修持凭造化，
故教伐纣洗腥膻。

姜太公掌管封神册籍，故能招引众神；他斩将斗瘟，故可辟害镇鬼。

民间在土木活动中，还祭奉姜太公纸马（图 3-1），以求“百无禁忌”，工程顺利，人宅两安。

图 3-1　姜太公纸马

鲁班

鲁班是中国古代的能工巧匠，也是木、瓦等建筑行业所敬奉的祖师，被称作“鲁班先师”或“鲁班大仙”（图 3–2）。

鲁班，本姓公输，名般，因系春秋鲁国人，而“般”“班”音近，故后世又称之为“鲁班”。传说中的鲁班是一个多才多艺的发明家，他造木鸢而能白日升天，造云梯、钩强用于征战，并造曲尺、墨斗、刨、钻等木工工具。在古代，一些巧丽、宏伟的建筑都附会为鲁班所造，如明代永乐年间北京的龙圣殿，便传说鲁班显圣使工程顺利，并因此被明成祖敕封为“辅国太师兆成侯”。

图 3–2　鲁班大仙（民间纸马）

由于鲁班与木工造作联系在一起，成为木工及其他建筑工匠敬奉的祖师。在建筑施工前，工匠们在工地上祭祀鲁班先师，在某些重要的工程环节，例如上梁之类，也要再祭鲁班，并以仪式和歌谣延请鲁班，以护工程顺利。在浙江省湖州地区，木工在上梁时唱道：

一敬天，二敬地，
三敬鲁班变仙师。
鲁班师傅家在哪里？
家在四川峨眉山上，
弯弯角角，角角弯弯，
九角长弄，石板桥头，
八字门头，
这就是鲁班师傅家中。
鲁班师傅是轿来还是马来？
一不坐轿，二不骑马，
是腾云驾雾来。[1]

工匠如此追寻鲁班的居处，意在表明延请之切和并非虚幻。鲁班护佑工匠，辅佐工程，使华屋高厦安稳早成，因此鲁班先师已超越了工匠神的意义，已领有了镇护新宅的职能。

太岁

太岁是古代民间信仰中的凶神，在汉代已有“抵太岁凶，负太岁亦凶”之说。民间破土造屋，尤注意忌避太岁，并对太岁神加以祭拜

1　钟伟今主编：《湖州市歌谣谚语卷》，浙江文艺出版社 1991 年，第 217–218 页。

和逐除（图 3–3）。《月令广义·岁令二》曰：“太岁者，主宰一岁之尊神。凡吉事勿冲之，凶事勿犯之，凡修造方向等事，尤宜慎避。”

大凡自选址、相地开始，人们便注意忌避太岁，并念颂“吉日良辰，天地开张，凶神太岁，退避远方”一类的咒语，在破土仪式中更将太岁纸马（图 3–4）与土地正神、宅神等纸马一并致祭。

太岁究竟是什么呢？其实，它是古人天文观中一颗虚拟的星体，它与岁星（木星）同轨道、反方向，以十二年为一周天，所不同的是，“岁星为阳，人之所见；太岁为阴，人所不睹”。[1] 也许正是“太岁为阴”的观念使之成为专事贼害的凶神。

太岁为阴，与地相连，因此在古代的传闻中又多有太岁在土中显形为大肉团之说，并言触犯或撞见者多遭凶殃。《酉阳杂俎·续集》卷二载：

> 莱州即墨县有百姓三丰兄弟三人，丰不信方位所忌，尝于太岁上掘坟，见一肉块，大如斗，蠕蠕而动，遂填。其肉随填而出，丰惧弃之。经宿，长塞于庭，丰兄弟奴婢数日内悉暴卒，唯一女存焉。

《月令广义·岁令二》又曰：

> 上元末，李氏不信太岁，掘得块肉。相传云鞭太岁者免祸，因鞭九十余下，忽腾上，失所在。李氏七十二日丧亡略尽。
>
> 宁州人掘太岁，得物状方大类赤菌，有数千眼，其家不识，有胡僧曰：“此太岁也。”速埋之。

1　贾公彦疏语，见宗力等：《中国民间诸神》，河北人民出版社 1987 年，第 127 页。

经年，人丧略尽。

此外，清人笔记小说中还有见到长有手臂五指的太岁，“未几竟死”的描写。[1] 总之，太岁是一惹不起的凶神。

“太岁”究竟是什么呢？其实，《月令广义》所言的“大类赤菌”即已点破。所谓“太岁”，就是一种生长于土下的大黏菌。古人于地下掘出它，见其微微颤抖，皮色泛红，肉团团、圆滚滚，便幻想到“为阴”的太岁在地上的象征，从而在土木建筑中加以提防。

太岁是民间信仰中的凶神，然而人们仍祭奉它，希望它不妄作祸害。这种在土木兴作中的祭奉正是一种预防性的禳辟手段，因此被祭的太岁神像或纸马，实际上已具有了镇物的性质。

图 3-3 太岁神（无锡纸马）

图 3-4 太岁纸马

1 〔清〕朱梅叔《埋忧集》卷一。

第二节　宅室镇物

为求宅吉人安，自古以来，人们便采用了种种镇辟手段，以防患于未然的心态借助镇物获取生活的勇气与信心。宅室镇物主要用于宅门装饰、宅外建筑装饰、室内装饰，以及床帐饰物等方面，构成了一个功用明确的镇物系统。

一、宅门之镇

宅门是人、神出入之道，也是镇辟鬼祟的主要关卡，为防鬼魅妖邪的乘虚潜入，人们往往以门户的各种装饰为载体，附缀上各类镇物，使其具有装饰与镇辟的双重功用。

宅门之镇的取材十分广泛，有自然物，有人工物，也有人的身物或模拟的身物，其中有兽爪、骷髅等神秘而野蛮的巫物，也有文字、经书、毛笔等文明产物，并包含大量的艺术创造，诸如门画、剪纸、面具、吞口、铺首（图 3-5）等，以及经幡、符画、咒语等宗教法物。

宅门镇物可以说是中国镇物总体系的一个缩影，至今仍很活跃，物种依然庞杂，诸如鸡毛、冰块、木炭、剪刀、铜钱、葱、蒜、桃枝、柳枝、八卦、钢叉、虎头、石狮、红布、对联、挂笺、筛子、镜子等，

图 3-5　铺首（椒图）

可谓蔚为大观。中国民居的宅门可作为认知中国镇物文化的一个窗口。

门画

门画是中国宅门镇物中最具艺术性与民族性的一种。门画多为雕版印刷物，除了前门多贴武门神或文门神，后门贴“钟馗打鬼”门画外（图 3–6），还有其他一些动物图像。

不过，最早的动物门画不是版印的，而是直接涂画在门上的。在汉代的吴地，已有画鱼于门的传统。汉刘向《列仙传 · 子英》将画鱼于门的传统附会进子英骑鱼升天的仙话中：

> 子英者，舒乡人也。善入水捕鱼，得赤鲤，爱其色好，持归着池中，数以米谷食之，一年长丈余，遂生角，有翅翼。子英怪异，拜谢之。鱼言：“我来迎汝，汝上背，与汝俱升天。”天即大雨。子英上鱼背，腾升而去，岁岁归故舍食饮，见妻子，鱼复来迎之，如此七十年。故吴中门户皆作神鱼，遂立子英祠云。

这则仙话是吴地画鱼于门的镇宅风俗与鱼为神使的观念并合而附会成的故事。由于鱼有化生之性，又为沟通天地的神使，且为辟邪消灾的护神，[1] 故画鱼于门有亲神远鬼的意旨；又由于吴人以鱼为图腾，故又有以祖灵为恩神，以乞佑护的文化寓意。

与吴地以鱼为门镇不同，荆楚地区在南朝时则形成“帖画鸡户上”的禳镇风俗。这一风俗在中原地区及江南等沿袭下来，出现了“鸡王镇宅”之类的门画，以除虫驱祟（图 3–7）。在山东省平度的“新盛

1 陶思炎：《中国鱼文化》，中国华侨出版公司 1990 年。

图 3-6　钟馗打鬼（门画）

图 3-7　鸡王镇宅（门画）

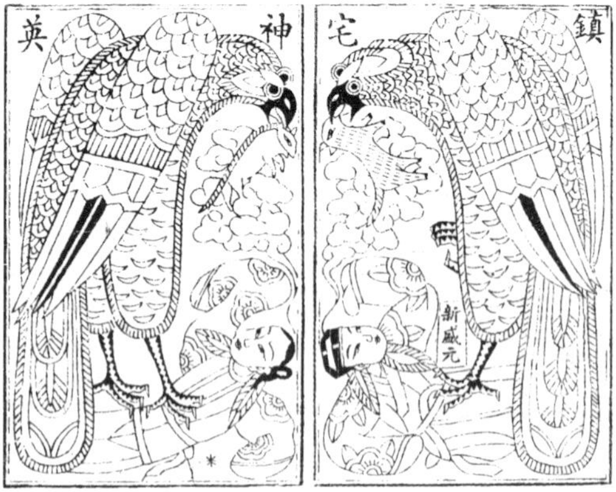

图 3-8　镇宅神英（鹰）（门画）

元”画铺则印售一种名为“镇宅神英（鹰）”的辟邪门画，它可能是中原以鸡镇宅同东夷地区鸟图腾记忆的一种并合（图 3–8）。鸡为“积阳之象”，而鸟亦为“阳物”，因此，用鹰和用鸡有相同的取义，即以阳退阴，使宅室阳气长养，兴旺吉祥。在民间吉祥图案中，后来又出了一种在一块石头上站立着一只大公鸡的构图，识读为“室（石）上大吉（鸡）”（图 3–9）。其吉祥意义来自鸡的镇辟之性。

此外，以虎图镇宅也是常见的事象。在陕西省凤翔印制的门画中有“镇宅神虎”“除邪神虎”的构图，并突出“四季平安”的点题文字（图 3–10）。在山东潍县也印有“镇宅神虎”的门画，画面上一只大虎瞪眼龇牙，尾鞭曲举，作出山扑敌之状，旁有一虎子蹲伏欲跃，画面极富动感，充分显露了猛虎的威风（图 3–11）。虎为食鬼的阳兽，其用作门画，主要是镇辟妖鬼，退阴取阳。

在云南，纳西族人遇有较大的祭祀活动时，便请东巴将阳神“米利东阿普”和阴神“勒金色阿仔”的形象画在木牌上，钉在大门的两边，以求消灾驱难。纳西族宅门上还有一种驱鬼的门神画，左边为“米汝古汝”，右边为“丁汝史汝”。他们是威力无比的天神，他们养着能叼鹿的黑鹰和能咬虎的白狗。他们的上边画着大鹏、青龙和狮子，下边画着家畜中最凶的牦牛和野兽中最猛的老虎。二神还可单独画在门上，用以驱鬼。[1]

民间在贴门画时，有口念“安门咒”之俗，以加大镇辟之力。其咒曰：

天有三奇，地有六仪。
玉女守门，凶煞远避。

1　邓启耀：《云南少数民族宗教美术概述》，载《云南民族民间美术文集》（资料本），第 39 页。

进喜进财，大吉大利。

金玉满堂，长命富贵。

急急如律令！[1]

可见，人们采用各种镇守宅门的手段，最终还是为了“进喜进财”“长命宝贵”之类的“大吉大利”。

图 3-9　室上大吉

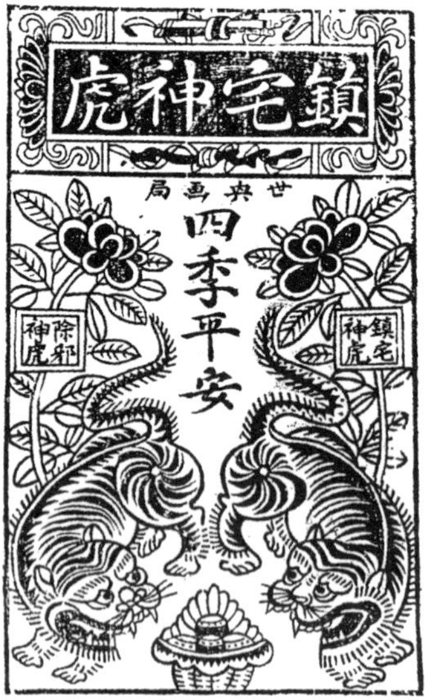

图 3-10　镇宅神虎（陕西凤翔）

1 《三元总录·宅元卷上》。

图 3-11　镇宅神虎（山东潍县）

门当、户对

门当、户对是宅第的两组门饰，也是辟邪守门的镇物。

所谓“门当”，又称“石鼓”，即放置大门两侧的一对鼓形石雕。所谓“户对”，即门楣上向外突出的圆形短柱，一般为两个或四个，因成对设置，故称“户对”。

“门当”作为圆雕的大鼓，其形制很多，但一般均配以装饰图案，如云龙、奔狮、花草等，甚至还雕饰出密匝的鼓钉。皖南大宅前的门当较为厚实，有的鼓身浑圆，而别处门当的鼓身则较为单薄，成为鼓面的象征。在九华山一带的农户门前还见有简易而实用的“门当”制品。其制法为，取青石一方，凿其一角，雕为四分之一的鼓身，其余各面打平。其高约 30 厘米，放在门外边，既作石凳供农夫农妇晨昏坐以用餐或歇息，同时又借取鼓形以镇宅。

在与皖南交界的南京远郊高淳县，民宅的门户上多做一排砖雕的小鼓,成为门当的一种变异形式,且更具艺术装饰的效果。在苏北如皋地区，门当有方形雕凿式，已无鼓的形象，成为镇宅石与鼓形门当的一种并合化变的样式。由于它成对地置于大门两侧，因此它仍属“门当”的家族。

门当制为鼓形，即以鼓震慑鬼祟，因鼓声似雷声，而雷霆可驱荡阴气，俗信鼓亦辟鬼。《吕氏春秋·季冬纪》“大傩”汉高诱注曰：“今人腊岁前一日击鼓驱疫，谓之‘逐除’是也。”梁宗懔《荆楚岁时记》中引有“腊鼓鸣，春草生”的谣谚。可见在南朝以前，鼓就成了唤起阳气、扫阴逐疫的岁时镇物。此外，《太平御览》言及逐疫时说：

> 鸣鼓振镯，以动其心；劳形趋步，以发阴阳之气……[1]

1 〔宋〕王应麟：《困学纪闻》中册，商务印书馆 1959 年，第 883 页。

鼓能动心引气，作为春阳震发之象，故可驱除阴祟邪鬼。

户对作为门上的镇物,其象征意义比较隐晦。户对一般长约一尺，为木雕圆柱，是原始的生殖崇拜的遗存。它作为男根的象征，如同门巴族的“辛基白列”，实际上就是木雕的男性生殖器。因男根为阳器，俗信可退女鬼和其他贼害的阴物。

在当代语汇中，“门当户对”似乎成了在男女婚配中条件相当的代称。由于能做门当、户对两构件的家庭往往有一定的身份和财力,“门当户对”成了彼此出身相当的俗语也就不足为怪了。不过，门当、户对作为门饰的主要功能不在于炫耀宅主的身份，而是为护佑宅室的平安吉祥。

蟹虾

蟹干、虾干、鱼干等晒干的水族，也是守门护宅的镇物。

以兽骨、兽角、兽爪作为镇宅之物较为多见，特别是牛头、牛角、羊头、羊角等，在中国西部地区及中亚地区至今犹存。以水族作为驱辟鬼祟的镇物似不普遍，然亦有迹可寻。

在古代有“鬼怖螃蟹”之说，宋人沈括《梦溪笔谈》曰：

> 关中无螃蟹，元丰中，秦州人偶收得一干蟹，土人怖其形状，以为怪物，每人家有病疟者，借去挂户上，往往遂瘥。不但人不识，鬼亦不识也。[1]

可见，在宋代的关中地区，螃蟹已成为门户镇物，用以除病驱鬼。

在福建省霞浦县也有在门楣上挂干蟹的禳镇风俗，以使妖魔鬼怪

---

1 〔明〕萧良有：《龙文鞭影》，岳麓书社 1986 年，第 298 页。

不敢穿门而入。在山西和汉南，则有把虾子晒干后挂在大门口，或把画着虾子的图画贴在门上的做法，人们认为，这样便可以辟邪镇宅。[1]

在皖南黟县，农家有挂干鱼于窗户的辟邪手法，人们在鱼身上黏贴上红纸一方，以点画出信仰的色调。此外，在苏北泰兴县，亦见有挂干鱼于梁上以镇宅的事象。

选取这些水族为镇物的文化寓意何在？除了形怪、“不识”的因素，当有其他的内涵。蟹有螯钳，虾有刀刺，它们的凶悍本身就具有一种震慑的力量。此外，蟹、虾、鱼均无眼皮，始终圆睁而高突，且死不瞑目，因此信能监察鬼魅，防其潜入家宅。由于蟹、虾、鱼同为水族，因此悬其体于门户，还含有驱逐火怪、镇防火灾的文化取义。

财角

“财角”是流行于甘肃省河西走廊地区的一种宅门镇物。

所谓“财角”，是用一尺见方的红布缝制而成的两个连体三角袋，内装五种以上的谷粮种子和若干钱币。在建房立大门门楼时，始挂“财角”，新房落成后也常挂不废，用以除凶镇宅。挂“财角”时，往往还配以其他镇物，例如筷子一双，古书一卷，以求招财进宝、五谷丰登，并希望宅中能出读书人以光耀门庭。[2]

其实，“招财进宝”“五谷丰登”之说是对“财角”文化含意的曲解：（1）“财角”中的谷粮种子，是一种象征生命与生气的镇物，用以禳死助生。它的功能体现在信仰的层面上，而并非一种实在的利益追求。

（2）“财角”中的钱币也是常用的镇物，因古钱边圆孔方，正与

1　昌平：《中国辟邪术》，新疆大学出版社 1994 年，第 212 页。

2　叶大兵等：《中国风俗辞典》，上海辞书出版社 1990 年，第 451 页。

天圆地方之说相应，一枚小小的钱币就是一个天地抱合的宇宙缩影。又由于有天阳地阴的配置，因此，钱币是阴阳相就的象征，成为太极八卦的变体。可见，“招财进宝”说也是后人的附会，而并非钱币悬门的真正意旨。

（3）筷子须成双成对，单支则无用，因此成为夫妻和谐、家庭和睦的象征，并用以辟除家室纷争及鳏寡之苦。

（4）古书一卷放置门头，也并非出于劝学的动机，也还是用于镇辟。因所置古书多为《周易》、黄历、经卷、命书等，意在借取文字与智能以驱退愚妄的魑魅。

“财角”之名当为后人的误称，其最初的名称当与辟邪的功能相一致。“财角”的镇物性质在名称与解释上的淡化趋势，反映了人们随市民社会的发展，而产生了由除殃到祈福的心理变化。

吞口

“吞口”是古傩面具的一种变异形式，它以木雕的或在木瓢上彩画的似兽似人的狰狞之像，以传导驱避的震慑之力（图 3–12）。

“吞口”专悬于家宅的门上，其像一般以獠牙、巨眼或口含短剑

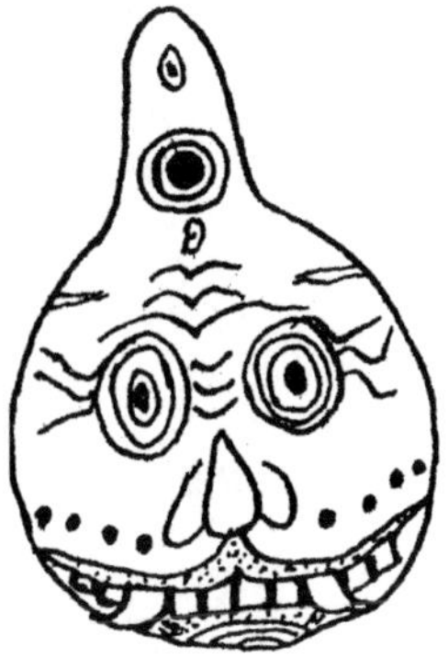

图 3–12 吞口

的气吞如虎之势，用作家宅的护卫。吞口在当今的贵州省安顺一带仍十分流行，并与面具几无二致。

宋人陈元靓《岁时广记》卷四○引《岁时杂记》曰："除日作面具，或作鬼神，或作儿女形，或施于门楣。驱傩者以蔽其面，或小儿以为戏。"

在宋前，"吞口"与面具似无区别，看来专用于门户的"吞口"本是面具的借用与分化。

"吞口"在风俗中的长期传承，使其又多了一些名称。沈福馨先生介绍说，在安顺，"吞口"又有"辟邪"和其他的俗称。他说："辟邪是农家门上挂着用来驱鬼的一种面具，一般称为'吞口'，也有叫'猫头''恨头'或者'老虎牌'的。"[1]

"吞口"称"老虎牌"，也许更能点画其辟邪的职能。从"吞口"的"怪兽"面目看，大多与虎头相像，而虎有噬鬼的"嗜好"，因此，"吞口"的镇辟对象主要是鬼魅。

"吞口"本是面具，而面具又用于大傩或地戏之中，由于傩祭、傩戏均以驱鬼为主旨，因此从来源看，"吞口"仍旧是辟鬼功能的沿袭，只是转换了一下使用空间，由动态的傩仪变为门户上的静态的镇物。从选材看，"吞口"有不少是画在葫芦瓢上的，而葫芦是生命的载体和生存的空间，葫芦与洪水的神话母题使葫芦成为世界文化的因子和生命的象征，因此葫芦本身也是辟邪的镇物。这样，"吞口"从来源、构图、取材与应用看，都烘托着镇宅的主题。

二、宅外镇物

"宅外镇物"，指在宅室外部，即屋脊、瓦面、墙体等部分设置的

1　沈福馨：《安顺地戏》，贵州人民出版社 1989 年，第 53 页。

辟邪镇物。它们往往作为建筑的装饰构件，把信仰与审美相融合，创造出神秘而瑰奇的建筑文化成果。例如，屋顶上的鸱尾、角脊、刀脊、牙脊、瓦猫、瓦将军、脊兽、瓦当等，墙体上的手印砖、石磨盘、文字砖等，都归属于“宅外镇物”。

鸱尾

鸱尾，又称“鸱吻”“螭吻”“蚩尾”，近代还有“大吻”“正吻”之称。

鸱尾是安装于大型建筑物正脊两端的鱼尾形构件，其图像资料最早见于北魏时期的麦积山石窟壁画，而实物遗存则最早见于隋代的李小孩石棺屋脊。然而，古人的传闻却将它追溯到汉代，并同柏梁殿的火灾事故联系在一起。唐人苏鹗《苏氏演义》卷上曰：

> 蚩者，海兽也。汉武帝作柏梁殿，有上疏者云：蚩尾水之精，能辟火灾，可置之堂殿。今人多作“鸱”字，见其吻如鸱鸢，遂呼之为鸱吻。颜之推亦作此鸱。

宋人李明仲《营造法式》卷二引《汉纪》曰：

> 柏梁殿灾，后越巫言海中有鱼，虬尾似鸱，激浪即降雨，遂作其像于屋，以厌火祥。

可见，鸱吻与汉事相关，并以厌火除灾为其存在的功利。

鸱为鸢属，即鹞鹰。《正字通》曰：

> 鸱似鹰稍小，尾如舟舵，善高翔。

清人桂馥《札朴》卷五也载："鸱，鹰类，尾齐，庙殿鸱尾像之。喜回翔而不甚高，俗呼'饿狼鸱'。"

鸱"尾齐""如舟舵"，而舟舵的制作本是仿生学的应用，即对鱼尾的模仿，因此，屋脊上的鸱尾也呈鱼尾之状。

鸱尾在建筑上的应用，可能与汉代画像石上的刻画凤鸟于屋上的传统相关。凤的形象，按神话的描述，也是多物种的化合体，特别是具有鱼尾的构造特征。《说文解字注·四篇上》曰：

> 凤，神鸟也。天老曰：凤之像也，麟前鹿后，蛇颈鱼尾，龙文龟背，燕颔鸡喙，五色备举，出于东方君子之国。翱翔四海之外，过昆仑，饮砥柱，濯羽弱水，莫（暮）宿风穴，见则天下大安宁。

《竹书纪年》也载："国安，其主好文，则凤凰居之。"可见，凤凰是祥瑞之兆，汉人饰以屋脊，以祈"天下大安宁"。鸱因"尾齐""如舟舵""喜回翔"，与凤凰的"鱼尾"、善徘徊相类，故鸱尾形构件的出现本有凤凰的写意。

中唐以后，屋脊上的鸱尾发生了形态上的变化，出现了兽头、獠牙、象鼻、鱼身之水兽构图（图 3-13），这种从鱼尾形鸱尾向鱼龙形"鸱吻"的变化，直到宋代仍有人对之莫名。宋黄朝英《靖康湘素杂记》引《倦游杂录》曰："自唐以来，寺观殿宇，尚有为飞鱼形，尾上指者，不知何时易名'鸱吻'，状亦不类鱼尾。"时人的困惑，正反映了文化传统的异变。

实际上，所谓的"鸱吻"体现了中印文化的结合，它是来自印度的"摩竭"纹（图 3-14）与中国鲤鱼图的并合。"摩竭"系印度神话中的巨神，其形象为兽头、巨齿、象鼻。关于它的神性，唐人慧琳《一切经音义》卷四一曰："摩竭者，梵语也。海中大鱼，吞啖一切。""摩竭鱼”（The Makara）约在公元前100年就已出现在印度佛塔的门框横梁上（图3-15），并具有镇辟的意义。由于它能“吞啖一切”，又是水中神兽，故在中国古代用之于屋脊，寄托了镇辟火怪的愿望。

从“鸱尾”到“鸱吻”的变化隐含着不同的价值取向，前者与凤凰神话相联系，形作鸟羽之状，意取吉祥安宁；而后者与摩竭神话相联系，形作鱼兽之状，意取镇火除灾。从文化物类说，前者是祥物，后者是镇物。

“鸱吻”之制，至今犹见，有的已演成龙首龙身的“龙吻”，但仍没有改变其辟火镇宅的功能。

图3-13 水兽构图

图3-14 印度阿马拉瓦蒂的摩竭纹

图3-15 印度佛塔上的摩竭纹

角脊·刀脊·牙脊

角脊、刀脊和牙脊也是功能明确的宅外镇物，同时又作为屋顶装饰，打破了一般民宅屋脊平直、静态的构图，以弧线和非平行的线条产生一种轻快、动跃的韵味。

所谓“角脊”，即建筑物正脊的两端在山墙处向上起翘，其形尖弯硕壮，如同水牛头上的一对硬角，显得刚劲而硬朗。角脊在苏南、苏中及东南稻作区的民宅上十分盛行。

角脊是牛角文化的演进，是屋外悬挂牛头骨风俗的晚期形态，从附缀的牛角到象征的牛角，从自然物到人工物，反映了其赖以生成的农耕社会的成熟。

屋外悬挂牛角的风俗广布于太平洋地区，除中国东南、西南之外，在菲律宾、中印半岛等地也都风行。牛角用于宅室，乃取其镇辟的功用。

角在中国文化中作为“阳气动跃”的象征，因其“位在东方”，并属“木”。《淮南子·时则》注曰:“角，木也。位在东方也。”《汉书·律历志》也曰：“角为木。”木枝向上，具有“动跃”之感，且东方之木即扶桑之树，而扶桑又是太阳栖息之所。这样，在神话逻辑的支配下，角脊便也成了“东方之木”的象征，成为太阳栖息、出行的想象的据点。太阳在屋，也就是阳气长在，因此，角脊便具有驱扫阴气的文化意义。

所谓“刀脊”，其实是角脊的一种变异形式，其做法是，在两端起翘的角脊上各插入一把尖利的铁刀，两刀刀刃相对，刀尖向外。这种“刀脊”见于江苏省苏州地区，在常熟市乡村中尤为多见。俗说，这脊上的铁刀是关公的大刀，用于辟除天上的恶龙，使恶龙不敢贸然从屋顶上飞过，否则它自遭开膛剖肚之灾。

其实，铁刀是民间常用的辟鬼镇物，能斩恶鬼，也能辟疫鬼。因此，刀脊的改制，是角脊功能的点画与增广。

所谓“牙脊”，即屋脊两端或封火墙头制为牙形装饰，它见于江苏、安徽、江西等省的民宅，台湾地区的建筑脊饰中的“燕尾”，也是牙脊的变异形式。

牙齿是生命之种的象征，是充满生气的“身宝”，各地均有小儿换齿时将脱落的乳牙扔上屋面以镇宅的风俗，同时牙齿及牙形饰物曾作为古人的护身符佩，长期承传。牙脊之制，意表阳气长在、生生不息，并以此辟阴禳死，构筑成一个长乐未央的吉宅福第。

瓦猫

瓦猫是云南汉族农家置于屋顶正脊或戗脊上的猫形瓦器，用以守宅镇室。

安置瓦猫本出于禳镇的考虑，如果某宅大门正对人家屋角，便视作不吉，但安装瓦猫可“吃”掉这个屋角，辟克邪气的冲撞。如果大门对着旷野，则需以瓦猫增强宅气，镇住一切来自荒野的精怪鬼祟。村民俗信，如果装了瓦猫，还能镇灭火怪，禳除火灾。

瓦猫由土陶制成，亦有少量石制品。据高金龙先生调查，瓦猫被村民视作神物，但须经过“开光”的祭仪才获取神性。“开光”的仪式一般选在农历的二月或八月，由“端公”主祭。端公手提一只红色雄鸡，先念一阵咒语，然后咬破鸡冠，将鸡血滴在瓦猫的眼、耳、鼻、口、身等处，并在瓦猫的嘴中放入“五谷”：松子、瓜子、高粱、枣子、茶叶。此外，还放入一根红线，此时要烧黄纸、念咒语，由端公亲手将雄鸡宰杀，放入锅中，煮至半熟即取出，放在盆中使之站立，并使鸡头仰视天空。端公又点香祭之，然后上屋安装瓦猫。这样，瓦猫就成了有灵性的神物，宅主以后每逢阴历初一、十五要燃香祭供。[1]

1　高金龙：《云南民间瓦猫造型艺术初探》，载《云南民族民间美术文集》（资料本），第 65 页。

图 3-16 瓦猫

瓦猫的造型有站、蹲、坐几种，但均为高耳大头、突眼利齿之像，其双爪往往扶住一菱形瓦件，上刻八卦太极之图（图 3-16）。

瓦猫同宫室殿堂等大型建筑戗脊上的瓦将军、仙人神兽有相同的取义，只是在艺术处理上更其粗犷，在功能取向上更为率直。

高金龙先生认为瓦猫的原型应为“虎”，因瓦猫的脑门或天灵盖处有“王”字，这一判断无疑是正确的。瓦猫所联系的是有关虎的神话与信仰，与图腾遗制没有关系。它以虎能吃鬼为设镇的基础，并借助巫仪、端公、太极图而制造一种威严的气氛并加大镇辟的力度。或者说，瓦猫联系着巫术信仰与道教观念，它把民间信仰与人为宗教联结在一起，成为一种意旨明确、特色鲜明的地方性护宅镇物。

瓦当

瓦当，又称“瓦头”，系筒瓦顶端贴靠在屋檐部分的一种圆形或半圆形的瓦制装饰物。瓦当出现于西周时代，几乎从一开始它就以图像与神秘的文化观念相纠合，体现出镇物的性质。在秦代瓦当上已见有文字与图像相互烘托主题的实例，到汉代则出现了大量的文字瓦当，其纳吉除凶的文化情感变得更为明朗而强烈。

不论是图像瓦当，还是文字瓦当，都具有护檐与厌胜的双重功用。瓦当即颜之推所谓的“画瓦”之类，《颜氏家训·风操》曰：“偏旁之书，死有归杀，子孙逃窜，莫肯在家，画瓦书符，作诸厌胜。”

瓦当作为镇宅的厌胜之物，主要是由其图像所展示的。

常见的瓦当纹饰有宇宙树、夔龙、鹿、鹤、鱼、“四神”（青龙、朱雀、白虎、玄武）等，还有蛙兔纹、鱼鸟纹、佛像纹、花卉纹、云气纹、葵纹、网云纹、网星纹、莲花纹等。至于文字瓦当，除了部分标明所用的建筑外，多以祝颂式的吉语寄托祈禳愿望：“长生无极”“与天无极”“与华无极”“延年益寿”“高安万世”“加气始降”“永承大灵”“万物咸成”“永安中正”“流远屯美”“长宜子孙”“光旭块宇”“富贵毋央”“亿年无疆”“千秋万岁为大年”“长乐未央千秋万世昌”“延寿万岁常与天久长”等。

从动物、草木、星云纹看，都有助阳去阴、佑生免死的意义，因此在后世演成了祥物的体系。秦汉时的各类瓦当，除了建筑上的护檐的实用功能，追求的是镇辟的文化价值。

瓦当为何能作为一种护宅镇物而得到持久的传承呢？这要从天文观上寻找答案。

建筑本是宇宙的模拟，建筑空间是宇宙空间的缩微。其中，屋顶是天盖的象征，立柱是撑天立地的天柱象征。古代歌谣《敕勒歌》中有“天似穹庐，笼盖四野”之句，其“天似穹庐”即透露出“穹庐似天”的建筑天文观。[1]而瓦当位处屋檐，即天穹之边，因此，具有“天门”的象征意义。

我们从一些瓦当的实例，不难看到瓦当作为“天门”的性质。

1 陶思炎：《风俗探幽》，东南大学出版社 1995 年，第 179 页。

在秦代的瓦当中见有不少所谓的“葵纹”，其中一些具有鲜明的太阳标记，实际上就是太阳的符号（图 3-17）。在这类瓦当中，日轮圆圆，旁有火焰，呈顺时针旋转状，同原始彩陶画上的太阳纹相类。

在秦代还有“羽阳千岁”的文字瓦当，其构图中央为小圆，圆外作十字交叉，把瓦当分作四格，每格一字（图 3-18）。其“羽阳”点画出瓦当与太阳的联系，其“十”字状，正是一简略的宇宙模式图。

在秦代文物中还有一种“空”字瓦当。在其瓦当中部有一圆圈，圈中模印出一个“空”字（图 3-19）。它表明，瓦当联系着天空，或是象征的中空之物，缘此可登达天穹（屋顶）。

秦代的“网星云纹”瓦当也是揭秘的符号，它以天网（天幕）、星辰与云气，表现瓦当联系着宇宙空间（图 3-20）。

由于瓦当在屋檐，表“天门”，故在早期图饰中多有宇宙的各种象征描摹。而太阳、星空、天际为乾天，为阳，故瓦当成了登天通神之所。这样，它便有了退阴的镇辟含义，以致后世涌现出了各种兽面瓦当，率直地表达着镇辟的祈望。

手纹砖

手纹砖是一种特殊的护宅镇物。在江苏省高淳县淳溪镇的一些民宅外墙上便见有手纹砖的砌筑。

手纹砖早在晋代就已经出现，在山西省襄汾荆村沟金墓也出土过手纹砖。这种用于阴宅的手纹砖呈浮凸的印纹，而近代阳宅外砖上的手纹则呈凹陷的印纹。这种凸凹也许并无阴阳之分，重要的是手纹本身包含着文化的意义。

手作为人体的最灵便的部分，能劳动，也能战斗，一切工具和武器只有通过手才能发挥其威力，因此，手是力量的象征，也是人的生命的象征。

图 3-17 秦太阳纹瓦当

图 3-18 秦羽阳千岁瓦当

图 3-19 秦“空”字瓦当

图 3-20 秦网星云纹瓦当

手又是人的思想、语言表达的一个媒介，佛教密宗的各种手的印相构成了一套手语系统，它突破了体语的范畴，带入了宗教文化的信息。密宗将左手称“智”,其五指分别为“智”“力”“愿”“方”“慧”；右手称“福”,其五指分别为“禅”“进”“忍”“戒”“施”（图 3–21）。手印相的动作由代表十种佛教概念的十指排列组合，由此演示佛学义理。手印相一般不独立使用，要与真言诵念、禅定观想结合，构成密宗整合性的宗教行为。[1]

手纹砖在住宅中的应用恐带有道教的观念。《素问・阴阳别论》有“三阴在手”之说，其注曰:“手谓气口。”[2] 此外，还有“手本作首”之释。[3] 由于手是“气口”，能发气制物，通化阴阳，故有镇辟的神效。又由于，手本作“首”，而头亦为阳，又是一身体镇物。因此，手纹砖是以手为神物，发挥其镇辟作用，以图退辟阴气，佑护家宅。

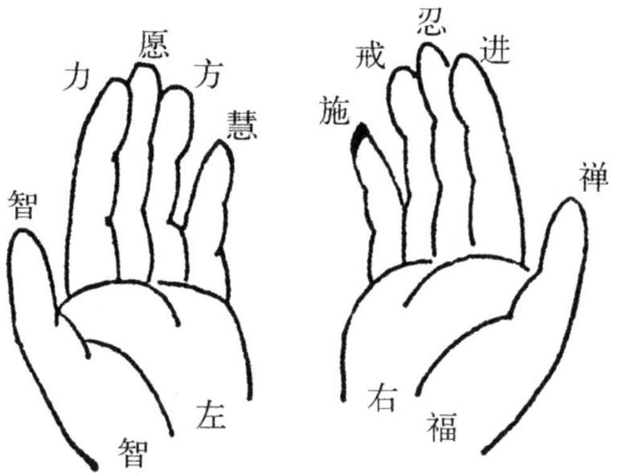

图 3–21　佛教密宗双手结契指度示意图

1　王海林 :《佛教美学》，安徽文艺出版社 1992 年，第 253 页。

2 《经籍纂诂》卷五五。

3　同上。

三、室内镇物

宅室内部也有镇物的应用，不过多在墙壁装饰和床帐装饰方面，其信仰的因素与审美的因素往往胶合在一起，巧妙地构成了宅室镇辟的又一道防线。常见的室内镇物有中堂画、年画、兵器、工具、镜匾、神像、经书、神榜、屏风、祖牌、香烛、道符、秤杆、筛子、虎枕、豹枕、稻谷、葫芦等。

中堂画 · 玄武

中堂画是农家悬于堂屋内、面对大门正壁上的一种大尺幅的图画，其题材除了山水、花鸟及吉祥图案外，亦涉及某些镇神与镇物。

可视作镇物的中堂画，就画面题材说，包括“关羽夜读”“钟馗打鬼”“天师除妖”“观音菩萨”“太公尊神”“紫微星君”“猛虎长啸”“龟蛇镇宅”等。

“关羽夜读”的中心人物关公又称“平天玉帝”“关圣帝君”“协天大帝”等，其旁有关平、周仓陪侍，关羽手捧《春秋》，周仓握执大刀，具有守夜镇护的暗示性效果。

“钟馗打鬼”与“天师除妖”比较明显地展示出镇物的性质，而观音菩萨因救苦救难、伏魔降妖，也成了俗民信仰中的镇辟之神。至于姜太公和紫微星，一个是封神之神，能破一切禁忌；另一个则是北极之神，管年岁之变，又主梁柱之兴，传说除夕来人间吃人的怪兽“年”，就被他用铁链锁在擎天柱上，故也显示出镇神的身份。

“猛虎长啸图”，取虎口食鬼的神话以威镇宅室，而“龟蛇镇宅图”的取义也同样出自有关的动物神话。

所谓“龟蛇”，即“四神”中的“玄武”，它以巨蛇缠龟的图像在“四神”中显得最为神秘（图 3–22）。何谓“玄武”？宋人洪兴祖

《楚辞补注》云：“说者曰：‘玄武谓龟蛇，位在北方故曰玄，身有鳞甲故曰武。’”

至于玄武造型的意义及何以置之北方，自古以来颇多谬说，甚至连汉代学识渊博的许慎也言之有误。他在《说文解字·十三篇下》训解“龟”字曰：“龟，旧也。……天地之性，广肩无雄，龟鳖之类，以它（蛇）为雄。”其说为龟无雄者，以雄蛇相交配，这显然是谬说奇谈。今人亦试图对之加以解释，称其为蛇氏族与龟氏族的外婚制象征，[1] 也同样谬误。玄武的文化隐义只能从兽形宇宙构造中去索解。

构成玄武的龟蛇二兽，实乃大地载体与大地的象征。其中，龟为世界的载体，在中国神话中，它同鱼、鳌等都可充作世界的支柱，具有负地撑天的神功。在神话传说中，有“龟化城”、龟支床、龟预告地陷一类的故事。此外，作为龟的变体，赑屃也有移山引水之功和驮碑负重之力，在张衡《两京赋》中就有“巨灵赑屃，高掌远迹，以流河曲”的歌赋。究其建城与移山之为，乃因龟为大地沉浮的载体，故能知土识水，并使地陷山移。

图 3-22 玄武图

1 孙作云：《敦煌画中的神怪画》，《考古》1960 年第 6 期。

古陵墓前的负碑赑屃(龟),演示了宇宙神话在文物制度中的应用。其碑头多做成圆形帽状，有云龙纹的雕凿，以象征天空；碑身记述死者生前功德，以人事表人间世界；赑屃伏于碑下，表对天地的载承及天界、人间与幽冥的上下通连。在印度中世纪神话图像中，亦见有龟蛇相缠,龟身驮负大地的宇宙构造(图 3–23),同中国神话中的“玄武”功能趋同。

玄武中的“蛇”即大地的象征。蛇土居幽避，故也被古人视作冥土的化身。在古墓中，常见有践蛇食蛇之像，寄寓着战胜幽冥、起死回生的镇辟愿望(图 3–24)。

由于玄武位在北方，主司冥界，故中堂画中的“龟蛇镇宅图”便有警示鬼魅、收镇阴祟的意义。人们在室内挂此图，具有后世以阎王驱小鬼的相近意图。

图 3–23 印度龟蛇宇宙图

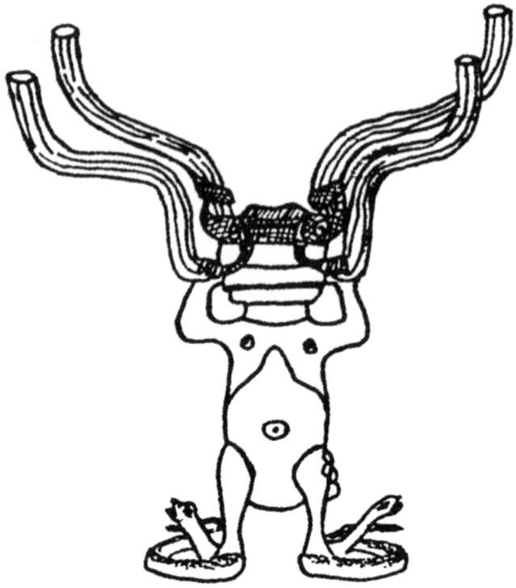

图 3-24　践蛇食蛇俑

神榜

“神榜”，是在红纸上写出祭祈的各位神名，贴于中堂正墙之上的又一宅内镇物。

著者在安徽省当涂县一吴姓的农户宅中，见到祭供如下神祖的“神榜”：

福

家神农神位
观音大士位
天地君亲师位
吴氏祖先位
正乙玄坛位

榜上居中者为“天地君亲师”位,其左为“观音大士”,其右为“吴氏祖先”，再左为“家神农神”，再右为“正乙玄坛”，榜上端贴一红纸斗方，上书“福”字。从榜上所列看，涉及天地、帝王、祖先、孔子、观音、农神、家神、财神等神灵。

“神榜”是纸马的一种替代形式,它同“百分图”或“三十六神图”等相类，是一种简约的表达方式。由于它贴挂中堂，年中不换，因此具有招神镇宅的性质。

“神榜”与“中堂画”功能相类，一个以文字为表达，一个以图像为表现，但“神榜”缺乏“中堂画”固有的艺术成分，其信仰的因素更为直露。不过，在农家往往是“神榜”与“中堂画”并用，以这种“图文并茂”的方式以祈更大的镇辟力度。

屏风

屏风是室内用以遮蔽视线和分隔空间的陈设，同时在文化观念上又有镇物的功用。后汉人李尤作有《屏风铭》曰：

> 舍则潜避，用则设张，立必端直，处必廉方。雍阏风雅，雾露是抗，奉上蔽下，不失其常。[1]

屏风使用灵活，并利于维系伦常，而受到古人的注目。

屏风的出现不晚于战国时代,《史记·孟尝君传》提及“孟尝君待客坐语，而屏风后常有侍史，主记君所与客语”事。屏风上多有装饰和图案，有的极为华丽和珍奇。梁简文帝《谢赉棋子屏风启》曰：

1 《艺文类聚》卷六九“服饰部上·屏风”。

极班马之巧，兼曹史之虑，均天台之翠壁，杂水叶之嘉名。电母之窗，惭其丽色，玻璃之扇，愧其含影。[1]

不过，屏风也并非只以华贵为追求，屏风上的图案亦常为镇物。绘有白豹的“貘屏”在唐代颇为流行，白居易在《貘屏赞序》写道：“生南方山泽中，图其形辟邪。”可见，屏风以貘的图饰而取辟邪之功。

屏风因折叠使用，可使宅气回环长养，且其形有似“S”，即太极图中阴阳抱合的曲线，象征着生化的活力。因此，屏风既有室内装饰与分隔空间的实用性，又有宅内镇护的信仰观，可归属器用镇物之列。

镇宅符

镇宅符系道教的辟邪法物，它一般贴于樑条、房门门楣、窗框及墙壁之上，以文字、图画及不可识读的勾画传导神秘的镇除之力。

镇宅符在古代多绘于桃木板上，在近代则用黄纸或红纸书画，符用朱书或墨书。

在敦煌文献伯 3358《护宅神历卷》中有一“室内符”，其符以人像、文字、图像的并用，显得十分神秘，符上并有点题的文字：“此符房舍内安，并安门傍，大吉。”（图 3–25）

在当今皖南所见的宅内道符则似文似图，不可识读，也许正是这样才更使鬼畏妖惧。

在苏南常熟乡间，民宅内所贴镇宅符样式颇多，有“安龙镇宅符”（图 3–26）、“武光上将符”等。

1 《艺文类聚》卷六九“服饰部上 · 屏风”。

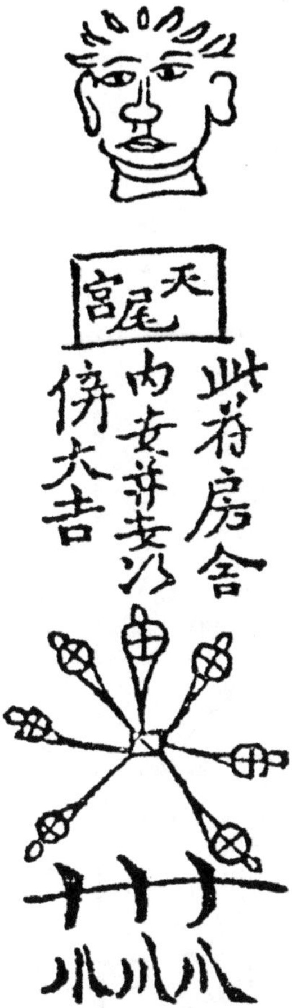

图 3-25 敦煌室内符

图 3-26 安龙镇宅符

民间还有“五岳镇宅符”之用。“五岳”，即东、南、西、北、中五方之岳，《阳宅十书·论符镇》曰 :“五岳镇宅符 : 凡人家宅不安，或凶神邪鬼作怪，此符镇之大吉。”高山是神的居所，五岳皆为石山，故有镇压之性。

道符在宅内有时同观音菩萨塑像或家堂神纸马（图 3–27）并用，反映了在镇宅信仰中的儒、释、道的融合，以及宗教观念的俗用化。

图 3–27 家堂神纸马

床镇

宅室为起居安眠之地，其床帐尤为重要。人在夜卧之时，失去防备之力，俗信易受鬼祟、阴气、物妖及梦魇的侵扰，于是人们借助镇物以排解。常见的床上镇物有宝剑、葫芦、镜子、百合、虎头枕、豹头枕、角枕、稻谷、稻草、厌胜钱、爆竹焦头、龟甲、符箓、符水、纸灰等等，构成了床镇的支系。

以罂盛水放置床头，称作“镜耗”，用以消灾。《太平御览》卷七一七引《续搜神记》曰：

> 文献曾令郭璞筮一年中吉凶。璞曰：“当有小不吉利。可取广州二大罂，盛水，置床帐二角，名曰‘镜耗’，以厌之。某时，撤罂去水。如此，其灾可消。”

此法是以水拟镜，用以消灾，其信仰基础是镜能退祟。

枕头不仅是卧具，也是镇物，如虎头枕、豹头枕、牛角枕等，都是显见的镇护之物。《广异记》中记有以枕辟退车辐怪的故事：

> 蒋惟岳，不惧鬼神，尝独卧窗下，闻有人声，岳祝云：“汝是冤魂，可入相见，若是闲鬼，无宜相惊。”于是窣然排户，而欲升其床，见岳不惧，旋立壁下，有七人焉。问其所为，立而不对，岳以枕击之，皆走出户，因走趁，没于庭中。明日掘之，得破车辐七枚，其怪遂绝。[1]

此枕当为虎头枕、牛角枕之类，才使车辐怪见而避逃。

1 蒋梓骅等：《鬼神学词典》，陕西人民出版社 1992 年，第 11 页。

如果夜寝不安，常作噩梦，人们或书“安床符”贴于床上或床脚（图3–28），或以“化吉条”贴于宅室西墙。所谓“化吉条”，即写有咒语的纸条，其咒曰：“夜梦不祥，贴在西墙，太阳一照，化为吉祥。”符咒是一种通神的法物，借助人的语言优长而发挥效用。“安床符”是以“弓”“火”为镇以“去鬼”，而“化吉条”则招引“太阳”而求逢凶化吉。

床镇还以大床上的栏板雕饰、帐罩、帐钩的构图显示出来，诸如八仙、蟾蜍、古钱、葫芦、龙凤、松鹤等。床镇作为宅室镇物的一个方面，最能展现家室的气氛。

图 3–28　安床符

肆　路道镇物

路道通往村寨、通往家宅，是人的出入之径，也是人与世界交往的纽带。路道在空间交通中作用显著，同时在观念上也联系着神鬼交通的信仰。

俗信福神、财神、运气皆缘路头而至，而鬼祟、妖魔、瘟疫等也在路道上潜行。为使路道无邪、出入平安，人们也选用种种镇物加以驱辟，或置于路旁，或置于桥头，或置于村边，或携带于身，形成镇物应用的又一领域。

第一节　清路镇物

清路镇物，即以静态的物象辟除路桥、村寨周围的各类阴害之物，以使行旅平安、安居无扰。其中，有的镇守街巷，有的护卫道口，有的镇锁桥头，有的守护村寨，大多具有把关守卡的想象功能。

一、路桥镇物

路道、桥面是交通要冲，也是镇防的重地。人们常用泰山石敢当、石将军、石婆婆、石磨盘、过街塔、石狮子、玉皇灯、路灯、爆竹、纸钱等，作为护路守桥的镇物。

石敢当

“石敢当”是民间用以护路、镇宅、守村的灵物，它由大小不等的碑材制成，其大者高可四五尺，小者仅有尺余，上刻“石敢当”三字，或“泰山石敢当”五字。“石敢当”或砌于墙中，或埋于墙脚，或立于路边，或竖于村头，一般多迎着路道、屋角、河川、沟壑及荒野。

“石敢当”的信仰流布甚广，在中国东南沿海数省尤为繁盛。在南京远郊高淳县宋村，至今仍见有各种尺度的“泰山石敢当”多块，一般上端浮雕虎头，其下刻为八卦，八卦下端则镌出“泰山石敢当”五个点题的大字。碑上的虎头往往龇牙吐舌，显得狰狞凶悍。

“石敢当”兴于何时，首出何地，已颇难定论，其启用当不晚于唐代。据清人曾廷枚《古谚闲谭·莆田石记》载：

> 庆历中，张纬宰莆田。得一石，其文云：“石敢当，镇百鬼，压灾殃，官吏福，百姓康，风教盛，礼乐昌。”后有大历五年县令郑押字记。今人家用碑石，书曰“石敢当”三字，镇于门，亦此风也。[1]

1 〔清〕杜文澜：《古谣谚》卷九九附一四。

此石为唐大历四年之物，[1] 可见，“石敢当”可能在唐代已见流传，其功用为“镇百鬼”。

至于“敢当”之义，唐人颜师古注汉史游《急就章》“师猛虎，石敢当，所不侵，龙未央”句云：“敢当，所向无敌也。”由于其“所向无敌”，故又有“石将军”或“石敢当将军”之称。

“石敢当”多流布于江南吴地及东南沿海一带。宋人施清臣《继古丛编》曰：“吴民庐舍，遇街衢直冲，必设石人，或植片石，镌‘石敢当’以镇之。”

在宋代吴地，“石敢当”已成为护卫“街衢”的镇物。从考古实物看，现存最早的“石敢当”碑是在福建省福州市郊高湖乡江边村发现的，它高约 80 厘米，宽 53 厘米，其上横书“石敢当”三字，其下直书文字为：“奉佛弟子林进晖，时维绍兴载，命工砌路一条，求资考妣升天界。”“绍兴”是南宋高宗赵构在公元 1131 年启用的年号，从文中“砌路”两字可察知，立此碑石的功利在于镇路。从文献与实物的资料可知，在宋或宋前“石敢当”已在东南沿海成为民间镇物。

“石敢当”不仅有文字点示的，也有刻作人形的，且身披甲胄，被称作“石将军”。元人陶宗仪《辍耕录》卷一七曰：“今人家正门，适当巷陌桥道之冲，则立一小石将军，或植一小石碑，镌其上曰‘石敢当’，以厌禳之。”

“石将军”与“石敢当”形异质同，或者说，“石将军”是后人企图以人格化的方式对“石敢当”作出的“合理”改造。

“石敢当”的信仰早已流布域外，在日本、韩国等地亦见俗用。在韩国既有“天下大将军，地下女将军”的木牌立于道口或村边，也有小石将军雕像置于道旁，用以镇路。

至于“石敢当”之所以冠以“泰山”之名，乃因泰山是中国古代

1　兴化府《莆田县志》卷三五“杂事”。

信仰中的又一“鬼府”,而泰山神东岳大帝为主宰阴曹地府的冥主,“石敢当”之用又专为镇鬼逐祟，故借“泰山”而更显神威。

石婆婆

“石婆婆”也是民间镇辟路道的石神，其像白面长脸，绿衣乌发，发披双肩，双手持斧于胸前，蛾眉凤眼，表情肃穆。“石婆婆”的尺度不大，其圆雕石像一般仅高约 2 尺 (图 4–1)。

“石婆婆”像多置于路口，且其面北向。在江苏省高淳县双塔乡陀头村，在朝北的村道上仍见有石婆婆庙一间，其庙甚小，规模竟不及土地庙之半，且多不设祭，亦少见香火。村人说，“石婆婆”是姜子牙的妻子，为风神，其面对北方乃专管北风。在当地人看来，石婆婆还是一位专治风湿病的女神，她面对路道，是欲挡住北风，使村人免遭风寒。

“石婆婆”起于何时，也颇难考定。其由起，可能与石将军相关。也许，她曾作为石将军的陪祀或配偶而同置于路旁；或许，她就是舟人敬祭的孟婆神，以祈水路平安。从她双手执斧，神情肃穆可知，其本为镇杀护路之神。

至于“石婆婆”能治风湿病之说,也同石敢当能医病的信仰谐同。《茶香室丛钞》卷一〇曰：

> 国朝王渔洋山人《夫子亭杂录》云：齐鲁之俗，多于村落巷口立石，刻“泰山石敢当”五字，云能暮夜至人家医病。北人谓医士为大夫，因又名之曰“石大夫”。

“石敢当”能医病，而“石婆婆”在当今村民信仰中亦能治病，可见他们功能相同，神性一致。

“石婆婆”作为女性神，可能是石敢当将军的异变，是其神像人格化后的衍生物。“石婆婆”的出现扩大了石神的性别形态及其功能范围，但仍保有清路护道的基本性质。

图 4-1　护路医病的石婆婆

磨盘

磨盘在当今的乡村风俗中，仍是护路守道的镇物，在长江下游的苏中地区和苏南地区尤为多见。

磨盘一般由沙石或青石刻凿而成，本是加工豆类的磨碾工具。用作镇路的石磨多为废旧的磨盘，或雕成磨盘状的石块。

在苏南水乡有以磨盘镇水鬼的俗信，若屋前小道临近河塘水渠，则置磨盘以镇辟。作为镇物的磨盘，或半埋于路边，或平铺路面，或砌于临路的宅墙中。在苏中地区，磨盘也被看作辟退野鬼的镇物立于路旁或铺在路中。

有的用以辟鬼镇路的磨盘被作过特别的雕凿，或刻成两眼圆睁、大口开张的凶神之像，以怒视鬼祟，逼其退避，或刻作八卦图纹，借道法以驱邪护路。前者多立放，砌入墙面，以面对路道；后者多平卧，铺放路面，或置于沟上。

磨盘作为镇物，首先在于它的质料为石材，石为阳精，石能镇辟的观念是其俗用的基础。此外，在实用中，磨盘是颇具威力的加工工具，能把豆子磨成豆浆和豆渣，同时在信仰中，磨子又是地狱中惩治生前作恶亡灵的刑具，因此被民间选作清路的镇物。

磨盘与石敢当、石婆婆间虽有信仰的联系，但毕竟形态不同，可视为独作一种的石制镇物。

桥梁

桥梁作为河上的津梁，是跨越水上的通道，也是一种特殊的人造镇物。

民间流传有多则鬼畏桥梁、遇桥而不得过的故事，透露出桥有镇辟功能信仰观的潜在影响。

清袁枚《子不语》卷一载有一则“骷髅报仇”的故事：

> 常熟孙君寿，性狞恶，好慢神虐鬼。与人游山，胀如厕。戏取荒冢骷髅，蹲踞之，令吞其粪，曰：“汝食佳乎？”骷髅张口曰：“佳。”君寿大骇急走，骷髅随之，滚地如车轮然。君寿至桥，骷髅不得上……

骷髅鬼虽“滚地如车轮”，却至桥“不得上”，倒并非物理学上的重力因素，而是潜含着鬼畏桥梁的信仰观。

1987年在江苏省西南部与安徽省交界的丹湖乡，曾搜集到一则《张屠夫捉鬼》的故事，也包含鬼畏桥梁的情节。故事叙述张屠夫回家途中与鬼的遭遇：

走到村口，已经黄昏。村口有一座桥，桥边蹲着个妇女。

那妇女见有人过来，就连忙站起来说："大哥，背我过一下桥，好吗？我想到村上看戏，不敢过桥。"

张屠夫心想：这桥并不太窄，这妇女怎么这样胆小？再一看，只见她两只绿幽幽的眼睛烁亮烁亮，面色蜡黄，心中明白，原来是个鬼。听说，鬼是不敢过桥的。

那鬼再三央求，张屠夫仗着身上带着刮刀和斧子，也不甚怕她，就答应了。

他把鬼反扣了，走到桥中央，停下问："我知道你是鬼，你要告诉我到村上干什么，我就带你过去。"

那鬼不吭声。

张屠夫又说："你若不说，我就把你扔在这桥中间，叫你上不得下不得。"[1]

张屠夫之所以如此胆壮，倒不是刀斧在身，主要是摸透了鬼的弱点，倚仗了桥梁的镇辟之力。

鬼何以畏惧桥梁呢？原因一定不少，但最主要的是桥为沟通两界的路道，从此岸通往彼岸，桥作为人间与冥界连接的象征，会把鬼祟送归其幽禁的冥地。同时，桥梁使鬼祟回想起初亡时途经"奈河桥"的恐怖图景，而心有余悸。此外，桥多为石造，其柱头雕有蹲狮，其桥孔两边雕有虮夏兽头，均为辟鬼之物。在俗信中，桥梁有桥神守护，民间纸马上的"桥栏之神"手执太极牙旗，显露出镇辟的主旨（图 4-2）。因此，桥梁集合着多路文化信息，对鬼祟产生了多重的震慑作用，成为一种特殊而奇奥的扼守路道的大型镇物。

1 《中国民间文学集成 · 高淳县》（资料本），1989 年编印，第 225–226 页。

图 4-2 桥栏之神（民间纸马）

路灯

古时街巷没有常设的照明路灯，但逢到一定的期日，也偶见沿路放灯的风俗，既为节日之庆，又为辟鬼镇路。

在四川省川西一带，每年正月初八、初九日，当地人便在街头、路口竖以二丈高的灯竿，竿上横悬三十三盏灯，俗称“玉皇灯”。自点灯的当晚起，人们便以香烛、酒肉去供奉守灯的“鬼王”。俗说“鬼王”奉玉皇之命司灯管鬼，有灯竿在，“鬼王”便不走，众鬼就不敢在路道上乱窜，更不能作祟，于是就不会有难产、投水一类的祸事发生。[1]

1　叶大兵等：《中国风俗辞典》，上海辞书出版社 1990 年，第 739 页。

在东北地区，则有元宵节“撒路灯”的风俗。一般村众相约集，敛棉花籽数十斤，碾而碎之，和以油，掺以香屑，纳于釜中，做成灯盏。正月十四至十六夜，这些灯盏沿路按家分布，置灯者唱“通俗吉利”歌词，迎灯者列炬放炮。撒路灯的队列中有各种装扮，有“系红战裙，腰挎腰刀，手执绳甩”的“鞑子官”；有“穿彩衣，践朱履，发戴牛角纂，耳挂红椒坠，手持笤篱”的“老迈婆”。[1]

从以上描述看，火炬、鞭炮、祝咒、红裙、腰刀、朱履、牛角纂、红椒坠、笤篱等均为镇物，这一“撒灯”的仪仗实际上同傩仪相类，以逐鬼为主旨。“路灯”作为这一仪式的中心，也主要体现为清路镇宅的禳辟功用。灯以火亮，灯亮似星，这是路灯作为镇物的俗信前提。

二、村寨镇物

为保一方安宁，民间又将镇物用于村寨的镇护，或直接以物为镇，或借庙神为镇，或以村庄的平面构图为镇。在此类“镇物”中，有八阵图村、八卦围楼、八卦杉群、牛形村、船形村、五猖庙、土地庙、寨桩、敖包等。

八阵图村

位于浙江省的诸葛村，被称作诸葛亮八阵图的“遗迹”。据近年的《钱江晚报》报道，诸葛亮曾于彝陵鱼腹浦布下石阵，分“休”“生”“伤”“杜”“景”“死”“惊”“开”八门，吓退了陆逊的数万精兵。而现今的诸葛村平面布局，正与八阵图相合。

1　丁世良等：《中国地方志民俗资料汇编》（东北卷），书目文献出版社 1989 年，第 243 页。

诸葛村古名“高隆岗”，地形如锅，中间低平，四周高起，中心处为一口池塘，名为“天池”，四周建有“大公堂”“学倍堂”及民居数十座。几条小巷呈放射状从天池向外辐射，其布局有如蛛网。从《诸葛氏宗谱》上所绘制的“诸葛村地舆图”看，其村落布局呈九宫八卦形，与“八阵图”暗合。

诸葛村的这种布局无疑是出于对风水的考虑，也是一种设镇的手段，它以整个村落合成一硕大的镇物，以求村居太平。

在粤北山区翁源县，发现一客家民居——八卦围楼，即江尾镇葸岭管理区的葸茅围。该围系明弘治年间建筑，按“乾”“坤”“震”“巽”“离”“坎”“艮”“兑”八卦方阵的图形建造。葸茅围规模宏大，开有“乾”“坤”“巽”“艮”四门，围中内分七十四条街巷，联结着1650间泥砖结构的瓦房。围中居民为张姓，相传为唐人张九龄之后裔。[1]

葸茅围形取八卦，意在追求护村镇围的禳辟神力。八卦图在建筑平面的仿用并非孤立的现象，既见用于阳宅，也见用于阴地。

在江西省婺源县文公山发现朱熹所植的二十四株杉树，其平面图亦呈“八卦”形。该山距县城30公里，山腰有朱熹第四世祖朱惟甫妻程氏之墓。据载,朱熹很重此山,宋淳熙三年春,他自福建回乡扫墓,曾在墓地四周方圆一公里的山坡上种下杉树二十四棵，以寓“二十四孝”之义。至于树群形如八卦，显然是构建护卫的镇物，以服务于禳除的愿望。

八阵图村、八卦围楼等，其本身就有镇物的性质，成为村寨镇护中最具心智的一种文化现象。

---

1 《扬子晚报》1995年8月30日第4版。

牛形村

坐落在皖南黟县县城东北 10 公里的宏村，是一个奇妙的牛形村落。

宏村初建于 12 世纪初，到 15 世纪经风水先生何可达的勘察，认为宏村的风水形势如同卧牛，从此开始了依牛形建村落的规划。

在当地素有“依山造屋，傍水结村”的传统，还产生了依山形判吉凶的风水观，有“山厚人肥，山瘦人饥，山清人秀，山浊人迷，山驻人宁，山走人离，山勇人勇，山缩人痴，山顺人孝，山逆人亏”的说法。古代《风水经》中则有“气乘风则散,界水则止”之论,[1] 因此，依山的宏村在建造中首先是从理水开始的。

明永乐年间，宏村人先将一天然泉水掘为半月形的“月塘”，作为“牛胃”,然后再开凿一道 400 余米长的水圳,作为“牛肠”。“牛肠”从村西河中引西流之水，南转东出，形成九曲十八弯，贯穿“牛胃”。此后，又在村西虞山溪上架起四座木桥，作为“牛脚”。这样，宏村便形成了“山为牛头，树为角，屋为牛身，桥为脚”的牛形村落。该村汪氏人家的宅居全围绕“牛胃”和“牛肠”来建造,逐渐把“牛胃”裹进了“牛身”中。为使“内阳水”与外阳水相通，明万历年间宏村人又在村南将百亩良田挖成了“南湖”，形成了又一个“牛胃”。[2]

宏村之建为牛形，是出于风水观的一种镇辟手段，牛为镇物的观念、牛能辟鬼的信仰在农耕社会，特别是稻作区曾广为承传。牛形村落乃出于整体设镇的构想，即把整个村落由单一的居住空间改造成象征的镇物，从而得到村安民乐的满足。

---

1 《古今图书集成》“博物录编·艺术典·堪舆部”卷六六五引郭璞《古本葬经·内篇》。

2 余志淮 :《桃花源里人家》，黄山书社 1993 年，第 64–65 页。

五猖庙

在苏皖南部及浙江地区，旧时多有高不逾三四尺的矮小庙宇，立于路边或村头，以作为辟退阴邪、护佑一方的镇物。这个小庙，俗称为“五猖庙”。

五猖庙中供奉着“五猖神”。“五猖神”又称作“五通神”“五郎神”“五鬼”“五圣”“五显灵公”等，由于他们是乘厄作祟、阴窃财物、火烧人屋、好淫妇女，以妖幻邪术猖狂横恣的妖邪之神，故称作“五猖神”。

“五猖神”不是正神，故其庙矮小，庙堂狼藉，人们对之既敬畏，又厌恶。《光绪归安县志》卷一二载：“湖俗淫祀，最信五圣。姓氏原委，俱无可考。但传其神好矮屋，高广不逾三四尺。而五圣夫妇将佐，间以僧道共处。或塑像，或绘像，凡委巷空园及屋檐之上，大树之下，多建祀之。”

清人洪亮吉《蜡祭失正淫祀也，俗尚五通神以为蜡》诗曰：

迎神幡，不须长，高插烛，低插香。
神居矮屋临水旁，有时鸡来啄周遭，
犬来坐堂皇，儿童掷砖高过墙……

人们不难感受其中的讥嘲情调。

五通神的信仰大约在唐代已经形成。计有功《唐诗纪事》卷六六载郑愚《大沩虚佑师铭》云：“牛阿旁，鬼五通，专觑捕，见西东。”可见，“五通”在唐时已被视作鬼祟之属。

“五通”有说是五个作恶多端的邪鬼，又有说乃一鬼之名，还有说是求封的阵亡士卒，甚至有称其为骚扰东南沿海的倭寇，此外，另有“深山老魅、山萧（魈）木客”之说。[1]但不论是人化的邪鬼，还

---

1 陆粲：《庚巳编》卷五。

是物化的妖魅，“五通神”总作为凶神恶鬼而受庙祀。

有关猖虐的五通神之丑行，在古籍中俯拾即是。明人陆粲《庚巳编》卷五“说妖”曰：

> 吴俗所奉妖神，号曰五圣，又曰五显灵公，乡村中呼为“五郎神”……魅多乘人衰厄时作祟，所至移床坏户，阴窃财物，至能出火烧人屋。性又好淫妇女，涉邪及当夭者多遭之，皆昏仆如醉……

该篇并列举十一实例，以记述这一邪神的妖事。

当今在苏皖南部的某些乡村中仍见有五猖庙，其小庙中雕塑着五个脸面分别为红、黄、蓝、白、黑的神像，他们手执兵器，满脸杀机，狰狞丑恶。传说，农历八月十四日是五通神诞日，旧有为其祝寿的“五猖会”，是日人们或到五猖庙前杀鸡敬酒，用鸡毛蘸血，粘贴庙门，或供奉“五通神”“五鬼”纸马（图 4–3），以祈除殃。

五猖庙多建于入村的道口，由村民集资修建，人们有以恶制恶之

图 4–3　“五鬼”（台南纸马）

信，希望以庙祀换取护佑，保得全村平安。从这一心态说，五猖庙已成为观念中的护村镇物。

土地庙

土地庙是乡村中最为常见的一种民间小庙，它或建巷口，或建村边，或立田间，在一些民间信仰兴盛的地区几乎村村有之。乡人除春秋社日及二月二土地诞日致祭，凡遇疾疫、灾祸、婚嫁、添丁、丧葬者，亦往告祭，土地庙也成了护佑一方的镇物。

土地庙中所供奉之神为“土地正神”（图 4-4），又称“福德正神”，民间多呼为“土地公公”“土地老爷”。其像多白须白发，乌帽皂靴，相端面正，慈眉善目，有的庙中还配有老妇人，俗呼“土地奶奶”。

土地神的崇拜是古代社祭的嬗变，浸透着乡人亲土祈谷的重农情感，以及排患解厄的禳镇愿望。社，乃封土为之，作为土地的象征而成为报求的对象。《风俗通义·祀典》引《孝经》曰：“社者，土地之主。土地广博，不可偏敬，故封土以为社而祀之，报功也。”

旧制二十五家为一社，民间有十家、五家共为田社的，称作“私社”。对社神的祭奉，特别是大量的“私社”的出现，成为社坛向土地庙过渡的契机，到唐宋间，土地庙已颇盛行。

各地土地庙所祀之“土地老爷”来源不一，中古以后，其神大多与土地无涉，为民间推崇的杰出人鬼。

清人黄斐默《集说诠真》曰：

> 今之土地祠，几遍城乡镇市。其中塑像，或如鹤发鸡皮之老叟，或如苍髯赤面之武夫。问其所塑为谁，有答以不知

> 为何许人者，有答以已故之正人某者，姓张姓李，或老或壮，言人人殊，但俱称为“土地公公”。

由于来源不清，所祭也不很虔敬。土地庙一般为单间无门的敞开式低矮小屋，其像或为木石雕成，或彩画庙壁，亦见有置一木质神牌者。在农耕社会中，土地庙主要是农民情感的寄托，包含着对丰收的盼求，同时也将它视作村落的守护神。尽管土地神只是村野小神，但俗信能监察、抵御一般小鬼细魅，且其熟悉本地村户与路道，故有一定的镇护能力。土地庙作为镇物，这是在农事追求外的功能发展，也是一种信仰性的社群文化现象。

与土地庙相类，城隍庙、关帝庙、二郎庙等，也以正神为祭，他们或管一方阴曹，或为忠义的勇将和天神，故可驱辟邪祟，镇地守方，成为一定区域内的镇神。

图 4-4 土地正神（民间纸马）

敖包

“敖包”又称“鄂博”，是蒙古族、达斡尔族、鄂伦春族、锡伯族等草原民族用土、石块、树木垒成的塔堆式的建筑。其中，蒙古族的敖包最为著名。

敖包一般建在路边、隘口或村界处，并作为守护神的象征。敖包有单个的，也有成群的，有七敖包、十三敖包等，每年农历五月十三日或六月二十四日是蒙古族集中祭敖包的传统祀日。

敖包的台基分作三层，内放铠胄、武器、衣服、各种食物、食器、绢绸、药物等。冢上植树或插树枝丛，冢前祭竿上系天马经幡，并立旗纛，上系诸色马鬃或布条。敖包的每层都有附属品或装饰品，如各种野兽或鸟的画像，写着祈祷文的石块和树叶等。在“天马经幡”图中，除了天马外，还有经文、龙蛇等动物纹饰和八卦图。敖包底部埋有兽骨或五谷杂粮，敖包内设佛像或白老翁像，都被称作“松”，即“灵主”或“核心”之意。[1]

敖包因其功用与位置有祭祀、路标、分界的人为划分，[2]但其主要的功能则是作为信仰活动的中心，涉及高山崇拜、巨石崇拜、树神崇拜等方面。敖包的祭祀源于原始的自然崇拜，起初与萨满教密切相关，后来受喇嘛教的影响，但在其祭天、祭地、祭祖等仪式中仍留有萨满教的成分。

敖包神作为蒙古萨满神之一，是氏族部落的最高保护神，祭祀敖包乃为驱邪消灾，除恶避瘟。[3]敖包祭祀的主要对象是腾格里天神、龙神、八类地神和水神。睿智喇嘛说：

1　鲍音：《敖包述略》，载《北方民族文化》1991 年增刊。

2　波·少布：《嫩江流域蒙古敖包考述》，载《黑龙江民族丛刊》1990 年第 4 期。

3　鲍音：《敖包述略》，载《北方民族文化》1991 年增刊。

> 在我们地区，建起了许多鄂博作为路标和圣址，腾格里天神、龙神和八类地神、水神都居住在那里，它们可以向我们提供庇护、保佑、援助和守护神。[1]

由于敖包祭祀是全村落参与，且建在村界处，因此它具有迎神护村的镇辟作用。

从敖包里外所置的物品看，冢上的树木为宇宙树的象征，而冢内的武器、铠胄，冢旁的弓、矢、枪、剑，冢前的天马经幡，冢上的石块，敖包底面所埋的兽骨、五谷，敖包内放置的佛像等，无一不是辟邪的镇物。敖包实际上也是多镇物的并用,其主旨在于对部落居地的镇护。

由于敖包有着广阔的流传地域，叠积着自然宗教与人为宗教，且为多民族共有的文化现象，因此，它比起景颇族人以木桩守寨门和哈尼族人在寨门横梁上悬木刀等镇寨法物，更具文化内涵，也更有探究的难度。尽管对敖包文化尚需作进一步的认识，但其作为部落的护神与镇物则已是毫无疑义的了。

第二节 行旅镇物

行旅，即离家外出，是人类生产、生活必不可免的空间活动。不论是日行，还是夜行；是步行、车行，抑或是舟行，人们总会遇到困顿、危险或灾祸，为使来去平安，于是便出现了一些驱辟的镇物和法术，形成了又一类禳镇体系。

---

1 马昌仪、刘锡诚：《石与石神》，学苑出版社 1994 年，第 130 页。

一、陆行镇物

陆行镇物包括行路、入山、夜步、乘车等地上的旅行，其镇物涉及符咒、佩饰、装饰、动物、植物、经籍、器用及相关神祇，其物象、意象与事象均不乏神秘的色彩，需要以文化的探究去揭示。

入山符镇

古时入山有诸多危险，不仅有虎狼、蛇虫之害，还有瘴气、瘟疫之扰，此外，尚有种种想象的山精树怪和各种物魅人鬼，于是便借助符镇、咒语及各类方术以求驱辟。

入山有“禹步”法，并手执青龙上草，须“折半置逢星下，历明堂入太阳中”，然后作“禹步”前行，并念咒语道：

> 诺皋大阴，将军独闻，曾孙王甲，勿并外人；使人见甲者，以为束薪；不见甲者，以为非人。

念完后，将所持之草折而置于地，左手取土以“传鼻人中，右手持草自蔽，左手著前，禹步而行，到六癸下，闭气而住”。这样，就能退避百邪。所谓“禹步”，是道士作法的步式，它先出右足，左足跟平，再出右足，左足再跟平，据说可以辟邪得安。[1]

“黄神越章印”也是一种道教的入山符镇，据称能避虎狼，杀鬼魅。晋人葛洪《抱朴子·杂应》曰：

> 古之人入山者，皆佩黄神越章之印，其广四寸，其字

1　郑晓江主编：《中国辟邪文化大观》，花城出版社 1994 年，第 554 页。

> 一百二十，以封泥著所住之四方各百步，则虎狼不敢近其内也。行见新虎迹，以印顺印之，虎即去；以印逆印之，虎即还；带此印以行山林，亦不畏虎狼也。不但只辟虎狼，若有山川社庙、血食恶神能作福祸者，以印封泥，断其道路，则不复能神矣。昔石头水有鼋，常在一深潭中，人因名此潭为鼋潭。此物能作鬼魅，行病于人，吴有道士戴昺者，偶视之，以越章封泥作数百封，乘舟以此封泥遍掷潭中，良久，有大鼋径长丈余，浮出不敢动，乃格煞之，而病者并愈也。

《抱朴子》的“入山符”种类繁多，均以虎狼、百鬼为镇辟的对象（图4-5）。此外，直径九寸以上的明镜也是道士入山的镇物。《抱朴子》曰：

> 万物之老者，其精悉能记人形惑人，惟不能易镜中真形，故道士入山，以明镜径九寸以上者背之，则邪魅不敢近，自见其形，必反却走转。镜对之，视有踵者，山神；无踵者，老魅也。

“照妖镜”的神力在于使妖鬼显其真形不得魅人，除了山行，它在民间风俗中也广为应用。

图4-5 抱朴子入山符

据说，“向虫”也是山行镇物。清人王士禛《香祖笔记》卷一曰：“山行虑迷，握向虫一枚于手中，则不迷，见《物类相感志》。”“向虫”究竟为何，已颇难定说，显然并非因其能指路导向，而是一种观念的免除迷途的镇物。

虎肉也是一种山行的镇物，食之能驱虎逐魅。元代忽思慧《饮膳正要·兽品》载：“虎肉味醎酸平，无毒，主恶心欲呕，益气力。食之入山，虎见则畏，辟三十六种魅。”这是以虎退虎、以虎逐魅，构成一种奇特的饮食类入山镇物。

伴随着入山符镇，还有咒语、呼语等神秘的语言应用。例如，“六甲秘祝”也是一种入山咒语。据《抱朴子·登涉》所载，此咒凡九字，即“临兵斗者，皆阵列前行”。它被称作“无所不辟”“要道不烦”。至于一些山精物怪，人们若知其名，可呼之，它们也就不能为害了。[1]精怪的名称被喊出，相当于其真形在镜中显出一样，表示已被识破，其技已穷，故难作祟。

入山符镇在镇物体系中是一个不小的支系，反映了古时山行的艰难，以及人们把平安无祸认作行旅的第一要务。

甲马

甲马属迎神纸马或神像类咒符之一种，它曾流布于中国的广大地域，在当今的云南省和江苏省仍偶或见之。

有人提出“甲马、纸马，不可混称”，并说“甲马”有两种，即“顺甲马”和“倒甲马”：画面上的人在马之后者，谓“顺甲马”；马在人之后者，谓“倒甲马”。[2]其实，这种说法值得商榷，因为即便是在云

1 《抱朴子·内篇》卷一七。

2 高金龙：《简论云南纸马》，载《中国民间工艺》1988 年 12 月第 6 期。

南省，还见有画面上只有马没有人的，迎请神祇的“追赶甲马”，以及人骑马上，无所谓孰先孰后的“精神甲马”（图 4–6）。

“甲马”与“纸马”都是迎神送神的祭焚之物，其名也常常混称。清人虞兆隆《天香楼偶得 · 马字寓用》曰：“俗于纸上画神佛像，涂以红黄彩色而祭赛之，毕即焚化，谓之甲马。以此纸为神佛之所凭依，似乎马也。”可见，在清代，画有神佛之像的“纸马”也称“甲马”。

“甲马”除了用以祭焚以迎神送神之外，也用于行旅之中。海上的舟人每遇风涛，亦见焚祭甲马者。清袁枚《续子不语》卷一“天后”条载：

> 林远峰曰：天后圣母，余二十八世姑祖母也。……海洋舟中，必虔奉之，遇风涛不测，呼之则应。有甲马三：一画冕旒秉圭，一画常服，一画披发跣足仗剑而立。每遇危急，焚冕旒者则应，焚常服者则无不应，若焚至披发杖剑之幅犹不应，则舟不可救矣。

“甲马”不仅用于免除路途凶殃，也用于助人神行。施耐庵、罗贯中《水浒传》第四十四回“锦豹子小径逢戴宗，病关索长街遇石秀”的故事，记述了“日行八百里路”的神行太保用“甲马”作法事：

> 戴宗收了甲马，两个缓缓而行，到晚就投村店歇了。杨林置酒请戴宗，戴宗道：“我使神行法，不敢食荤。”两个只买些素饭相待。过了一夜，次日早起打火吃了早饭，收拾动身。杨林便问道：“兄长使神行法走路，小弟如何走得上？只怕同行不得。”戴宗笑道：“我的神行法也带得人同走。我把两个甲马拴在你腿上，作起法来，也和我一般走得快，要行便行，要住便住。不然，你如何赶得我走！”杨林道：

> “只恐小弟是凡胎浊骨的人，比不得兄长神体。”戴宗道：“不妨。是我的这法，诸人都带得，作用了时，和我一般行。只是我自吃素，并无妨碍。”当时取了两个甲马，替杨林缚在腿上，戴宗也只缚了两个。作用了神行法，吹口气在上面，两个轻轻地走了去，要紧要慢，都随戴宗行。两个于路闲说些江湖上的事，虽只见缓缓而行，正不知走了多少路。[1]

从《水浒传》的上述描写可知，“甲马”为用于行路的法物，并不在乎使用者是“神体”，还是“凡胎”，戴宗有赖于它而日行八百里，杨林有了它也一样神行。按照巫术信仰，“甲马”缚在腿上，人也成了神“马”，脚步虽说轻缓，却已疾走如飞了。《水浒传》是以“甲马”解说戴宗的“神行法”，这一描写可能出于对时人行旅风俗的附会。

“甲马”作为招神之符，用以护身，既祛除长途跋涉的腿疲脚乏，又驱辟路道上的各类邪鬼妖魅。古时地广人稀，远行者难免不经过荒冢野径，胆壮脚健是行路的“本钱”，而“甲马”正是在精神上成了一种心理支撑，在功用上成为一种观念的行旅镇物。

图 4-6　甲马

1　李灵年校点：《水浒传》，江苏古籍出版社 1989 年，第 486 页。

行神

旧时，远行的商旅在行前要祭祀行神（图 4-7），以求旅途平安。对行神的祀奉属于“吉礼”，其祭供有一定的制度。

据清代《武进阳湖县志》卷一载：

> 其吉礼，祀行神曰“路头”，土神曰“宅神”，皆果盘三，蔬盘三，豕肉一，鸡一，鱼一，烛灯二，香炉一，楮一，帛一，锭一，汤一，饭一。行神酒盏六，箸六。

可见，对行神的祭祀在礼俗中有一定的规模，反映了人们对行旅的重视。

“行神”究竟是谁呢？有说是“累祖”，《古今事物考》卷八曰：“黄帝之子累祖，好远游，而死于道，故后人祭以为行神也。祖祭因飨饮

图 4-7　行神

也。”[1] 累祖“好远游，而死于道”，可谓与路道结下了不解之缘，充作“行神”，当不费解。至于“黄帝之子”的身份，本来就介于神、人之间，自可以其神能护路佑旅。

有说“行神”为共工之子“修”，《风俗通义·祀典》载：

> 谨案：《礼传》：“共工之子曰修，好远游，舟车所至，足迹所达，靡不穷览，故祀以为祖神。”祖者，徂也。《诗》云：“韩侯出祖，清酒百壶。”《左氏传》：“襄公将适楚，梦周公祖而遣之。”是其事也。
>
> 王利器校注《五经要义》曰：“祖道，行祭，为道路祈也。”[2]

不论是“修”，还是“累祖”，都作为“行神”被祭祀过，也都与一个传说神有血缘联系。

其实，对行神的祭祀早在先秦已进入祀典。《礼记·祭法》曰：

> 王为群姓立七祀，曰司命，曰中溜，曰国门，曰国行，曰泰厉，曰户，曰灶。诸侯为国立五祀，曰司命，曰中溜，曰国门，曰国行，曰公厉。大夫立三祀，曰族厉，曰门，曰行。适士立二祀，曰门，曰行。

郑注：“行主道路行作。使者出，释币于行；归，释币于门。今时民家或春秋祠司命、行神。”孔疏：“国行者，谓行神在国门外之西。”[3]

1　王三聘：《古今事物考》，上海书店 1987 年影印版，第 158 页。

2　宗力等：《中国民间诸神》，河北人民出版社 1987 年，第 265 页。

3　同上。

行神是一个较早进入中国礼俗的大神，从王侯到士庶，莫不祀之，反映了行旅、交通对人类生存的重要。行神虽是人的文化创造，但其在心理发动方面仍有着一定的作用，它在行旅活动中强化了祈禳气氛，显示出护神与镇神的身份。

佩物

人们在旅途中，常以各类的佩饰作为镇辟的护物，以保行旅平安。

充作行旅镇物的佩饰很多，其中不乏怪异物事。据南裔《异物志》载："蚺蛇牙长六七寸，土人尤重之，云辟不祥，利远行。卖一枚，值牛数头。"[1]"蚺蛇"即大蟒，其牙能"辟不祥，利远行"，可见曾是岭南人的行旅镇物。其用法虽没提及，但可判断，当为贴身的佩物。由于兽牙多被用作镇物，而蛇行如飞，因此，蛇牙用于行旅似合其巫术的逻辑。

在旧时的常州一带，人们有出门行路随身带《周易》的风俗，《清稗类钞》中有"男妇老幼，无论识字不识字，每出，咸挟一册以自随"之载。《周易》为卦书，而卦象是驱邪的符号，故《周易》便成了辟除路鬼的行旅镇物。

在敦煌地区，古有带"衣领符"的行路镇辟风俗，其符上附文曰："此符行人通达，朱书衣领，天幡（翻）地覆，雀鬼迷惑，辰曰：书雀主克。"（图 4–8）显然，这一符佩主要为行人所用，并留有道教的印迹。

在西藏珞巴族苏龙部落人中，当母亲背婴幼儿外出时，要用蓑衣包裹孩子，并在蓑衣上插几枝称作"达宁"的竹枝。他们认为"达宁"竹叶有火，小孩受火的佑护，使鬼看不见而不能加害。[2]这蓑衣和"达

1 朱梅叔：《埋忧集》，岳麓书社 1985 年，第 228–229 页。

2 叶明鉴：《中国护身符》，花城出版社 1993 年，第 273 页。

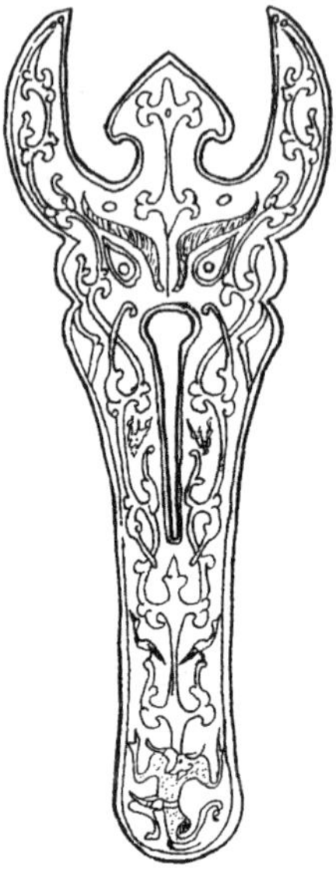

图 4-8　敦煌衣领符

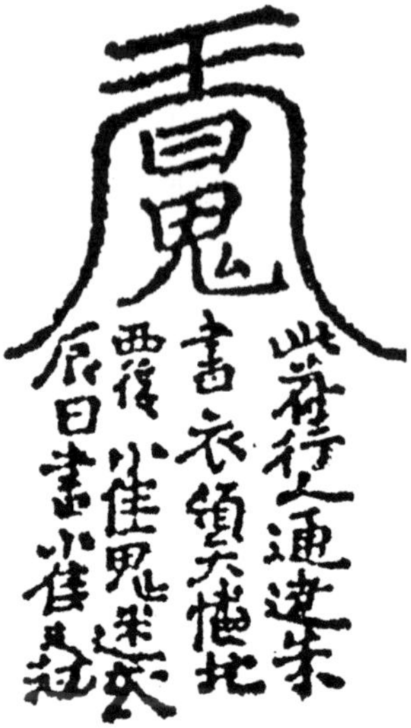

图 4-9　西汉鎏金银铜当卢

宁”就是他们的行旅镇物。

西汉时期的马头饰件——鎏金银铜当卢，有做成牛头形者，亦为镇路的佩饰（图 4-9）。当卢之“卢”也做“颅”，装饰马的额鼻间。北周王褒《日出东南隅行》中有“高箱照云母，壮马饰当颅”句，“壮马”配上“当颅”，当更利于行路。

牛头当卢的文化意义不在其动物装饰的活泼形式，而在牛本身就是信仰中的辟鬼镇物。在农村，有走夜路牵牛可避鬼祟的俗信，如同提雄鸡、打灯笼一样。在宋元之际的辟邪铜镜背饰上，也见有牛的图形，并铸着“人有十口，前牛无角，后牛有口，走！”的咒语（图 4-10）。该咒语还强调了“口”字，因敦煌符箓上有“管公明神符却鬼，见口走出”之句，因此，“口”的交代强化了牛纹镜的镇辟之性，这也是为什么有的驱鬼符上写出众多“口”字之因（图 4-11）。

图 4-10 牛纹辟邪镜

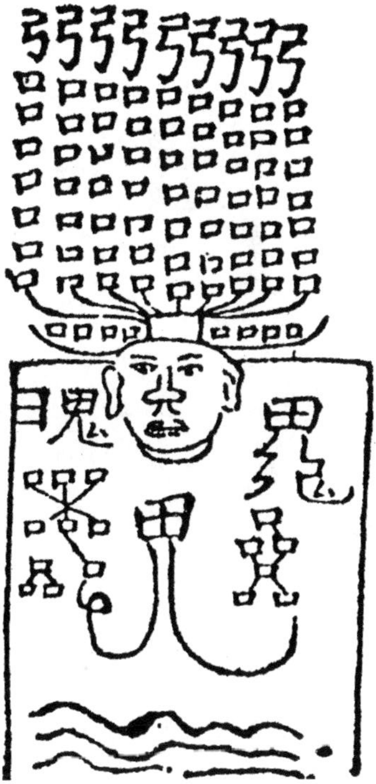

图 4-11 书有“口”字的驱鬼符

牛头当卢虽用于马头，却也为了人的行旅，可以说，人、畜的佩饰都成了行旅镇物的展现空间。

夜行咒

人们在黑夜中单身行走，往往需要借助声响以壮胆，特别是穿过野冢破庙和荒村陋巷时，或引吭高歌，或大声吆喝，或自言自语，或念经颂咒，凭借人的语言、声音和方术以求驱邪辟鬼，夜行无惑。

学道之人在深夜行路时以叩齿为镇辟手段，叩齿二七通，咒念“除六天隐咒”。其咒词曰：

吾是小有真王三天师君，
昔受太山神方杀邪之文，
夜行游尸，七恶妖魂，
九鬼共贼，千魔成群，
赫柏图兵，巨兽罗千，
挥割万妖，当我者残。
龙烽七烛，逐邪无间，
玉帝神咒，挥剑东西，
灭凶除邪，万鬼即悬，
三天正法，皆如我言。

念完咒语之后，再叩齿二七通，据说夜行中若遇鬼魅，可使目盲脚残，自行死灭，并使“万魔伏试，十妖灭形”。[1]

这类与道教相关的咒语在民间广为流布，甚至成为一种夜行风俗，

1　郑晓江主编：《中国辟邪文化大观》，花城出版社 1994 年，第 527 页。

兼融了佛教及民间宗教的成分。在东北山区，单身农民在赶夜路时，会念一种护身辟妖的咒语：

> 天灵闸，地灵闸，我佛留下护身法；护前心，护后心，足心护到脚后跟。多日不出门，出门遇到关圣人；逢天天裂，逢地地裂，逢妖魔鬼怪，一断三截。

俗信此咒一念，虽独身夜行山路，妖鬼也不敢近身纠缠了。[1]

在上述咒语中出现了“我佛”“关圣人”之称，反映了宗教在俗用中的混融、交并。夜行咒是一种特殊的行旅镇物，尽管语言本身不是物体，但它出自人的发声器官，可视作人的本体的延伸与变易。

夜行咒是通神的媒介，它的法力来自被邀的神灵，诸如“真王”“天师”“玉帝”“我佛”“关圣人”等，正是他们的护佑，才使鬼畏妖惧，夜行无扰。夜行咒在风俗中的应用也反映了宗教尊神的俗信化趋势，以及人们对语言这个人类优长的夸饰与泛用，即从独白、对话所表达的与自我和社会的交流，扩张到信仰的空间，成为人神或人鬼间沟通的工具。

二、水行镇物

旧时人们出门，除了陆行，便是水行了。在江河湖海上乘舟远迈，危险颇多，而各种风浪之害多被视作水怪的肆虐，于是产生了种种避退的镇物。它们或为船头、船体的装饰，或为行水者身带之物，或为舟人与游子祭祈的各种水神，形成了一组“水行镇物”。

1　叶明鉴：《中国护身符》，花城出版社 1993 年，第 175 页。

船头图

水上行旅，有赖舟船，舟船不仅是浮动的桥梁，也是旅人命魂所系，为使风平浪静，航程顺达，自古便有一些船头的雕饰与彩绘，形成别具情调的水行镇物。

端午龙舟竞渡的赛舟，均取龙头为饰，以拟龙、习龙的方式取悦于龙神，从而解厄救灾。

古代的航海巨舶上，多做鸟头，并绘“八仙过海”之图，以厌水神，得平安。早在原始文化阶段，就已出现了水鸟啄鱼的构图，除却生殖文化的内涵，也是对自然界中物物相克的写照。船头雕为鸟首，显然，意在啄食鱼怪，从而辟除祸患。《高丽图经》载述宋代的“神舟”曰：

> 巍如山岳，浮动波上，锦帆鹢首，屈服蛟螭。

“鹢”为水鸟名，其作为船头，可谓由来已久。

《淮南子·本经》曰：“龙舟鹢首，浮吹以娱。”《文选》引张衡《西京赋》曰：“浮鹢首，翳云芝。”三国吴薛琮注云：“船头象鹢鸟，厌水神。”可见，“屈服蛟螭”，“厌水神”，是“鹢首”的文化功能。

广东的海船曾以“装画”的方式，将船头雕作鲸首，在船尾画上海鳅，以惊镇海中的巨鱼。关于“海鳅”，《海槎余录》载：“海鳅，乃水族之极大而变异不测者。”“海鳅”，又称“鳍”“鳍海”。李时珍曰：“海生海中，极大。”[1]

《尔雅翼》引《水经》解说潮涨潮落之因及“海船”的仿生意义：

> 海中鳍，长数千里，穴居海底，入穴则海溢为潮，出穴

1 《本草纲目·集解》。

> 则潮退，出入有节，故潮水有期。今人作舟，谓之海鰌船，言如鰌之利水，犹古舟之有鳊鱼船也。

海鳅形伟力巨，具有鱼神之性，舟船雕画为海鳅，乃求“利水”，即对恶浪水怪加以辟除。明代琉球国驶往中国的贡船，其船头大多为摩竭图，同海鳅有相类的取义。

船头图是以艺术方式表达的祈镇愿望，它以物物相克和拟神亲神为“装画”的信仰基础，也是将船本体镇物化的努力，它比其他的法物、方术更为具体而显著。船头图的启用反映了信仰功能同实用与艺术功能的统合，富有文化的情趣。

船镇

船镇，为设置在船上的镇辟之物，包括“船灵魂”“船菩萨”“船眼睛”“牛角帆”等。

舟山渔民在造船时都要安置“船灵魂”。所谓“船灵魂”，是将一小木头挖个孔，内放银元或铜钱，然后再一起装进舱内梁头里。当地渔民认为，装了“船灵魂”，就能镇邪驱灾，避除海上的不测之祸，[1]其用作“灵魂”的象征之物为钱币，而金属铸币在民间风俗中是最常见的一种辟邪镇物，在镇宅、护身、守墓、压船、压箱等方面广为应用。这是对陆上镇物的移植与化用。

民间造船的最后一道工序是装“船眼睛”。装“船眼睛”有专门的仪典，先由阴阳先生择定时辰，按金、木、水、火、土五行观用五色彩条扎于银钉，由大师傅将它嵌钉在船眼睛上，然后用红布将船眼蒙好。待到新船下水时，再揭去红布，为船“启眼”，渔民认为有了“船

1　金涛 :《舟山渔民风俗调查》,《民间文艺季刊》1987 年第 4 期。

眼睛”，可保渔船行驶平安，捕鱼顺当。[1]

这种以“船眼”为镇物的设镇方式是一世界性文化现象，被称作“船眼文化”。印度的舟船也有“船眼”,其含义被解释为“引路之神”。称其“引路”，则意味着“船眼”能察觉水患，使船只绕过险滩急流、水怪恶龙，起到避险的作用。

古时的楼船上有“作二石人，东西相对”的事象，在舟山渔民的渔船上则供有“船菩萨”，菩萨两旁设两个小木人，一为“千里眼”、一为“顺风耳”，以作为平风镇浪的护神。其实，二石人与二木人，既不是“千里眼”“顺风耳”,也不是什么“牛郎织女”,而是表船神“孟翁、孟姥”。

宋袁文《瓮牖闲评》卷五引《北户录》曰：

> 南方除夜将发船，皆杀鸡，择骨为卜，占吉凶，以肉祀船神，呼为孟翁、孟姥。

作为“船神”的“孟翁、孟姥”实由“风神”孟婆所化。宋徽宗有词云：“孟婆好做些方便，吹过船儿倒转。”可见，在宋代孟婆已有风神的性质，并与“船儿”息息相关。

关于孟婆的来历，清人褚人护《坚瓠二集》卷二曰：

> 古称风神为孟婆……按北齐李騊駼聘陈，问陆士秀曰：“江南有孟婆，是何神也？”士秀曰：“《山海经》：帝女游于江，出入必以风雨自随；以其帝女，故称孟婆。”

孟婆之“孟”有“大”“首”之意,因她为“帝女”,故称“孟婆”。

1　叶大兵等：《中国风俗辞典》，上海辞书出版社 1990 年，第 545 页。

此说出《山海经》，可见由来之久。这一流传江南一带的风神，因能兴风扬帆，故又有“船神”之谓。后世增衍出的“船菩萨”及“顺风耳”“千里眼”，实与风神信仰有潜在联系，但更突出了其作为水行镇物的功用。

太平洋中美拉尼西亚人的牛角帆，也是一种护航的船镇（图4-12）。牛角作为镇物，多用于宅室及头饰，以作镇宅护身之用。牛为世界载体的神话是世界性的母题，牛对大地的支承，所依靠的就是一对尖角，牛俨然是地下幽冥世界的主宰。因此，在不少民族中都有牛角辟鬼的俗信，在中国民间信仰中，牛角更成为“阳气动跃”的象征。

船镇借取陆上已有的镇辟观念与象征物，对船体及其构件作局部的改造或模拟，赋予其镇护水行的神能，从而演成又一列水行镇物。

图 4-12　美拉尼西亚人的牛角帆

辟水物

在民间传说和方士法术中有一类专用于辟水的镇物，它们多为加工过的自然物和人工物，也有文字和符咒。

传说中的“通天犀角”便是一种辟水神物。它以犀牛角刻成，形状似鱼，据说持之入水，水为人开。

《抱朴子·登涉》曰：

> 得真通天犀角三寸以上，刻以为鱼，而衔之以入水，水常为人开，方三尺，可得炁息水中。

“通天犀角”的神性来自对其质料、形状的文化观念。因犀角为灵物，表祥瑞，且较罕见，而角又为凝聚“阳气”的镇物，故犀角可称作“特殊材料”。三寸之犀角又被加工为鱼形，而鱼为沟通天地的神使，能引人升天，导魂入地，带人穿越天河、地川，[1]故自可辟水，使水域变通途，让人获取气息。

在中国有关龙宫、龙女的故事中，也常提及辟水宝物，或为“分水球”，或为“定海针”，大多为龙宫至宝，因龙女感恩而赠予某少年，持之可出入深海，海水为其让道。这“分水球”与“定海针”等，和“通天犀角”相类，表现为辟水镇物的情节化。

古代传说中的“雌雄剑”，能斩除蛟龙、退避巨鱼，也是辟水的神物。葛洪《抱朴子·登涉》云，铜有牝牡，在火中向赤时，令童男童女以水灌之，铜自分两端，凸起者牡，凹陷者为牝，以牝为雌剑，以牡为雄剑，带之入江湖，则蛟龙、巨鱼、水神皆避

1　陶思炎：《中国鱼文化》第三章，中国华侨出版公司 1990 年。

之。[1]在其他传说中,还有将童男童女扔入铜水炉中与剑合铸的情节。所谓“雌雄剑”，即对剑、双剑，二者可并合插入一鞘之中，因其成对，便有童男童女的附会，并成为对野蛮的以人祭炉的原始风俗的写照。

雌雄者，一阴一阳也。一阴一阳之谓“道”，是化生不息的象征。剑之为雌雄，也取其阴阳共在、生生不息之意，凭此可免死灭，辟水患，求得水上无祸。

文字也能成为水行镇物。旧时，人们过江涉河，随身要佩戴一朱书的“禹”字，以驱辟水中的恶鬼，获得水行平安。

禹是中国古代传说中的治水英雄，他受河精之图，得黄龙、玄龟之助，“尽力沟洫，导川夷岳”，逐共工、杀相柳、镇锁水怪无支祁、化熊通轘山,终使“丰水东注”,洪水疏平。大禹不仅得水中神兽之助，也能镇辟水中害兽，因此，俗信书“禹”在身，涉江过河就不怕水怪兴风作浪，因禹神在船，自可平安。这种朱书的一字符，并非强调文字本身的法力，而是联系着这一文字特定的神话背景，从而让人们在神话逻辑中获取精神的慰藉和免除水祸的信心。

水行镇物仅仅是观念的产物，它的生成主要依靠神话与巫术的逻辑，但反映的却又是面对实际水患的需求，也许正是这一矛盾，使其涂上了古奥神秘的色调。

水神

民间信仰中的“水神”是一个因职掌空间而划分的神祇支系，它涉及江、河、湖、海、沟渠、潮水等方面，包括共工、河伯、鲧、禹、禺京、禺虢、四海龙王、妈祖、李冰、伍子胥、耿七公、杨四、晏公、

1　陈永正:《中国方术大辞典》，中山大学出版社 1991 年，第 610 页。

水母娘娘、萧公爷爷、魏八公等。其中，有全国性的大神，亦有地方性的小神。俗信水神掌管洪水、农事和航运，为祈得护佑，禳除灾祸，渔夫、船民及农家常祀水神，或对水神有所择取，或一而统之加以敬祭。他们延请水神纸马（图 4–13），或祭于家室，或祭于水际，以作为水行的镇护之物。

各路水神，各有来由，各方俗民，各有择取，其中，有众所周知者，亦有不甚了了者。

杨四，又称“杨四将军”“杨泗菩萨”，是苏皖南部及湘赣一带普遍祭祀的民间水神。传说，他生于宋代，一岁丧父，二岁丧母，三岁得道，七岁成神。父母双亡后，他由叔父抚养，叔父家仅有一只小船，常停泊于神童桥下。七岁时，杨四以其神力将这只小船上的船钉一个一个地全拔了出来，叔父的家当被毁，怒不可遏，便将杨四打入河中淹死了。叔父气还未消，对着小杨四的尸体说：“你如果真有神灵，便给我香三天，臭三天，上浮三天，下浮三天。”果然，这尸体发散了三天的奇香，又发散了三天恶臭；逆着水上浮了三天，又顺水漂流了三天，于是乡民都说这孩子成神了，便祀之为水神。[1]

杨四的主要神功是“斩龙护国”，他手执斧钺，在观音的帮助下战败了要把中国搅成“中洋大海”的“无义龙”，后封为“英烈正直威猛将军”，或称“杨四将军”，或称“四圣王爷”，又称“平浪王爷”。其神像的制作有“头戴金盔穿金甲，手拿钺斧斩蛟龙”的口诀，一般为白面或红面，无胡须，具有少年神的形象特征。

在苏皖南部的杨四庙中，神像前的庙壁上均高挂着一只小木舟，俗称“神舟”，既是杨四将军的水上交通工具，又点画出杨四的身份乃行水的镇神。

耿七公，又称“耿七公公”，是苏中地区祭奉的水神（图 4–14）。

1　黄芝冈：《中国的水神》第一章，上海文艺出版社影印本 1988 年。

图 4-13 水神纸马

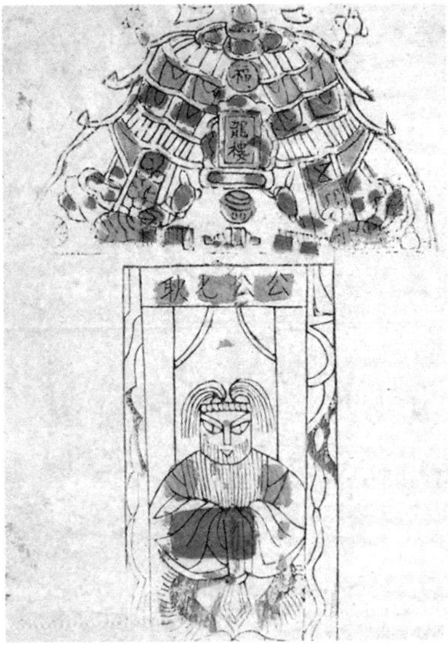

图 4-14 耿七公公（民间纸马）

七公原名耿遇德，山东兖州府东平州梁山泊人，生于北宋真宗大中祥符五年，因排行第七，俗称“七公”。在宋仁宗宝元年间他做过通判，后弃官隐居高邮。传说七公常在甓社湖边游憩,或独坐蒲席泛游湖上，人们都认为他有神术。有一次，扬州郑刺史的夫人病了，请七公诊治，痊愈后郑刺史赠七公一件锦袍致谢,不料七公接过来就扔进了火炉里，刺史不悦，于是七公又从火炉中将锦袍取出归还，竟然丝毫无损。这样，人们更视七公为神了。

七公病逝后，人们筑殿祭祀，据说“凡有祷则应”，他能退湖匪，救水旱，免灾疫，保行船安全，成为一方之水神，并在南宋淳熙十四年被孝宗赐号为“康泽侯”。

魏八公，系江苏省高淳县凤山乡中保村人，明代时的解粮官。有一次他解粮去京城，船队在石臼湖上遇到风浪，船有倾覆之险，于是他在船头叩头祈愿：如果粮能解运京城，愿捐躯于湖。后果风平浪静，粮船平安抵京，返程中途经石臼湖时，他纵身下水，履行了诺言。于是人们在中保村建庙祀之，认为他已成神，后被朝廷奉为第八水神，因名“魏八公”。目前，在中保村仍有魏宗八公之庙，八公像为一端庄的官吏，有船夫、将军、总兵及其妹陪祀，船民下水远行或湖上作业多祭之，以辟除恶浪，求得水行的平安。

水神庙、水神像、水神纸马多见于中国南方及东南沿海一带，尽管赋予它们的功能很多，但护佑行船仍是其基本的职掌。从免患的角度看，各类水神均有水行镇物的性质，也正是“免患”，才体现出他们的“佑护”功用。

伍　婚丧镇物

婚、丧是人生礼俗中的大类，一个事生，一个事死，其事象均隆重而纷繁。婚与两姓好合、传宗接代联系在一起，而丧则与两界分隔、永诀寂灭相联系，一个以欢闹烘托着“生”的主题，一个则以悲哀点画出“死”的基调。

为使生者无扰，死者安宁，在婚、丧礼俗中亦不乏镇物的应用，使之成为聚合着社群文化、精神文化的又一类物态象征。

第一节　婚嫁镇物

旧时婚嫁，皆循“六礼”。所谓“六礼”，即“纳采”“问名”“纳吉”“纳征”“请期”“亲迎”六种。“六礼”之制出于周人，在先秦，婚礼被视作“礼之本”而倍受重视。

《礼记·昏义》曰：昏礼者，将合二姓之好。上以事宗庙，而下以继后世也，故君子重之。是以昏礼，纳采、问名、纳吉、纳征、请期，皆主人筵几于庙，而拜迎于门外。入，揖让而升，听命于庙，所以敬慎重正，昏礼也。……敬慎重正，而后亲之，礼之大体，而所以成男女之别，而立夫妇之义也。……夫妇有义，而后父子有亲；父子有亲，而后君臣有正。故曰：昏礼者，礼之本也。[1]

由于婚礼的意义如此重大，于是古人择偶与成婚中便有了诸多的禁忌与防范，以使其礼不凶，喜上加吉。

在婚姻禁忌方面，首先注意的是男女属相的犯冲，民间“犯冲歌”曰：

羊鼠相逢一旦休，从来白马怕青牛，
蛇见猛虎如刀断，金鸡见犬泪交流，
青龙过（遇）兔云中去，猪遇猿猴不到头。

民间木版画甚至以此为题材（图 5-1），以起警示与教化的作用，迎合社会民众对“婚姻大事”的特别关注及其神秘的禳镇观念。此外，还有十二属“犯破月歌”，即生年的属相与某月份同，便称“犯破月”，旧时迷信其命不佳。

据民国三十三年陕西省《中部县志》所载的《犯破月歌》曰：

正蛇、二鼠、三牛头，四猴、五兔、六狗头，
七猪、八马、九羊头，十月鸡儿架上愁，
十一月虎儿串山走，腊月老龙不抬头。[2]

除了上述犯禁的歌谣，方士还绘制了《嫁聚周堂图》《行嫁白虎图》《纳婿周堂图》（图 5-2）等，按八卦方位，分大月、小月，定顺行、逆行或趋避之方，以纳吉除凶。

在婚仪及洞房摆设中，用得最多的还是各类镇物，不过这些镇物

---

1 〔清〕阮元：《十三经注疏》，中华书局 1980 年影印版，第 1680–1681 页。

2 丁世良等：《中国地方志民俗资料汇编》西北卷，书目文献出版社 1989 年，第 141 页。

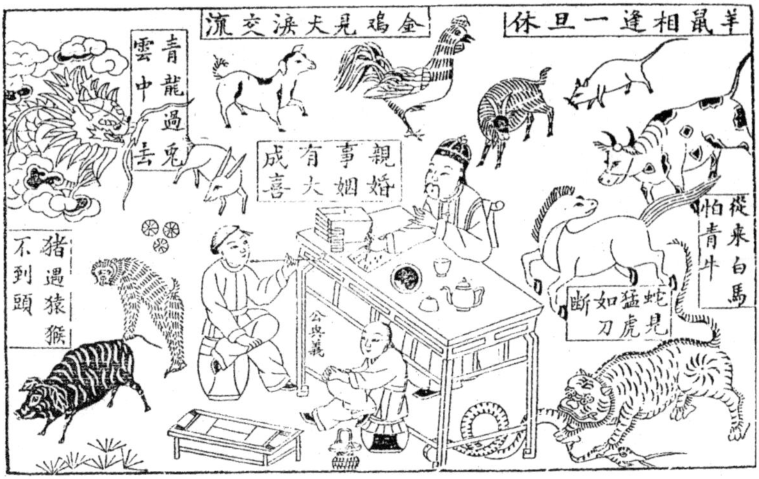

图 5-1 属相犯冲图

图 5-2 纳婿周堂图

大多作为用具或装饰出现在仪礼中，并不断地被赋予吉祥的意义。其中，用于亲迎礼俗的镇物和洞房内的镇物，在婚嫁镇物中最为突出。

一、亲迎镇物

亲迎礼，即新郎亲自到女家迎娶新娘，一般要备仪仗和花轿，鼓吹作乐于女家门前。待新娘上轿，再吹吹打打地迎到夫家，下轿后便有一系列的象征礼俗，达到了婚礼的高潮。在这一过程中，镇物几乎随时可见。从新娘装扮、花轿出行、迎亲路上、落轿入门等环节看，婚礼的轻快喜气仍遮不住镇物的存在，出现欢闹与威镇两个基调，一明一暗，一强一弱，使婚仪的象征意义更为扑朔迷离。

亲迎类镇物甚多，诸如盖头、红裳、火烛、谷豆、桃矢、雄鸡、伞、筛、竹箕、剪刀、镜、瓶、铜钱、熨斗等，它们各有所用，各具其义。

盖头

盖头，又称“红锦”“盖巾”“蒙头红”等，是新娘出嫁时用以障蔽脸面之物，也是一种婚嫁镇物。

清嘉庆四年十卷本《束鹿县志》曰：“新妇出阁，蒙以红锦（曰“盖头”），以避凶煞。”显然，在民间风俗中，盖头主要不是作为新娘的遮羞之物，而是当作退煞之用。

“盖头”之称在宋前已有。高承《事物纪原》卷三曰：

> 盖头，唐初宫人着羃䍦，虽发自戎夷，而全身障蔽，王公之家亦用之。永徽之后用帏帽，后又戴皂罗，方五尺，亦谓之幞头，今曰“盖头”。

古之“盖头”可“全身障蔽”，可见是一种伪装的道具。它可能与上古时代的抢婚之俗有源流关系，到近古发展为红巾一方，并赋予它避煞驱邪的功能。

在民间传说中，暴君商纣之魂是盖头所欲驱辟的恶煞。据传，姜子牙在封神时封纣王为喜神，专管人间的婚姻嫁娶，可他恶性未改，看见哪个新娘长得好，就抢回天上做自己的小老婆。于是人们就去求姜子牙，子牙告诉大家一个辟克的办法：新娘蒙红盖头，进门要放鞭炮。果然，纣王一见新妇头顶红盖头，并听到爆竹声，便吓得往回跑。原来，当初武王伐纣是打着一色的大红旗进军殷都的，纣王死后，脑袋又被挂在红旗上，而纣王又挨过姜子牙的神鞭，所以，纣王一见蒙红盖头，一听鞭炮响，还以为姜子牙又来了，于是赶紧往天上逃去。[1]

传说虽不可信，但反映了盖头为镇物的俗信观念，以及亲迎中新娘着红的民俗传统。新娘在出嫁中的其他穿戴之物也多取红色，而不仅仅是盖头。流传于陕北的一首涉及亲迎礼俗的喜歌唱道：

桌子绑轿腿朝天，红布蓝布围一圈。
拉轿的驴子实在欢，走一岭来转一弯。
大轿来到大门前，枣刺连忙手里拿。
枣刺开花绿叶儿，媳妇叫做桂姐儿。
枣刺上边有枣儿，媳妇穿的红袄儿。
枣刺上边有兔儿，媳妇穿的红裤儿。
枣刺上边有勾搭，娶下媳妇是个福疙瘩。[2]

1　叶明鉴：《中国护身符》，花城出版社 1993 年，第 80 页。

2　丁世良等：《中国地方志民俗资料汇编》（西北卷），书目文献出版社 1989 年，第 142 页。

这则喜歌不仅点画出新妇着红装的风俗，也以“枣刺”为比兴的对象，暗示着婚礼“生”的主题。

新娘的红装与盖头一样，都是辟煞的镇物，甚至到夫家门前所踏踩的红幔也是相关的镇物。

据流传于浙江省湖州地区的传说讲，古时有个老员外的女儿出嫁，一路吹吹打打，热闹非凡。忽然一阵狂风，飞沙走石，轿队不得不停了下来，不一会儿风停了，人们又喜气洋洋地上路了。可到了夫家门前，一揭轿帘，轿中竟端坐着两个一模一样的新娘，连老员外也辨认不出自己的女儿。后来，县令命人取来红幔七八丈，让公差拿着离地一尺高，让两个新娘从上面走过，并宣布“行走时布着地的为假”。一个哭泣着上了布，一脚就把布踩到了地，于是哭着扑向了员外；另一个则喜滋滋、轻盈盈地走上前，在布上一扭一扭走了起来，竟然不见布匹有丝毫动荡。县令这时冷笑一声，喝道：“还不快将这妖孽拿下！”那妖怪见被识破，化作一阵风逃走了。从此，新娘出嫁要踩红幔，以辟邪消灾。[1]

这则传说主要讲述“踩红幔”习俗的由来，并强调其功能是“辟邪消灾”。尽管传说的情节强调了智慧的胜利，但仍留下了红幔为婚嫁镇物的线索。

盖头、婚装、红幔等均取红色，红色象征火焰、象征血液，火为阳精，而“血者，生时之精气也。”[2] 它们分别为“阳气”与“生气”的表征，故信可退阴避死，禳除一切不吉因素，构成婚嫁镇物的主体色调。

1　钟伟今主编：《浙江省民间文学集成·湖州市故事卷》，浙江文艺出版社 1991 年，第 557–578 页。

2　〔汉〕王充：《论衡·论死》。

火烛

火把、灯笼、火炉、火盆、火堆、蜡烛等带“火”之物，也是亲迎礼俗中习见的辟煞镇物。

旧时迎亲的花轿要用灯火熏照，称作“暖轿”“亮轿”，或“熏轿”。在北京，人们用香火绕花轿三周，并用镜子和“宪书”在轿内晃照几下，以驱邪逐魅；在南京，发轿前，先点火燃纸在轿内转动几下，以驱邪暖轿；在杭州，亲迎前夜要燃烛百只，拱卫花轿，称作“亮轿”，轿归来时，也要点烛，以防恶煞潜藏轿中。

在山村，打火把或点灯笼的迎亲方式较为普遍。在福建省三明市三元区的山村，迎亲队伍的最前面就是火把。那里还有一种“跷灯”，是手提的吊灯，灯斗为半圆形，圆面上有三个小洞，灯斗内放燃松明，迎亲时供人提拿，远看一团团火球像巨龙之眼喷射出的火焰，俗信可以镇住鬼魅山妖。[1]

此外，亲迎中还有“竹笼灯”“红灯笼”之用，而轿归夫家门口又有“跨火”之俗。一般在火盆中放燃一堆稻草，让新娘和抬嫁妆的送亲之人跨火、过火堆，以表驱除了娘家祖先阴魂及沿途招惹的各种邪气妖氛。

古时嫁女出门有泼水户外的风俗，故在后世俗语中有“嫁出去的女儿，泼出去的水”之说，而新妇到夫家，则行跨火之仪。这水、火质异义同，均为辟邪镇物。因水能除去不洁，洗去污垢，除病痛、禳不祥，故用以为镇。娘家人泼水户外，并非表示与所嫁女断绝往来，而是向迎亲人众及本村观者显示，待嫁女已经香汤沐浴，无垢无邪。而男方门前设火盆，让新妇持烛入户，则是又一重禳镇。这一水一火，正好是一阴一阳，分别联系着女家与男家，而在信仰中，阴阳的相联

1 陈国强主编 :《闽台婚俗》，厦门大学出版社 1991 年，第 11 页。

本身就具有镇辟的法力，并演示着“生”的主题，预示着生命的再创。

关于这层文化隐义，我们可从民间的《送房歌》中加以领悟：

小小黄花遍地开，好时好日今朝来；
手捧花烛亮堂堂，我送新郎新娘进洞房。
一步走来百花开，二步走来踏金阶，
三步走到花墙壁，四步双双进房来，
五步五色彩云开，七仙女下凡送子来。
好男送五个，好女送一双。
大哥哥当朝一品，二哥哥二举天官，
三哥哥连中三元，四哥哥四国宰相，
五哥哥得中状元郎；
大妹妹千金小姐，小妹妹文武双全。
五男二女都送到，百子千孙保平安，
花烛落在花台上，合家欢乐在华堂。[1]

“花烛”是火的又一形式，它同火把、火盆等一样，作为亲迎镇物，主要功用在驱煞退祟，同时又作为阴阳相就的暗示和祝殖祝子的符号，使这一民俗事象又蕴含着吉祥的意义。

解煞鸡

鸡作为动物镇物，在民俗中有广泛的应用，在亲迎礼俗中则用以辟邪解煞，故有“解煞鸡”“点轿鸡”“吉鸡”之称。

在湘西苗族中，婚嫁亦有亲迎之礼，轿到男家后，由客巫祝告云：

1 《中国民间文学集成 · 高淳县资料本》，1989 年铅印本，第 319 页。

日吉时良，天地开张，新人到此，大吉大昌。桃之夭夭正相当，子之于归配凤凰，宜其家人且下轿，轻移细步入画堂。娘家车马转回去，婆家车马出来迎，从此回奉车马后，天长地久，地久天长。

然后，又手拿雄鸡一只，念道：

此鸡不是非凡鸡，王母娘娘报晓鸡。头戴雄冠灵口嘴，身穿五色绫罗衣。阳人得你无用处，弟子得来解煞鸡。天煞地煞，年煞月煞，日煞时煞，十二凶神恶煞。天煞归天去，地煞入幽冥，凶神退位，吉星降临。

念毕，用口咬破鸡冠，滴血在地，然后再让新娘入屋。[1]

在汉族的亲迎礼俗中，也用鸡解煞。在四川省旧有用鸡点轿的做法，并流传这样的点轿鸡歌：

此鸡不是非凡鸡，
天晴晓得早晚啼，
下雨晓得路高低。
今日落在弟子手，
弟子拿来做点轿鸡。
点轿杆，儿子做高官；
点轿头，儿子做王侯；
点轿门，儿子打马进朝廷。
天无忌，地无忌，

1 林纯声等：《湘西苗族调查报告》，商务印书馆 1947 年，第 96–97 页。

年无忌，日无忌，

百事无忌，大吉大利。

姜太公在此，诸神回避。[1]

与湘西苗族的解煞鸡歌相比，四川汉人的点轿鸡歌少了咒语的气势，而多了吉语的祝颂，但仍基本保留了巫歌形式和镇辟功能。

在墨江一带的哈尼族有请“白母”（巫师）为新娘驱鬼之俗，其法是在大门外点上香火，用筛子抬五碗水饭，杀掉一只公鸡，把鸡血淋在碗里，然后将鸡从新娘头顶上扔出去，白母边念边跳，用嘴将水饭的水喷向新娘，然后才让新娘入家门。[2]这鸡与鸡血也被当作解煞的镇物。

在苏皖鲁豫交界地，亲迎中也用鸡。迎亲的人将一只红公鸡绑在褡裢上，由一个有妻室儿女的男子扛在肩上到女家去，女家则拿出一只红母鸡给扛鸡人，两只鸡被染红的细麻绳绑在一起，以示男女吉利，百年好合。鸡要用当年的新鸡，以避老夫少妻或老妻少夫之嫌，这对鸡又称“吉鸡”。在这里，鸡的镇辟性质被其吉祥色彩所包藏。

前几年，在湘中某山村还发生了一起新娘与公鸡入洞房的奇事。因当地“黄半仙”称新郎、新娘前世是冤家，为免相克，有一个逢凶化吉的办法，即新婚之夜新郎要回避，由活公鸡代他行婚礼，当夜新郎不能与新娘同房。于是新娘手捧扎着大红绸子的公鸡，一起拜天地、拜祖宗，曲终人散后，公鸡被缚在屋内，以示与新娘共度“良宵”。[3]这一现象反映了鸡为镇物的观念在某些地区的稳固。

鸡之用于亲迎，本出于鸡为“积阳”之象及有与日相感之性，故信能除阴辟祟，带来婚合的祥瑞。

---

1 《中国民间文学集成·四川卷·冕宁县资料集》第 2 册。

2 陈国强主编 :《闽台婚俗》，厦门大学出版社 1991 年，第 78 页。

3 《扬子晚报》1993 年 6 月 21 日。

杂镇

在亲迎礼俗中，还有不少镇物亦有着幽深的文化隐义。

在有的地方，伞是婚礼中必备的驱妖镇物，不仅新郎手中拿着一把伞，同时接新娘时也必有人为她撑伞，俗信伞能避除邪气。伞的镇辟之力来自对伞的文化理解。伞撑开后为圆形，伞盖下有一根撑棍让人握持，伞的形象俨然是一个缩微的宇宙图示：其伞面就是象征的天盖，其立棍也就是象征的天柱。这样，人在伞下，也就是得到了天盖的庇护，而天为阳极，故可借以除阴镇祟。

筛子也是亲迎礼俗中的镇物。在江苏常州，旧时轿后用红布将一米筛缠在竹竿上，并挂上一盏灯，叫作“旺筛”，以镇护新娘。在浙江杭州，亲迎中由二人持筛，据范祖述《杭俗遗风》载：

> 新娘吃和合饭毕，然后装扮，吹打，上冠，戴并头莲，兜红巾，掌灯者二人，持筛者二人，引出上轿。

在福建泉州亲迎中，也用米筛遮新人头部、面部，并有专门的送嫁人手捧米筛。

筛子作为镇物乃因形如罗网，信能收尽邪祟，同时，筛子千孔百眼，能监察恶煞，使形迹亦难隐。

桃弓、桃矢更是常见的退煞镇物。一般花轿抬到男家大门时，女方家人便取出桃弓、桃矢（或柳矢），朝轿门上射出一箭，亦有向轿子左右连射三箭者。射前往往颂念咒语或喜话，例如，有咒语曰：“桃木弓，桃木箭，射左扇时，射右扇。丧门、吊客影无踪，一切凶神不见面！”

而流传在扬州地区的“射轿神”喜话则曰：

> 弯弓一把，神箭三枝：一枝箭来先向东，新人脚下踏金

> 龙；二枝箭来后向西，配了一对好夫妻；三枝箭射向轿前、轿后、轿左、轿右，射进九霄云外，百子千孙万代富贵……

前者咒语专用于镇辟，后者喜话则附加了吉祥的意义。

古时新妇迎至男家门首，有“撒谷豆”的禳镇风俗。宋人孟元老《东京梦华录》卷五载：

> 新妇下车子，有阴阳人执斗，内盛谷、豆、钱、果、草节等，咒祝望门而撒，小儿辈争拾之，谓之“撒谷豆”，俗云厌青羊等杀神也。

宋高承《事物纪原》卷九也载：

> 妇将至门，但以谷豆与草禳之，则三煞自避，新人可入也。

“三煞”为何物呢？高承释曰：“三煞者，谓青羊、乌鸡、青牛之神也。凡是三者在门，新人不得入，犯之损尊长及无子。”[1] 可见，谷豆禳除“三煞”的真正功能为镇辟“无子”之祸。至于选用“谷豆”，一方面“谷豆与草”可作为青羊、乌鸡、青牛的饲料，让之得食而去；另一方面，谷豆的多籽性质，可成为向新妇祝子的吉兆。因此，镇辟与祈福本异向而同质。

此外，钱币、小镜、宝瓶、苹果等物也在亲迎风俗中用作镇物。

民国二十年二十卷本《天津志略》载：

1 〔宋〕高承：《事物纪原》卷九“撒豆谷”。

> 新妇上轿，腰间必有钱，曰“厌腰钱”，谓腰不空，可永有钱；胸必悬小镜，谓可心明眼亮也。……轿置于庭，年长者以镜照轿，曰“照妖”，谓恐有妖邪在其中也。轿至男家，入门时，必跨炭火盆而过，否则谓恐有妖邪。新妇下轿时，必手抱宝瓶，或左手金，右手银，以示其非空手来也；又必口含苹果，谓可平安也。[1]

上述“钱”“小镜”“火盆”“宝瓶”“金”“银”“苹果”都是新妇的镇物，尽管其解说略嫌浅近，但仍记录下镇物在近代亲迎礼俗中的叠加应用及其持久的传承。

二、洞房镇物

洞房是展示婚俗文化的主要空间，在其新房新床、新人新物的交映中，洋溢着欢乐、喜庆的气氛。洞房花烛夜，喜话喜歌不绝于耳，大红祥物触目即是。不过，同时镇物也见之于洞房。它常常以实用的器物或祥瑞的象征而出现于洞房之内，具有显、潜两路文化信息，并显得古奥而多趣。铜镜、秤、剪、尺、筷子、撒帐钱、红窗纸、和合神、稻草枕等，都是普遍习用的洞房镇物。

铜镜

铜镜是婚礼启用之物，唐诗人王建《老妇叹镜》诗中有“嫁时明镜老犹在，黄金缕画双凤背”句，可见铜镜与婚嫁联系在一起。在铜镜的铭文上多有“见日之光,长毋相忘”“长宜子孙”“二姓合好”“女

---

1 丁世良等：《中国地方志民俗资料汇编》（华北卷），书目文献出版社 1989 年，第 50 页。

贞男圣，子孙充实”“西逢王母，慈我九子，相对欢喜，王孙万户”，以及“七子九孙居中央，夫妻相保如威央”等句，亦透露出其为婚用之物。

铜镜既是实用的生活器物，又是寄托观念的信仰物品，其背饰的铭文与图案，除了吉祥意义的表达，大多追求镇辟的功用，使铜镜又成为洞房内的镇物。

我们从部分铜镜的背饰，不难看出它们作为镇物的性质。东汉的规矩纹铜镜以规、矩、草叶、四神、齿牙为主要纹饰（图 5–3），其“规矩”，为天地、阴阳的象征；其“四神”，为宇宙的兽体图示；其齿牙，为生命之种、生化不息的象征；其边圆钮方，也寓指天地的抱合。

规矩镜上还常见有铭文，称作“尚方”铭，其铭有曰：“尚方御竟（镜）大毋伤，巧工刻之成文章，左龙右虎辟不羊（祥），朱鸟玄武顺阴阳，子孙备具居中央，长保二亲乐富昌，寿敝金石如侯王兮。”

铭文往往起点题的作用，可见，四神规矩镜的主要功用是辟除不祥。

龙纹镜在唐代最盛，其蟠龙、祥云的纹饰亦具有镇辟的寓意（图 5–4）。龙为天物，属阳，故可辟阴。李肇《国史补》言及龙镜的“辟百邪”之性：

> 天宝中，扬州铸水心镜，清莹耀日，背有蟠龙。先有老人自称龙护，有小童曰元冥，至镜所曰：“老人解造真龙，令元冥入炉所扃户。”三日开户，失龙护、元冥所在。炉前得素书一纸，小隶云：“镜龙长三尺四寸五分，法三才，象四时，禀五行。纵横九寸，类九州，鼻如明月珠。开元皇帝圣通神灵，吾遂降祉，可以辟百邪，鉴万物。”[1]

1　孔祥星等：《中国古代铜镜》，文物出版社 1984 年，第 165 页。

图 5-3 东汉规矩纹铜镜

图 5-4 唐云龙纹镜

图 5-5 宋安明宝剑镜

从铭文可知，龙纹镜在唐人眼中为“辟百邪、鉴万物”的镇物，其功用已超出梳妆等日用范围，已成为信仰型法物。尽管“龙护”的故事有神奇化的描写和对帝王的称颂，但仍揭示了时人以铜镜为镇物的世风。

宋代的“安明宝剑镜”，其镇物性质更其明显，其镜背铸宝剑一对，并有铭文曰：“安明贵富，弗剑而镜。”（图 5–5）宝剑是斩鬼之物，雌雄剑因合阴阳，更能护身驱鬼。在另面宋代铜镜上，除了雌雄剑，还铸有“天”“地”“风”“水”的卦纹，北斗星图及乌龟等（图 5–6），成为镇物的又一叠加，并具有道教的以星斗、玄武为镇的道术气氛。

此外，宋元时期的“八仙过海镜”等，也是辟邪镇物（图 5–7）。因仙人为升往山中、天界之人，刘熙《释名·释长幼》曰：“老而不死曰仙。仙，迁也。迁入山也。”朱梅叔《埋忧集》卷一〇则曰：“鬼怪无形，而全阴也；仙人无影，而全阳也。”因此，“八仙过海”的铜镜也正是以阳气的聚积以驱除室内的阴气，以铜镜的明辉使无形的鬼怪逃匿。

铜镜之为镇物，除了图饰与铭文的点画，还与制作中施行了入药、念咒等方术有关。我们从五代崔希范所撰的《入药镜》诀，不难看出铜镜作为镇物所经历的人为神秘化过程：

先天炁，后天装，得之者，常似醉。
日有合，月有合，穷戊己，定庚甲。
上鹊桥，下鹊桥，天应星，地应潮。
调巽风，运坤火，入黄房，成至宝。
水怕干，火怕寒，差毫发，不成丹。
铅龙汞，汞虎降，驱二物，勿纵放。

图 5-6 宋宝剑北斗八卦纹镜

图 5-7 宋元八仙过海镜

产在坤，种在乾，但至诚，法自然。
盗天地，夺造化，攒五行，会八卦。
水真水，火真火，水火交，汞不老。
水能流，火能焰，在身中，自可验。
是性命，非神气，水乡铅，只一味。
归根窍，复命根，贯尾闾，通泥丸。
真□筌，真鼎炉，无中有，有中无。
托黄婆，媒姹女，轻轻地，默默举。
一日内，十二辰，意所到，皆可为。
饮刀圭，窥天巧，辨朔望，知昏晓。
识浮沉，明主客，要聚会，莫间隔。
采药时，调火功，受气吉，防成凶。
火候足，莫伤丹，天地灵，造化悭。
初结胎，看本命，终脱胎，看四正。
密密行，句句应。[1]

从上述咒诀可知，铜镜虽为生活日用，却循神秘法术所制，故有镇辟的法力。

铜镜为婚礼启用之物，这样具有辟邪法力的铜镜就自然进入了洞房，成为婚嫁礼俗中又一不可或缺的用品和镇物。

1　胡昌善：《咒语破译》，西安出版社 1993 年，第 223-224 页。

秤

在江苏省常州地区，流传着一首名为《新房摆饰》的婚礼歌谣，其歌曰：

剪刀剪剪，新娘赛过神仙；
镜子照照，照得子孙满堂；
用秤称称，称心如意郎君；
拿尺量量，量到黄金万两。[1]

从字面看，这则喜歌充满了吉语颂辞，在洞房内念唱能引发一阵阵欢闹的笑声。不过,这“剪刀”“镜子”“秤”“尺”作为“新房摆饰”，不仅是日后新妇的用具，也是守护洞房的镇物。

剪刀是利器，是工具，也是武器，民间多将它与小镜同挂门头，以吓退邪鬼。由于“鬼怪无形”，它怕照镜，也怕尺量；又由于俗信鬼无重量，所以它又怕秤称。在镜、尺、秤的面前，鬼祟因被识破而失却贼害的伎俩。

在这组洞房镇物中，秤的文化寓意较为丰富。同时，秤不只作为洞房摆饰，还是新郎或男家女亲用以挑去新娘盖头的用物。宋人吴自牧《梦粱录》卷二〇“嫁娶”在述及“牵巾”事象后,有“并立堂前，遂请男家双全女亲，以秤或用机杼挑盖头”之说。此外，宋代还有新妇入门须跨秤而过的风俗。[2] 在当代扬州市郊，仍流传着“秤杆子上头滑如油，一路星子顶到头，一来主家称元宝，二来代新娘挑盖头”的歌谣。

1　韦中权搜集，见《常州歌谣谚语集》，中国民间文艺出版社 1989 年，第 20 页。

2　〔宋〕孟元老《东京梦华录》曰：“新人下车檐，踏青布条或毡席，不得踏地，一人捧镜倒行，引新人跨鞍、蓦草及秤上过。”

秤用作婚礼之镇，乃因其为天象的模拟，星辰的象征。在常州地区仍流传着有关“秤的来历”的故事，述说秤花与星宿的关联：

> 传说很久很久以前，人间是没有秤的。我们的祖先以物易物，没有一定的度量标准，奸商从中捣鬼，百姓怨声连天，人间一片混乱，弄得土地菩萨也不得安宁，只好上天告状。
>
> 玉皇大帝接到土地菩萨的报告，立即派北斗七星宿，南斗六星宿，福、禄、寿三星下到人间，给他们一根“良心棒”去量那些奸商们的心。十六星宿下界后，分东、西、南、北、乾、兑、离、震、巽、坎、艮、坤，四面八方进行测量。可是，“良心棒”只有一根，怎么办呢？太白金星就把这十六个星宿钉在“良心棒”上，再做个砣和钩，又用绳子或条皮做毫，然后把它撒向人间，让人们用它来兑换东西。从此以后，南斗六星、北斗七星，加上福、禄、寿共十六星宿常驻人间，南斗主生，北斗主死，福星主福，禄星主禄，寿星主寿。可是，在秤杆上嵌这十六颗星时，颜色必须是白色或黄色，不能用黑色，比喻做生意要心地纯洁，不能黑心。如果哪个奸商坑害百姓，“良心棒”上的星宿看到，就会惩罚他。若给人缺斤少两，少一两叫“损福”，少二两叫“伤禄”，少三两叫“折寿”……这就是秤的由来。[1]

这则传说与古人按天象作权衡观一脉相承。在古人看来，不单秤花为星，且秤钩为月。宋人刘学箕《赋得秤送孟儒卿》诗云：

---

1 《常州民间故事集》(二)，中国民间文艺出版社 1992 年，第 179–180 页。

愿以金锤秤，因君赠别离。
钩悬新月吐，衡举众星随。
掌握须平执，锱铢必尽和。
由众投分审，莫放弃权移。

至于秤定十六两，在秦始皇统一度量衡之后，据说有“天下太平”之喻，因“天下太平”四字恰好是十六笔。[1]

婚礼及洞房亦求“太平”，人们需辟除因新妇入户而潜进的各类阴气邪祟，而秤为星、月天体镇物的移植，因此洞房摆设秤杆就有招星邀月之意，以受星神月精的佑护。由于有“称心如意”的吉祥理解，因此秤在婚嫁礼俗中获取了持久承传的机缘，甚至至今仍略可见。

红纸

红纸同红布、红烛一样，也是洞房内的装饰和镇物。

洞房内点题的红“囍”，便是由红纸剪成。在河北省石家庄地区，新房的柱础、石台也皆剪红纸贴上，称作“避白虎”。此外，各地馈赠新人的礼品，也多用红纸剪出喜花粘贴在礼品上，陈放在洞房内。

在苏北，新房的窗户都要先用红纸糊上，以驱辟作祟的九头怪鸟。在大运河沿岸，至今流传着“红纸糊窗惊怪鸟”的传说：

传说，当年水母娘娘（图 5–8）生了一个九头鸟儿。虽然，那九个怪头奇丑，但它那金光璀璨的五彩羽毛，却非常漂亮，就是孔雀、凤凰也比不上。它倒非常骄傲，到处要寻人家比美。有一天，它听说人间要算洞房里的新娘子最美，心里

1 汤志成：《古代婚礼用秤释疑》，《民俗研究》1993 年第 4 期。

图 5-8　水母娘娘（民间纸马）

图 5-9　飞煞（民间纸马）

很不服气，便来到人间，要和新娘子比美。可是，它进不了洞房，只得偷偷地将九个怪头伸进窗子里来。新娘子突然见到这个怪物，常常吓得魂不附体，惊叫起来，还有被吓死的。人们知道是一只九个头的怪鸟作祟，便拿着棍棒来赶。可是，九头鸟儿飞快，人们怎么也打不着它。后来，有个老人想了个办法，用一个火把点着放在新房窗口，九头鸟儿看见红红的火焰，害怕烧坏自己漂亮的羽毛，果真吓得不敢来了。

不久，这办法便传开，不管什么人家办喜事，都得派人点着火把，守护在洞房的窗口。日子一长，有的人家不注意，引起火灾。人们便在洞房的窗口贴上红纸，映着房内烛光，通红一片，九头鸟儿远看红通通的，还以为是火焰在燃烧，也就不敢来了。[1]

这则传说将红纸比作“火焰”，道出了红纸辟祟的象征意义。九头怪鸟本是民间传说中的凶鸟，又名“鬼车”“姑护鸟”“鬼鸟”，它的习性是“昼藏夜出”，爱入家室摄人魂魄，但畏火畏犬，见火光辄惊堕。由于它有“姑护鸟”之称，人们联想到它同新娘的纠葛，并因其畏火，而红纸色赤如火，故以红纸禳之。

红纸同其他洞房镇物一样，为婚礼中的退煞之物，而所谓的“煞”，是一种人首鸟身的凶鸟（图 5-9），因此，传说中的“九头怪鸟”是信仰中“煞”的具体化再创。

因红纸能退煞，退了煞便无凶殃，于是洞房内就能太平无事，笑语声喧，春光无限，康宁吉祥。由于红纸易得，所费不糜，而色调热烈，最易渲染婚礼的背景与气氛，故红纸作为洞房镇物在乡野至今犹见。

1 邓奇搜集，见《京杭运河之光》，南京大学出版社 1993 年，第 714–715 页。

婚床

洞房内的婚床，除了新被新帐的铺挂，也集中了不少辟邪镇物。

在东北，有婚床席下置铜钱、斧子的禳辟风俗。据《吉林新志》载："新娘至，令跨鞍而入，置铜钱于其两肩。既上炕，置铜钱于席下。先是且置斧子于席下。凡此各端，殆皆趋吉避凶之意。"[1]

铜钱多为"孔方兄"，取天圆地方、阴阳抱合之意，以其化万物之性除阴禳死；而斧子为工具中的重器和利器，早在原始社会就成为权势与威力的象征，故可避退鬼祟。二者作为镇物，均由来已久。

在苏南吴县角直一带，有在婚床上放扁担两根，小木榔头一对的婚俗。扁担是乡人搬运的主要工具，而榔头则是一种打击型工具，二者均可作为力量的象征，并可兼作自卫的武器。正是扁担、榔头所体现的力量，而成为乡间的婚床镇物。

在江苏丹阳农村，婚床上要挂八卦，并伴有"新挂帐沿六尺长，上面绣的郭汾阳；金毛狮子分左右，文王八卦在中央"的喜歌。八卦是最常见的辟邪镇物，在苏皖南部农户门额上，多有八卦、小镜的悬置，其挂于婚床之上，乃具有相同的取义。

在婚床上还常见有花钱、宝葫芦之类的坠饰。"花钱"即"厌胜钱"，它以道符咒语、吉文祥图为纹饰，用于镇护床笫。而葫芦，则是生育的象征，具有所谓"瓜瓞绵绵"的寓意。葫芦不仅内藏种子，也是巫师收魂之器和道仙藏灵药之物，故被视作神妙的灵物而能辟鬼收妖。

在苏南稻作区，稻草、稻穗也成了婚床上的镇物，它们被用来铺床和做枕头，甚至用来压新娘陪嫁的箱底，并佩戴在新郎的头上。在无锡地区，新床上一定要放"稻草枕"，有洞房喜话说：

1　丁世良等:《中国地方志民俗资料汇编》东北卷，书目文献出版社 1989 年，第 261 页。

新婚新房枕新稻，满树桃花绣枕套。
新郎伸手采仙桃，新娘生个柴官宝。[1]

从喜话中可知，枕上所绣为“桃”，而“稻”“桃”二字在吴语中发音相近，因此稻枕是桃枕的指代，即借桃木的镇鬼之性以镇护婚床。

苏北婚床上所垫之物，过去也多用稻草。这种干稻草被褒称为“金丝草”。泰兴地区传承的一则《铺床草》喜话说道：

良辰吉日喜洋洋，我代主家来铺床，
两头铺的金丝草，中间铺的子孙塘。
子孙塘呀子孙塘，一代更比一代强！

稻草称作“金丝草”，是一种讨吉乞利的褒称，它掩盖着稻草招神避鬼的潜在追求。稻草所编的绳子可挂在堂前门上，称作“神绳”，在当今日本神庙的牌坊上还见有草绳邀神的现象。在农耕社会，特别在稻作区，仍普遍潜留着对稻谷及稻草的亲情。稻不仅在语音上使人联想到“桃”，也因其粒多易长，能救人于饥馑而被投注了崇拜的情感。由多籽所产生的多生的联想，以及生气旺盛的观念，遂成了禳死除阴的诱发基础。婚床上的稻草迎合着乡民的祈禳心态，在稻作社区，可以说，它是一种最易接受，而又随处可得的地产镇物。

婚俗中的“撒帐”，也是涉及婚床的镇辟事象。撒帐所用之物为花果、铜钱、五谷等，并多选用桂圆、枣子、花生、核桃、栗子五种有壳的果实。在新人双双“坐床”后，“撒帐”就开始了，人们将一把把的“五谷”或“五果”抛向新人，撒满婚床，边撒边念唱撒帐的歌谣，使婚礼的欢腾气氛顿时达到了高潮。

1　朱海容：《古吴春秋》，新疆青少年出版社 1994 年，第 68 页。

《撒帐歌》一般按东、南、西、北、中、上、下、前、后方位，边撒边唱，或者按把数作“正十撒”或“倒十撒”。在明代的《清平山堂话本》中的《快嘴李翠莲记》里，有一首按方位念唱的《撒帐歌》：

撒帐东，帘幕深围烛影红，
佳气郁葱长不散，画堂日日是春风。
撒帐西，锦带流苏四角垂，
揭开便见姮娥面，输却仙郎捉带枝。
撒帐南，好合情怀乐且耽，
凉月好风庭户爽，双双绣带佩宜男。
撒帐北，津津一点眉间色，
芙蓉帐暖度春宵，月娥苦邀蟾宫客。
撒帐上，交颈鸳鸯成两两，
从今好梦叶维熊，行见蠙珠来入掌。
撒帐中，一双月里玉芙蓉，
恍若今宵遇神女，红云簇拥下巫峰。
撒帐下，见说黄金光照社，
今宵吉梦便相随，来岁生男定声价。
撒帐前，沉沉非雾亦非烟，
香里金虬相隐快，文箫金遇彩鸾仙。
撒帐后，夫妇和谐长保守，
从来夫唱妇相随，莫作河东狮子吼。

与此类似的“方位撒”歌谣，在南京郊县、浙江湖州等地仍见承传，在内容上均以洞房风光、夫妻同心、怀胎生子为唱。

此外，在《撒帐歌》中还有数十月花及说古人等内容，均为了烘托洞房的欢闹气氛。其实，撒帐是一种祝子的象征仪式，而祝子的信仰基础，即所撒者为生命之种。如果我们再联系亲迎中下轿时的“撒谷豆”，可看出二者的一脉相承。“撒谷豆”是为了辟“三煞”，“撒帐”当也有相同的取义：前者是户外的禳镇手段；后者是房内的补充镇事，一个守门，一个护床，“防区”不同，其义无异。所撒的五果、五谷、花钱等，皆为镇辟之物，只是它们作为镇物的意义被洞房内的欢闹气氛所掩盖，被人们对吉祥幸福的率直追求所冲淡。吉凶、祸福本相反相成，在《撒帐歌》的一句又一句的“喜话”中，仍包容着镇辟的愿望，透露出“五果”“五谷”作为婚床镇物的信息。

筷子

筷子，古称“荚”或“梜”，又称“箸”或“筯”，是始于商代的餐具。战国的韩非在《韩非子·喻老》中说“昔者纣为象箸，而箕子怖”，“象箸”即象牙筷子。从考古发掘看，在安阳的一座商墓中曾出土三双铜箸，可见，在殷商时代筷子早已成为中国人的取食工具，其传承至少已有三千多年的历史了。

筷子不仅是实用的餐具，也是寄托观念的信仰物品，它在婚礼上有诸多的应用，甚至还成为洞房祈禳的特殊镇物。

汉族婚礼中有洞房门帘上吊筷子的事象，有娘家人给出嫁女送筷祝子的做法；在云南阿昌族的婚礼上，人们用五六尺长的大筷子捉弄新郎，而藏族嫁女时亦有带把筷子上路的风俗。

筷子在婚俗中最奇特的事象要数在洞房外戳窗投筷了。闹房过后，人们退出了洞房，新人关门闭户，准备上床共度良宵，此时送房人站在新房的窗外，将女方陪嫁来的十双红漆筷子，成双地戳破窗纸，朝婚床上掷去。在江苏海州地区，人们边戳边唱道：

手拿红漆筷，站在喜窗外，
戳破红棂纸，来年就见子。
一戳一拖，养儿一窝；
一戳一捣，养儿赶考；
一戳一顺，养儿拔贡；
一戳一拉，养儿探花；
戳得快养得快，一年一个小元帅。

筷子投毕，用筛子堵住窗户，再用扫帚头朝上地把筛子顶住，旧说筛子是“千只眼”，扫帚是万根“辟邪棒”，窗上有此二物，鬼祟便不敢靠近。[1]

在苏北沭阳县农村，戳窗投筷是新婚之夜的最后一项民俗活动。由一名与新郎平辈的青年手拿十双红漆筷子，在屋外戳破窗纸，一双双地扔进洞房，一会儿扔向新娘，一会儿扔向婚床，一会儿掷向箱柜，一会儿掷向地面，并伴有祝颂的歌谣。其歌曰：

一戳窗纸开，新娘躲起来，
八仙送贵子，麒麟来投胎。
二戳红罗帐，帐内尽春光，
情意如胶漆，当年生儿郎。
三戳红绫被，鸳鸯共枕睡，
并蒂鲜花香，恩爱过百岁。
四戳如意床，心往一处想，
夫唱妇相随，欢乐度时光。
五戳红漆箱，掷中叮当响，

1　刘兆元：《海州民俗志》卷三，江苏文艺出版社 1991 年。

新娘拿出糕，笑与新郎尝。
六戳大立柜，声音好清脆，
洞房花烛夜，柜儿也生辉。
七戳白粉墙，织女爱牛郎，
脉脉秋波送，绵绵情意长。
八戳新房地，遍地生瑞气，
勤劳两双手，平地高楼砌。
九戳玉箸飞，郎才女貌配，
花鲜引蝶舞，蝶恋花香醉。
十戳笑声朗，夫妻敬高堂，
爱护弟妹们，妯娌多体谅。[1]

在苏南的句容县也有以“十戳”为唱的婚礼《戳窗歌》，其歌词是吉语吉话的堆砌：

一把红漆筷，戳破窗棂纸，
站在窗户外，望见贵人来。
一戳荣华富贵，贵如天子。
二戳金玉满堂，高堂玉照。
三戳状元及第，唯一财主。
四戳事事如意，意在宇宙。
五戳五子登科，科登魁首。
六戳六六双全，七戳七子团圆，
八戳八仙过海，九戳九子十成，

1　邵振华搜集，见《乡土报》1986年第18期。

十戳百子成龙。[1]

如果说上述戳窗投筷歌还较为典雅的话，那么，在淮阴清浦区流传的《戳窗歌》则较为率直：

戳戳捣捣，养四个黑子，
两个放牛，两个割草。
捣捣戳戳，养个半桌，
两个练武，两个上学。

从上述歌谣看，戳窗投筷是对性风俗的点画，它以祝子为功利，以戳窗来暗示性行为，具有教化与谐乐的效果。筷子在这一事象中实为男根的象征，并因此成为洞房内的镇物。

前见报载，日本的斋藤敏树先生认为，筷子是对鸟喙的模拟，鸟类以五谷杂粮为生，用喙啄食，而东方人以米食为主，故筷子是对鸟进食方式的模仿，而西方的刀叉则是对食肉的狮虎爪牙的模仿。[2]

此说颇为新颖，筷子所出现的殷商正好是以鸟为图腾的国度，这种模仿能表现出对崇拜物的亲近，或许它真的构成了筷子最初的创造诱因。由于鸟为阳物，在仰韶文化彩陶瓶画上多见有“鱼吞鸟头图”（图5-10），表现了性器交合的象征景象，其中，鱼口为阴器，鸟头为阳器。筷子作为鸟喙的模拟，也就成了阳物——男根的象征。这样，投筷于洞房，除了表面的以祝殖为主题的欢快气氛，更潜含了设镇避祟的文化观念。

1　张明礼搜集，见《句容的传说与歌谣》（资料本），1989年印，第440页。

2　《扬子晚报》1995年7月20日。

图 5-10　仰韶文化中的鱼吞鸟头图陶瓶

第二节　丧葬镇物

丧葬是人生礼俗中的大类，其事象最为繁缛而滞重。在《永乐大典》卷八一九九，十九庚“陵”字内收录了一名为《大汉原陵秘葬经》的葬书，从其所收五十篇篇目，不难看出在中古时期丧葬礼俗的铺陈与复杂：

> 选坟地法篇·相山岗法篇·辨风水法篇·四方定正法篇·定五姓法篇·择葬年法篇·择葬月法篇·择葬日法篇·择时下事篇·凶葬法篇·置明堂法篇·择神道路篇·择三要法篇·择五姓利路篇·辨古道吉凶篇·辨古丘墓吉凶·辨阡陌步数吉凶·辨茔坟零步·择内外冢行丧·六甲开三闭九·八卦开四闭十八·择斩草法·造棺椁法·择开故墓·辨八葬法·辨四等壁穴法·穿地得物·冥婚仪礼·择送葬法·发引地灵·辨烟神曲路·辨孝义制·辨设置厨帐·辨下事时应候·辨掩闭骨殖·辨旒旐法·车轝仪制·占风云气·应此吉凶法·盟器神杀·碑碣墓仪法·坟台穴尺寸·择射墓法·择白埋小殡·择殃杀所篇·择师法篇·择用事篇·射白埋墓定阴阳人·复骨坟冢篇·不见古殖篇[1]

在丧俗葬仪中，除了大量动作性、仪式性的行为，也见有各类镇物的应用。丧葬镇物有玉琢、陶制、砖雕、石刻、彩绘、朱书、版印、纸扎、木雕、铜铸等多种形制，均以护尸镇墓、遣魂化生为追求。

一、护尸镇墓

在古代墓穴、墓道、棺椁中，多见有各类图案和明器等随葬物品，其中很多属镇墓之物，诸如地券、符镇、兽形棺、船形棺、虎图、镇墓兽、生肖俑、人面鸟、辟邪、兕马、柏树、弓箭、镰刀、方相、魌头、厌胜钱、星象图、连行图、壮马、牛头等。

1 《永乐大典》第九十一册，中华书局 1959 年影印本。

牛角棺

牛角棺是兽形棺的一种简化形式，具有神秘的象征意义和强烈的禳镇气氛。

兽形棺在民俗礼仪中不仅用于镇护死者，而且也是不同族种或身份的标志。在印度尼西亚的峇里岛，用以收装尸体或骸骨的木棺雕成各种兽形，并因死者地位不同而异：僧侣、富人雕成牛形，勇士雕成飞狮形，普通人则雕成半象半鱼形。[1] 其实，所谓“半象半鱼形”，就是摩竭形。摩竭是印度神话中的河神，性能“吞啖一切”，其形雕于棺木，显然为吞食一切邪魅恶鬼，从而护尸镇棺。

在广西壮族自治区贵港市大岭乡龙马村西 3 公里的仙女纺纱山悬崖上，曾发现一批崖洞葬棺木，其中有一些便是牛头棺的简易形式，以牛角为主要的棺饰。例如，岜楞山崖洞一号棺，通长 192 厘米，棺身长 98 厘米，头宽 54 厘米，尾宽 53 厘米，其棺盖有一对牛角上撇，棺身则有一对长角下撇（图 5–11）。扁山庙岩崖洞一号棺，通长 180 厘米，棺身长 112 厘米，头宽 28 厘米，尾宽 20 厘米，其棺头雕有一对内弯的牛角饰（图 5–12）。此外，樟山崖洞一号棺，通长 162 厘米，棺身长 110 厘米，头高 34 厘米，尾高 30 厘米，其棺头部的棺盖及棺身均雕有一对壮硕的牛角（图 5–13）。[2]

在广西的白裤瑶族，则用一对真牛角嵌入木柱，竖立在积石冢前，这“牛角坟”与“牛角棺”具有相同的取义（图 5–14）。

棺木与坟柱制为牛角，乃是以牛为镇。因牛为土畜，被视作“中央之牲”，在方位上获取了至尊的位置。在一些民族的宇宙神话中，牛是大地的载体、世界的支撑，《周礼·地官·大司徒》“奉牛牲”注

1 杨敏悦等：《异国风俗》，中央民族学院出版社 1988 年，第 116 页。

2 《文物》1993 年第 1 期，第 56–57 页。

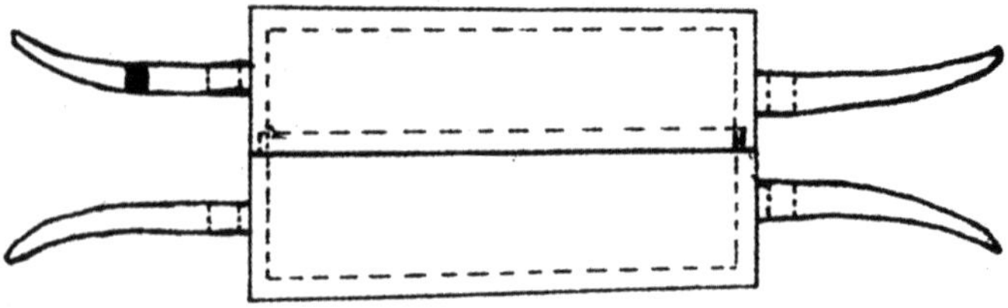

图 5-11 外弯式牛角棺

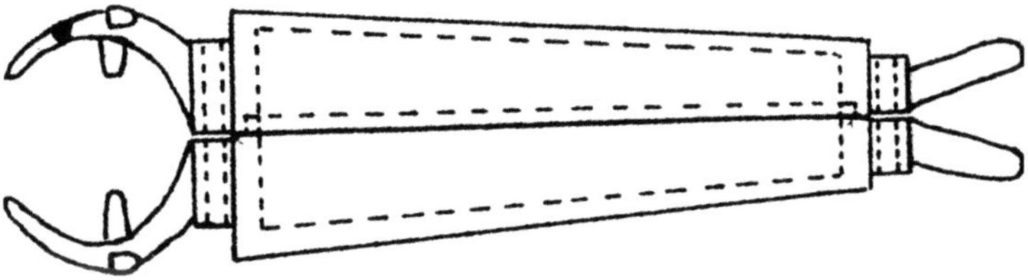

图 5-12 内弯式牛角棺

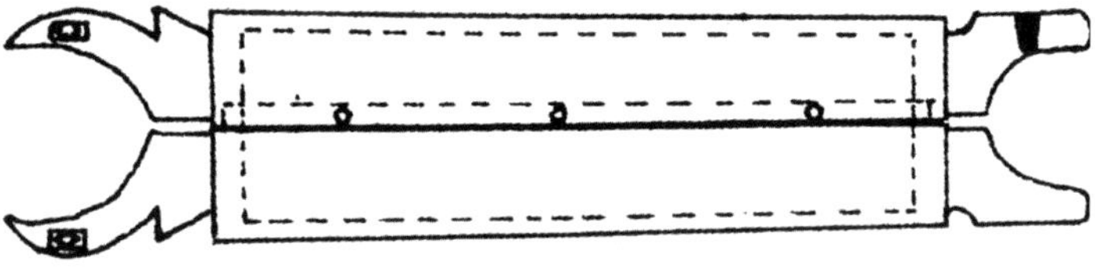

图 5-13 壮角式牛角棺

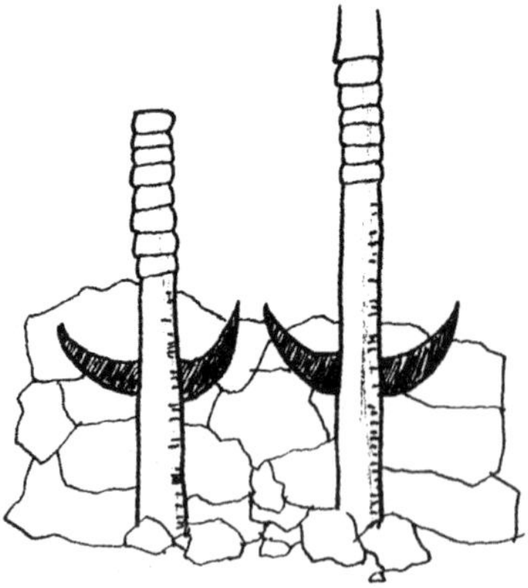

图 5-14 白裤瑶族的牛角坟

云 :“牛，能任载地类也。”牛能载承大地，牛就是冥土之主，故汉族农家有夜行牵牛辟鬼之俗。

除了牛在神话思维中所领有的冥主身份，牛角因坚挺而被视作阳气的象征，其由小及壮的生长之性、硬朗而微曲的动感之象，使人们联想到阳气动跃的生命旺盛情状。牛的文化情结与佑生禳死联系在一起，并因此而构成辟凶的镇物。牛角棺和牛角坟正是牛神话及角文化在丧葬习俗中的渗透，这一再现性的应用所追求的，正是护尸镇墓的功用。

镇墓兽

镇墓兽是中国古代墓葬中形象怪异、品类繁多、寓意迷离的随葬物品，它出现于战国早期的楚墓，一开始便突出了其“兽”形的特点，并以利角、长舌、排牙、虎躯而透露出神话与巫术的气息。

陈跃钧、院文清二先生在研究了楚国早、中、晚三期镇墓兽形制的演化后曾指出 :“从镇墓兽的整个情况来看，最大的变化是由头面雏形变为虎首虎面，由直颈变为屈颈屈身，身由直立无肢变为跪式四肢俱全，座由梯形面较高变为梯形面较低。”[1] 我们从信阳楚墓出土的漆绘彩镇墓兽中，可看到直身直颈、直立无肢、首面似虎的形象特征（图 5-15）。

顾丞峰先生在述及镇墓兽的演化时则指出 :

> 东汉、西晋基本处于独角兽——獬豸影响阶段 ；北朝、隋、初唐处于狮形阶段 ；盛唐又呈综合阶段，唐以后则让位

1 陈跃钧、院文清 :《镇墓兽略考》,《江汉考古》1983 年第 3 期。

于其他种类。[1]

从魏晋至唐的镇墓兽实物看，独角形兽与狮形兽确实为数不少。独角兽式镇墓兽多置墓道口，以巨眼壮角传导镇辟之力（图 5–16）。

至于狮形镇墓兽，在出土的洛阳北魏元邵墓（图 5–17）、河北曲阳北魏韩贿妻高氏墓可见（图 5–18）。狮形镇墓兽一般作蹲伏状，脊上有三束鬣毛高耸，其形类似兽角。关于狮子的神形与威力，唐人虞世南《狮子赋》曰：

> 其为状也，则筋骨纠缠，殊姿异制，阔臆修尾，劲毫柔毳，钩爪锯牙，藏锋畜锐，弭耳宛足。伺间借势，暨乎奋鬣舐唇；倏来忽往，瞋目电曜，发声雷响。拉虎吞貔，裂犀分象，碎随兕于龈腭，屈巴蛇于指掌。践藉则林麓摧残，哮呼则江河振荡……[2]

独角兽的“性别曲直”“触不直者”之性，狮子的目电声雷之质及“裂犀分象”之力，是它们用以镇墓的信仰基础。镇墓兽以灵兽、猛兽为原型，用以呵护尸骨，慑退恶鬼，成为镇守墓室的灵物。

在唐代还见有虎头、羊角、狮身、猫耳的镇墓兽（图 5–19），这种多兽合体的形制，反映了对镇物叠加应用的急切心理，以图最大限度地获取除凶迎祥的效用。镇墓兽功能单一，以护尸镇墓为唯一职守，成为中国丧葬文化中最神秘的物象之一。

1　顾丞峰：《镇墓兽俑形制演变析》，《文物天地》1988 年第 3 期。

2　〔唐〕徐坚：《初学记》卷二九“兽部 · 狮子第一”。

图 5-15　楚漆绘彩镇墓兽

图 5-16　唐独角镇墓兽

图 5-17　洛阳出土的北魏狮形镇墓兽

图 5-18　河北出土的北魏狮形镇墓兽

图 5-19　唐多兽合体式镇墓兽

虎图

虎图是中国民间文化体系中最习见的纹饰之一，作为一种文化象征，它将神话信仰与生活追求、彼岸世界与现实世界、宗教情感与风俗仪典联结在一起，其外显的图像往往潜含着幽深的隐义而显得古奥和神秘。

在中国古代，虎图多见于墓葬之中，具有镇物的功用。在河南省濮阳仰韶文化墓葬遗址发现的以蚌壳堆砌而成的虎纹与龙纹是新石器时代的文化遗物，也是后世虎形墓画的滥觞。在商代的墓室中则出现石虎或玉虎的圆雕，在安阳商墓出土的石跪虎，刻凿精美，其虎昂首咧嘴，并以巨口狰牙、坚齿利爪展现着威严与神秘（图 5-20）。在汉画像石和画像砖上，多有奔虎图、搏虎图（图 5-21）和二虎争璧图等纹饰。在北魏时期的棺画上，还见有虎头图或虎口吞人图，其文化内涵更为幽秘。在汉代还形成了“墓前树柏，路头石虎”的墓制传统，历经中古直至明清，石虎仍作为护墓神兽屡见于帝王或将相的陵墓神道。

墓葬虎纹的神秘象征应索之于上古神话，在中国的度朔山神话和西王母神话中均有迹可寻。汉王充《论衡·订鬼》引《山海经》曰：

> 沧海之中，有度朔山，上有大桃木。其屈蟠三千里，其间东北曰鬼门，万鬼所出入也。上有二神人，一曰神荼，一曰郁垒，主领阅万鬼。恶害之鬼，执以苇索以食虎。

《论衡·乱龙》中也载：

> 上古之人，有神荼、郁垒者，昆弟二人，性能执鬼，居东海度朔山上，立桃树下，简阅百鬼。鬼无道理，妄为人

图 5-20　商墓中的石跪虎

图 5-21　汉画像石上的搏虎图

祸，荼与郁垒以卢索，执以食虎。

在“度朔山”神话中，虎是专食恶鬼的神兽，也是把守“鬼门”的镇物。虎图应用于墓葬，正源于这种神话观念，实际上它是对度朔山神话空间的象征模仿，即借取虎图以创造一种使百鬼惊惧的气势，从而得到御凶护墓的心理满足。

西王母神话也与虎相关，虎作为“神话素”不仅是这位大神的构成部分，同时也是追寻其神性、揭示其隐义的可靠对象。《山海经·西次三经》载：

玉山，是西王母所居也。西王母其状如人，豹尾虎齿而善啸，蓬发戴胜，是司天之疠及五残。

又《大荒西经》载：

西海之南，流沙之滨，赤水之后，黑水之前，有大山名曰昆仑之丘。有神，人面虎身，文尾，皆白，处之。其下有弱水之渊环之，其外有炎火之山，投物辄然。有人戴胜，虎齿，豹尾，穴处，名曰西王母。

上述神话言及西王母“虎齿”“虎身”“善啸”“穴处”，是一个人兽合体的西方大神。西方是日落之方，也是死亡之角，故西王母的“虎齿”“虎身”是对其镇制鬼气的神力所作出的渲染。西王母“司天之疠及五残”，是一位主生死之神，虎形象的附会不独用于点画她的威严与怪异，也透露出她与死亡的联系及对鬼祟的震慑。

关于这层隐义，我们还可以从古代“四神”中的西方“白虎”得到认识。青龙、朱雀、白虎、玄武为东、南、西、北四方之神，它们的配置是以兽体宇宙神话为基础的。青龙配东，表示阳气腾跃；朱雀在南，表示太阳鸟运行中天；白虎在西，为昼去夜至，阳伏阴出之象；玄武在北，表不见天日的幽冥世界。

西方何配白虎？这源于对太阳东升西落的观察与思考。东方为日出之所，日出则带来光明、温暖、人兽的活动，跳荡着生命的气息；西方为日落之所，日落则变得黑暗、寒冷、人兽的伏居，透露出死亡的意味。西方是白昼与黑夜的交界地，也被看作是生与死的过渡带，因此，以虎相配正展露出它的“界碑”性质。从色调看，东方之“青”表生命之始，南方之“朱”表生命之旺，西方之“白”表生命之衰，北方之“玄”表冥界的幽暗。可见，生与死的转换在方位上是西与北的相连，在色调上是白与黑的相接。民间信仰中的勾人精魂的无常鬼正是一白一黑，并有“遇白者喜，遇黑者凶”之说。传说他们往往在人寿终正寝前出现，然后索命而去，他们白黑成对，具有生死转接的寓意。无独有偶，美洲阿兹特克人的死神也是黑白二体的合一（图5-22），所展现的仍旧是生与死的过渡与交接。因此，白虎之“白”，及其配置西方，乃具有濒临死亡、镇迎死亡的文化内涵，或者说，白虎就是他界的门户，地府的关卡。

其实，将虎口视作地狱之门是一个世界性文化现象。古人常将山洞与虎口比作“鬼门关”，山洞与虎腹的幽暗阴森使他们联想到他界的空间和死亡的恐怖。古希腊人认为，地狱的入口一个在雅典西北靠近厄琉西斯（Eleusis）的地方，另一个入口在特纳鲁姆（Tenarum）的一个山洞里；古罗马人及中世纪欧洲人都把山洞视作通向地狱的门户。不过，这类山洞有的用虎头或虎纹装饰，如印度尤达亚吉里山（Udayagiri-Hill）的“虎洞”，是放置死者遗体的地方，洞外岩石刻作硕大的虎头，洞口俨然虎口，成为地狱的入口和生与死的疆界（图5-23）。在中国四川省宜宾县石城山的僰人岩墓群中也有类似的虎头雕凿，其上两洞似眼，其下一洞似口，且吻部稍稍前突，整体观之，

图 5-22 阿兹特克人的死神

图 5-23 印度的虎洞

图 5-24　欧洲中世纪的地狱图

图 5-25　北魏棺画

有类虎头，与印度“虎洞”可谓异曲同工。

欧洲中世纪教会表现地狱情状的木雕及绘画也是一张开血盆大口的虎头，口中立有阴郁哀伤的男女幽灵们（图 5–24）。在中国山西大同出土的北魏石棺床上，同样刻绘着一个龇牙咧嘴的虎头，口中含有一对少女，她们双手握托虎牙，面无惧色，表现了生死有常的再生信仰及安魂护棺的镇辟功用（图 5–25）。世界文化史中的这一类同现象，为比较文化学的研究留下了课题，它们或为平行性共生并存，或为影响型的模仿再现，它们有着相同的功能，即分别生死，护尸镇墓，表现对生命的热爱。

中国墓葬中的虎图同度朔山、西王母等神话信仰有着潜在的文化联系。度朔山作为亡灵归居的“鬼岛”，而食鬼之虎本是地狱门户的象征符号。西王母之“虎齿”“虎身”,同“四神”中的“白虎”相类，由其位在西方而然。西方是白昼、黑夜的交接处，先民由此联想到生死转换和阳界与冥界的通连。虎口大牙利，威武凶悍，且能吞噬人畜，虎口俨然是一个生死场和阴阳界，由此诱发古人对恐怖地狱的联想。就墓葬的虎图而言，其主要的功能是驱邪逐祟，护尸镇墓，利用原始的神话观念制造一种“鬼畏人惧”的文化气氛，以得到对死的抚慰和对生的满足。

符镇

所谓“符镇”，指用于墓葬中的符字、印章、诏书、诰命符、符砖、地券文等，它们均被赋予了镇护墓穴的功用。

“黄神越章印”是古代避虎狼、杀鬼魅的镇辟物，亦见于守尸护墓。在陕西省户县的东汉曹氏墓中曾出土一镇墓用朱书陶罐，其文有曰：

> 生人得九，死人得五，生死异路，相去万里。从今以长

保孙子，寿如金石，终无凶。何以为信，神药压镇，封黄神越章之印。如律令！

所谓“黄神越章印”在汉代颇为流行，从所见实物看，有“黄神之印”“黄神使者印章”“黄神越章天帝神之印”“黄神越章”等印文（图5-26）。因《说文·易坤》有“天玄而地黄”之说，故“黄神”当为土地之神的称谓。[1]

至于印章的作用，《抱朴子·杂应》曰：

古之人入山者，皆佩黄神越章之印，其广四寸，其字一百二十，以封泥著所位之四方各百步，则虎狼不敢近其内也。

图5-26　东汉黄神越章印

1—黄神之印　2—黄神使者印章

3—黄神越章天帝神之印　4—黄神越章

1　南朝时地券文中有“黄神、后土、土皇、土祖、土营、土文、土武”的并称，可见“黄神”为土地之神。参见禚振西：《曹氏朱书罐考释》，《考古与文物》1982年第2期。

“黄帝越章”既能避虎狼，故也可逐邪鬼。

地券是由死者亡魂收存的购地“照证”，也是墓穴内的辟邪镇物。在南京南郊英台寺山发现的明太监金英墓中，有一方形地券放于棺座后部的壁龛边上，其券文有如下字句：

> 自从倾逝，未卜营坟，夙夜忧思，未遑所厝，遂凭术者择此高原，龟筮协从相地，得吉地属应天府江宁县安德乡英台寺山之畔，作酉辛山卯乙向，堪为宅兆。谨用钱九万九千九百九十九贯文，兼备彩币，买地一方，东西一百二十步，南北一百二十步。……今日值符，故无邪精，不得忏悕，先有居者，永避万里，违此约，地府主吏，自当其祸。助葬主内外存亡，悉皆安吉，急急如五帝使者女青律令。[1]

券文中提及“用钱九万九千九百九十九贯文”，并非实数，因“九”为阳数，且有“老阳”之称，故其数所表达的是取阳除阴，即将先居此地的阴邪逐退万里，以达护尸镇墓之效。

地券文结尾“如律令”的格式，是套用了道家的符咒。在武汉出土的一东吴时期的地券文上有“价钱万五千”“得知者东王公、西王母，如律令”之语（图 5–27）。有的地券上还刻出星象图和道符，其镇物的性质更其明朗。

墓中的诰命符和石诏书也是道符式的辟邪镇物。在四川平武王玺家族墓中出土的“诰命符”碑石上有文曰：“太清土下大煞、死魂、鬼精，敢有干符乱□，神明天丁把斧，斩鬼戮形，山泽、水风、火炁、玉真护魂守尸，返魂化生。”（图 5–28）至于王玺石“诏书”，正面是“元

1 《文物参考资料》1954 年第 12 期，第 69–70 页。

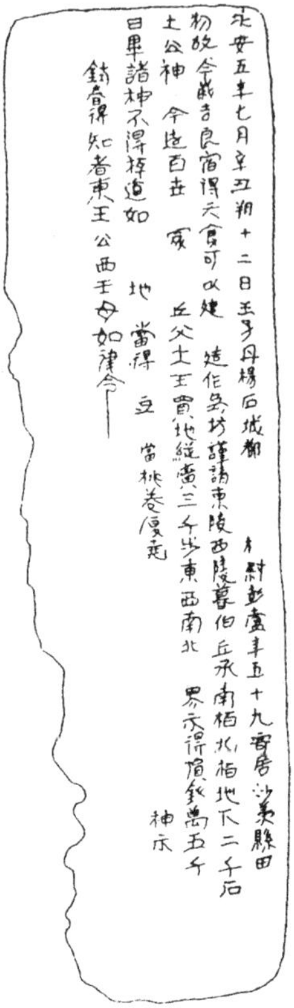

图 5-27　东吴地券

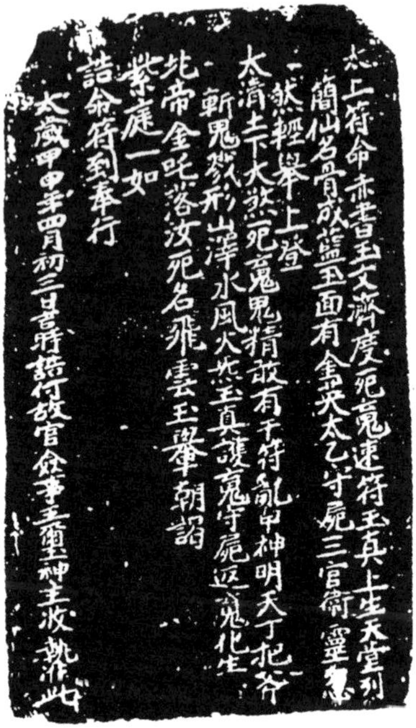

图 5-28　明王玺墓中的诰命符

亨利贞”四字和变体的“河图”星纹，其背面也镌刻模拟的“河图”，及蚊香式盘旋的“诏书”，其文末为“庶使子孙荣贵，受大安乐，一如女青律令”之语（图 5-29）。

“诰命符”为镇压“大煞、死魂、鬼精”之物，以“护魂守尸”，而石“诏书”，则以《周易》语词及“河图”星纹为镇，并借符咒之语以镇护子孙。前者为碑文式，后者为符图式，但同为护尸守墓的丧葬镇物。

镇墓符砖以符箓、符文为镇辟手段，其实例见于贵州思南明代张守宗夫妇墓中。其墓共出土符砖四件，长 29.5 厘米，宽 28 厘米，厚 5 厘米，文字均为朱书。其中二件右题“元始安土玉符”，中为符箓文，左题：“右符告下，九宫八卦，太岁神君，五方禁忌，土府百灵，咸承符命，安镇宅庭。伏尸故炖，鬼魅妖精，浮迹虚耗，土木偏胜，一切鬼魅，辄敢为犴，变凶为吉，灭迹除形。太上有敕，速遣不停，宅宇清肃，内外安宁，一如告命。”另两件中为符箓文，右题“身披北斗戴三台”，左题“寿山永远石朽人来”，背面四角题“长命富贵”。[1]

符砖的镇墓功用已由其符咒点画得一清二楚，且体现为道教法物在葬事中的俗用。

图 5-29　明王玺墓石诏书

左：正面　右：反面

1 《文物》1982 年第 8 期，第 32 页。

人面鸟

人面鸟是从西汉至宋代专用于墓葬中的一种人首鸟身的合体图形。它们既见之于飞衣帛画，又见之于墓壁彩画；既凿之于画像石、画像砖，又塑为陶质立像。

人面鸟有男相、女相之分，一般排于墓门附近，其男相人面鸟往往居镇墓兽之后。[1]但“人面鸟”不论男相或女相，均面容温和，与镇墓兽的狰狞之相有天壤之别。从合肥西郊隋墓出土的一对“人面鸟”看，为人的首身和鸟的尾足之合体，其尾高翘，造型显得平稳而柔美（图5-30）。在汉中石马坡南宋墓出土的“人面鸟”俑，其尾下垂，体态似鸡，可视作人、鸡的合体。在湖南长沙牛角塘唐墓出土的“人面鸟”俑，为人首人足与鸟身的化合，其两翅张开，作飞翔状，有动跃之感。

在《山海经》中载有多条有关“人面鸟”的神话资料。《海外东经》曰：“东方句芒，鸟身人面，乘两龙。”《大荒东经》曰：“东海之渚中，有神，人面鸟身。”《西山经》曰：“有鸟焉，其状如雄鸡而人面，曰凫徯。”

至于“人面鸟”的名称，除“句芒”“凫徯”“玄女”“橐䨼”“竦斯”等，[2]还有“千秋”“万岁”之名。葛洪《抱朴子·内篇·对俗》云：“千秋之鸟，万岁之禽，皆人面而鸟身，寿亦如其名。”

在河南省邓县学庄出土的南北朝时期的彩色画像砖上，一“人面鸟”旁题“千秋”二字，另一“兽面鸟”旁则题“万岁”二字，印证了葛洪之说。

“人面鸟”用之于墓葬有其镇墓辟邪的功用。其在汉画像石中形象，有不少形似凤鸟，而凤凰为“神鸟”，其像“鸿前麟后”“龙文虎背”，其功“见则天下大安宁”。可见，人首凤身之俑，本为辟凶殃、护安宁。

---

1 王恺：《“人面鸟”考》，《考古与文物》1985年第6期。

2 《山海经·北山经》：“有鸟焉，其状如雌雉而人面，见人则跃，名曰竦斯。”

而形似鸡身的“人面鸟”，则取鸡的镇辟之性。

鸡在很多民族中，都是卜葬与验穴的法物，以驱除凶鬼，佑护棺柩。毛南族在动土挖穴时，道公手拿一只公鸡，口念咒语，并唱《验穴鸡歌》。其歌曰：

好金鸡，好金鸡，愿在须眉山上啼，
头戴金冠脚踏地，身穿五色美毛衣，
今日我拿你在手，凶神恶煞走如飞。
此鸡不是非凡鸡，王母殿前报晓鸡，
安葬亡人请得你，四季之时报君知。
此鸡灵，此鸡灵，此鸡听我说分明：
皇帝听得此鸡啼，文武百姓朝殿位；
秀才听得此鸡啼，正是云程发奋时；
文官听得此鸡啼，正是安民定国时；
武官听得此鸡啼，正是汗马立功时；
男人听得此鸡啼，三更灯火读书时；
女人听得此鸡啼，身产怀孕贵子时；
孝子听得此鸡啼，富贵荣华无祟比；
亡人听得此鸡啼，早升天界莫待迟。

念毕，道公咬破鸡冠，将鸡杀死，用鸡血点洒墓穴四周，并诵曰：

一点东，亡人井内暖烘烘；
二点南，亡人井内喜洋洋；
三点西，亡人井内生欢喜；
四点北，亡人富贵自然得；
五点央，亡人穴内大吉昌。

念毕，方抬棺柩入穴安葬。[1]

由于活鸡是护尸镇穴的灵物，以鸡身与人首相化合，亦寄寓了得阳除阴的镇辟愿望。至于鸟身人首的合体也有相同的取义，因鸟为阳物，故“人面鸟”是近神得阳的象征，遂被选作墓葬的镇物。

图 5-30　隋人面鸟

二、遣魂化生

在丧葬镇物中，有不少驱邪遣魂、诱发再生的象征物品，它们或出自神话，或源于巫术，或出于宗教，在对恶鬼邪祟的镇除中，都寄托着安魂化生的祈愿。这类镇物在原始文化墓葬中即已发轫，直到近代亦未完全敛迹。用于遣魂诱生的镇物有：玉鱼、玉衣、圭璋、琮璧、

1　龙耀宏 :《“鸡歌”与魂灵信仰》,《中国民间文化》总第 12 集，第 51-52 页。

玉含、玉龟、钱树、魂瓶、鱼鸟图、生肖俑、人首鱼身俑、女娲伏羲图、西王母图、青鸟与九尾狐（图 5–31）、引魂鸡、双头蛇、蛙俑、宇宙树、船棺、纸船、路引、飞衣、白布、灯笼、秘戏图等等。

图 5–31　汉画像石上的青鸟与九尾狐

玉衣

玉衣是古代玉殓葬中最突出的遗魂实物之一，其最早的实例见于春秋吴国的墓葬之中。

1995 年 4 月，在江苏省苏州市西北郊真山吴国大墓中出土玉器 1.2 万件，其中有目前全国最大的玉面饰和最小的穿孔玉珠，有关专家称这批玉饰为“珠襦玉甲”，即所谓的“玉衣”，此次出土的玉石珠共计有 10 323 粒。[1]

“玉衣”在汉代又称“玉匣”“玉柙”，其较完整的考古实物见于西汉中山靖王刘胜的夫妻合葬墓中。1968 年考古工作者在河北省满

1　《扬子晚报》1995 年 8 月 3 日。

城县一石洞中发现了“金缕玉衣”及其他珍贵的文物，从而揭开了汉代的“玉匣”之谜。

刘胜的“金缕玉衣”全长188厘米，由青色或白色玉片缕织成人形。其中，头由脸盖和头罩组成，脸盖上制出五官的形状;上身由前、后两衣片和左、右两袖筒组成；腿作筒形，上宽下窄；足呈鞋状，腹下有一生殖器套。此件“玉衣”共用长方形、正方形、梯形、三角形和多边形扁平玉片2 498件，每边近角处均穿有圆孔，用1 100克金丝编缀。[1]

制为人形的“玉衣”始于西汉，其雏形为玉石覆面，即用形态各异的玉片覆盖死者的脸面。这一风俗在西周墓葬中已有发现，古人称之为“鳞施”。近年在山西省天马曲村北赵晋侯墓地中，又见有玉石覆面的出土，它以块玉或碎玉勾勒出眉、目、唇、额、颊及脸形（图5–32），表现为用玉石装罩死者的玉敛古俗。

玉衣和玉覆面用于墓葬,主要取其遣魂导灵的功能。所谓“玉衣”，实际上是玉鱼的拟指，我们从玉覆面古称“鳞施”之名，不难看出，玉片是鱼鳞片的模仿，是商周玉鱼从葬风俗的又一表现形式。

商代的墓葬中曾出土大量的玉鱼，尤其在殷墟妇好墓及安阳小屯其他商墓中发现有形态各异的小玉鱼（图5–33），其导魂引灵的功用十分突出。

古人有关两河三界的宇宙神话和鱼为乘骑的幻想，是玉鱼及“玉衣”随葬的信仰基础。

天上有水，星空为河，大地水载，天河、地川相通的宇宙认识，在新石器时代即已见端倪。在仰韶文化的彩陶上有多种水星图、网星图、星河图等绘画，表现了天河、地川相通，鱼、星互代的神话观念。[2]

1　周南泉：《古玉器》，上海古籍出版社1993年，第99页。

2　陶思炎：《中国宇宙神话略论》，载《东方文化》第1集，东南大学出版社1991年。

图 5-32　北赵玉覆面

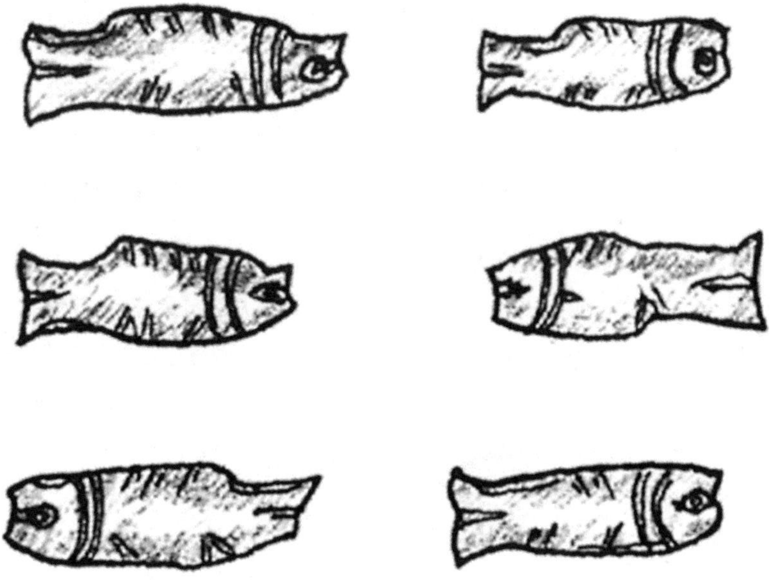

图 5-33　小屯商墓中的玉鱼

《山海经·大荒西经》中有“风道北来，天乃大水泉”之说，《黄帝书》则曰：“天在地外，水在天外，水浮天而载地者也。”此外，《浑天仪》注曰：“天如鸡子，地如鸡中黄，孤居于天内，天大而地小，天表里有水，天地各乘气而立，载水而行……”

宇宙之水浮天载地，将天、地结为一体。郦道元《水经注·叙》引《玄中记》曰：“天下之多者，水也。浮天载地，高下无不至，万物无不润。”宇宙之水与天地、万物的联系决定了星海相通、两河相贯的认识。《抱朴子》曰：“河者，天之水也，随天而转入地下过。”《孝经援神契》曰：“河者，水之伯，上应天汉。”前者说地河是天水的转入，后者言地河与天汉两相对应。

直到清代，仍有学子因袭古说，言两河由天而入地：“天河两条：一经南斗中，一经东斗中过。两河随天转入地……地浮于水，天在水外……”[1]此两河把天地分成“三界”，一条为“天河”，将天地分开，形成天界与人间，故“天在水外”；另一条将大地与冥土分开，形成人间与他界，故“地浮于水”。

由于两河相通，从天入地，故鱼便可循河而入地升天，成为灵魂的导引和乘骑。晋人崔豹记述了鲤鱼的多种别称，能由此看出鱼的“乘骑”性质：“兖州谓赤鲤为赤骥，谓青鲤为青马，谓黑鲤为黑驹，谓白鲤为白骐，谓黄鲤为黄骓。”[2]

由于存在鱼为“乘骑”的观念，故从葬的玉鱼或玉衣便有了导魂的功用，成为遣魂升天的化生镇物。“玉衣”的玉片是玉鱼的变异形态，具有鱼鳞的象征意义，除了玉石本身的护尸作用，它主要表达了遣魂安魂的文化心态。

---

1 〔清〕周亮工：《书影》第7卷。

2 〔后唐〕马缟：《中华古今注》卷下。

牙璋

牙璋也是商周墓葬中常见的随葬物品，它多由玉石雕琢而成，一般具有“玉鱼”的形态，但尾作刀状或尖牙状（图 5–34），故又有“玉鱼刻刀”的误称。

这种尾带尖牙的玉鱼，实际上就是《周礼》所谓的“牙璋”：“首似刀，两旁无刃……独有旁出之牙，故曰牙璋。”璋，其音从“章”，章为纹饰之意，带牙玉鱼的文化要义本在牙，而鱼仅为纹饰，故其名当称“牙璋”。

牙璋在墓葬中大多放在死者的腰部，或置于身旁，或置于体，亦见有握于左手的，[1] 总之是贴身的葬器。牙璋的原型当为大汶口文化中的“獐牙钩形器”，一种传导神秘再生观念的原始墓葬镇物。

在大汶口文化墓地中共出土獐牙 188 件，握于死者指骨中，多者左右双手竟有 12 个，少者仅 1 个。獐牙尖端经过加工，刃部锋利，有的还有烧痕。“獐牙钩形器”由獐牙和角柄构成，獐牙根部被磨平并插入角柄中，角柄上刻有不规则花纹，有穿孔，便于系带，高 10.5 厘米。[2] 一个角柄上安嵌两个獐牙，它们左右各一，向上弯起，形同刚破土而出的幼芽（图 5–35）。

獐牙钩形器当为遣魂化生的巫具，一方面，其材料取自牙、角，本身就有生命之种、阳气动跃的象征意义；另一方面，其形如同萌发之芽，表现复苏、萌动的再生过程。因此，獐牙器是抚慰死者、诱导亡魂的法物，是持之而复活再生的象征。

牙璋之谓“璋”，是与“圭”的观念相联系的。《说文》曰：“剡上为圭，半圭为璋。”璋，实际上是圭的形变。圭、璋同为具有方位

---

1 王永波：《牙璋新解》，《考古与文化》1988 年第 1 期。

2 《大汶口——新石器时代墓葬发掘报告》，文物出版社 1974 年，第 103 页。

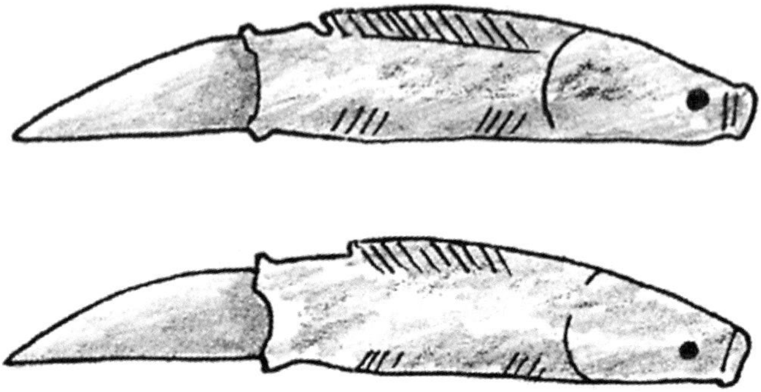

图 5-34　玉鱼刻刀

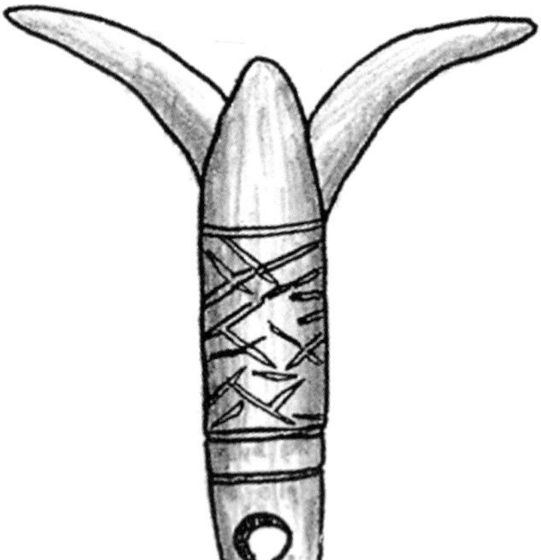

图 5-35　獐牙钩形器

图 5-36　阿兹特克人的女死神

图 5-37　莫奇卡文化陶绘上的巫师

取义的古代礼器。《周礼·大宗伯》曰：“以玉作六器，以礼天地四方，以苍璧礼天，以黄琮礼地，以青圭礼东方，以赤璋礼南方，以白琥礼西方，以玄璜礼北方。”

此外，郑玄注《周礼》曰：“圭在左，璋在首，琥在右，璜在足，璧在背，琮在腹。”左为东，首为南，右为西，足为北，圭璋在殓尸中的位置具有“东”与“南”的取向。东为日出之方,意表阳气升腾；南为日上之所，表阳气盛烈，因此，圭、璋均有安魂诱生的功用。

在美洲阿兹特克文化中，女死神的图像就是一露齿而执圭者，表现了她与死丧的联系（图 5–36）。此外，在秘鲁莫奇卡文化的陶绘上见有巫师手握牙形器或圭璋之类的图画，也透露出礼天地、导灵魂、禳死祝生的旨意（图 5–37）。

牙璋、獠牙器与圭、璋作为玉文化与牙文化在丧葬中的应用，具有相同的取义，均点画着遣魂的主题。

三、冥途路引

冥途路引，又称“路引”“引路”，是以佛教或道教的“真言”或“真符”作为发送亡灵的凭据，具有地狱交通的“护照”性质。

在明代的墓葬中，曾发现多件“冥途路引”的版印实物。1979年在江西省南城明益宣王朱翊钊夫妇合葬墓中，出土了一件“冥途路引”。该路引宽 55 厘米，高 69 厘米，上有印文印章，及太上老君的图像，并印有“太乙救苦天尊”的道号，还有“天师张”的落款，是张天师为亡灵开给太乙星精的交通凭证（图 5–38）。

在辽代则有碑刻的“灭罪真言”，这是“路引”的另一种形态，以求在地狱灭罪免罚，顺利地往升天界。在北京出土的辽代董庠墓中的“灭罪真言”主要体现了佛教的色彩，其碑上有“智炬如来破地狱真言”及音译的梵语佛咒（图 5–39）。

图 5-38　明墓中的冥途路引

故保靜軍節度使金紫崇祿大夫檢校太
傅兼御史中丞董
維壽昌三年歲次丁丑六月癸未朔
十四日丙申乙時　記
滅罪真言曰
唵引　三去手戹　娑縛合二　賀引
智炬如來破地獄真言
曩謨阿灑吒合二　悉底南三摩也合二　三母馱
故緻南唵　民齒合二　曩嚩娑蹄哩提哩吽
生天真言曰
唵引　侶戹　侶戹　娑嚩合二　賀引
所有勳業異政氏族具如幢文故此不書

图 5-39　辽墓中的灭罪真言

“路引”不仅见于墓葬之中，也用于发丧的路上，有为亡灵开道引路的俗信。民间发丧中，有“太上开通道路真符”之用，上有“接引七魂”“受化更生”之词，并有执幡引魂的神使及“北斗落死”的符箓（图 5–40），其引路的功用十分突出。

在陕西省西安市等地，至今犹见“引路”的“焚用”。所谓“引路”，用黄纸版印而成，尺幅为宽 18 厘米，高 22 厘米，上方印“道祖”之像，下方印八卦太极纹饰，内有“往生金钱，太平元宝”之辞，外圈印“南无西方极乐世界，大慈大悲，三十六万亿一十一万九千五百同名同号我美去师，阿弥陀佛”之语，及“唵嘛呢吧弥吽”的六字佛咒。在左右下角，印有“路”“引”两个大字，点明了这一“往生符咒”的名称。图上还印出了一些古钱纹，上有“太平通宝”和“太上金钱”之字，并有“西方”的戳印和“￥”的符号，表现了道释的融合，古今的混同（图 5–41）。

民间除了用“路引”为死者开路，在葬俗中也借助语言为其指路。据民国二十年十八卷铅印本《义县志》载，在辽宁锦州地区有为亡灵“指明路”的风俗：

> 丧主出登高处，持水扁担西南指，连呼西南大路，或持饭勺站门坎子上，用饭勺敲上门坎，口呼爷或妈曰：“三条道从当腰明光大道走哇”，谓之“指明路”。盖告亡者灵魂往西南之极乐国也。

有声的“指明路”与无声的“冥途路引”可谓异曲同工，即分别借取语言或文字、图像等符号开通前往冥国的路道，使魂灵归去顺畅。用“路引”作接引凭物，是为了避免错乱和麻烦，因此，它具有遣魂镇物的性质。

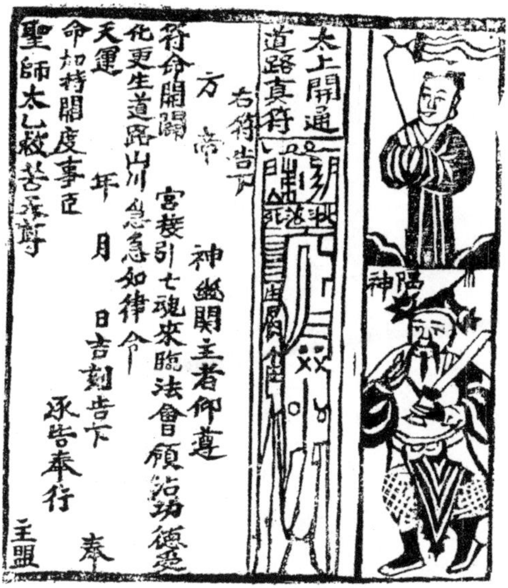

图 5-40　太上开通道路真符

图 5-41　安魂送灵的引路（陕西西安）

船棺

船棺作为古代少数民族的葬具曾有广泛的流布，在中国的福建、江西、四川、青海、贵州、湖南、湖北、云南、广西等均有发现，在东南亚及太平洋岛国中亦见流传。

所谓“船棺”，一般用整木经凿刳加工而成，形似独木舟，其长度在 3.5 米至 6.5 米之间，直径在 1 米左右。船棺或埋入土中，或悬架山崖，或置放岩洞。在武夷山区，船棺被称为“架壑船”或“仙船”，在云南镇康耿马地区的崩龙族中，其“棺材”的语意也为“船”。

船棺出现于新石器时代晚期，在青海乐都柳湾的齐家文化遗址中已有发现。作为棺材的一种早期形态，船棺的出现同冥河观念、两界分隔的幻想相关，船作为交通工具，不仅用于地上的水陆联系，也用作地下的两界交通，它既是收装死者遗体的容器，又是遣魂送灵的法物。

在民间曾广泛存在过亡魂需走桥渡河才能通达彼岸的信仰，因此，用法物或祝咒来送其渡河便体现了生者对死者的义务和关怀。在江苏省吴江地区有《断气经》唱道：

西方路上一只小发船，
住船住勒石驳岸，
带缆带勒花桩……

这是指引断气者的魂灵登上小船，速去西方。

在苏北宝应县则有《十送亡灵》的歌谣，其第五段为：

五送亡灵莫逍遥，
一步一步上天桥，
仙桥路上有个摆渡船，

你要站稳了。

这是提醒亡灵利用舟、桥渡过冥河，因冥河凶险，故要“站稳”。据说弥留者听到这一歌谣就不再耽恋人世，安然归逝。

由于冥河划分出人间与冥土，它成了人与鬼的界河，也成了打发亡灵及各类鬼祟的去处。为了让亡灵和疫鬼永离人间，安心待在“界河”那边，不扰生人，人们往往把彼岸描述成极乐世界，或比作地上的好地方，例如，有的遣魂巫歌就拿“扬州”作比：

你说哪里好？扬州好。
哪里好赚钱？扬州好。
哪里有好吃？扬州好。
坐一家，不如行一家，前面还有大人家，
红漆槽门黑漆染，那里才是好地方。
大户人家剁牛羊，陶盆装肉钵装酒，
钵子装汤尽你尝，胡椒大蒜喷喷香，
肥肉子切起巴掌大一块，精肉子切起拳头大一坨。
外道邪鬼尽你吃，尽你尝，昏昏醉醉过时光，
送给姣莲陪你耍，美貌女子提茶汤。
男子不要耕田地，女子不要做鞋穿。
其中有些单身汉，扬子女子胜十分。
…………[1]

生死两界的隔膜与交通是船棺兴起的动因，也是后世安魂巫歌持久承传的信仰基础。一方面，活人以哀怜的心态，以图尽快平安地送

1 郑晓江主编：《中国辟邪文化大观》，花城出版社 1994 年，第 331 页。

亡魂过河，以获取转世的机缘；另一方面，人们又以警戒或恐惧的心态，用船棺和巫歌发送亡灵或野鬼前往人迹不至的彼岸，以区别生死，明示两极，从而实现人魂两安。船棺作为遣魂镇物在当今已成为陈迹，仅在佤族、崩龙族中略见流传，但这一葬具仍留下了可供追踪的镇物文化的信息。

宇宙树·摇钱树·哭丧棒

在汉代墓葬中常见有树纹砖雕或巨树壮马的画像石出土，此外，还有陶制钱树或铜制钱树的发现。它们作为通天的宇宙巨树，具有天梯的功用，是禳除死灾、导魂升天的宇宙阶梯。

如果说，单一的树纹主要表现高耸入云和常青常绿的生命活力的话（图 5–42），那么，“壮马巨树”一类的构图则包容着多重文化信息，具有复杂的象征意象。

所谓“壮马巨树”的图像主要见于汉画像石中，一般巨树繁枝虬结，上有青鸟翔集，下有壮硕骏马，树下有人作弯弓射鸟状（图 5–43），也见有树分两枝，两枝纽结，下有壮马巨鸟，另有二人作攀树状。这种树枝虬结依倚的巨树，就是神话中的“扶桑”，也是载日的宇宙神树（图 5–44）。《十洲记》曰：“扶桑在碧海之中……长者数千丈，大二千余围，树两两同根偶生，更相依倚，是以名为扶桑。”

此外，《山海经·海外东经》载：“汤谷上有扶桑，十日所浴，在黑齿北，居水中。有大木，九日居下枝，一日居上枝。”

从画像石上的“巨树”看，有其枝“相依倚”者，亦有“同根偶生”者，且叶形似桑，当属“扶桑”无疑。扶桑本为太阳的居所，而日精为金乌，因此画像石中树端的青鸟，可视作太阳的象征符号，故所谓“巨树”，也就是宇宙树。

至于树下之马，也具有太阳的象征意义。《白虎通·封公侯》

图 5-42　汉巨树画像砖

图 5-43　汉壮马巨树画像石

图 5-44　汉画像石上的扶桑树

曰："马，阳物。"《左传》曰："凡马，日中而出，日中而入。"这种将马与太阳的相提并论，源自马引日车的天体话。《淮南子·天文》载：

日出于阳谷，
浴于咸池，拂于扶桑，
是谓晨明；登于扶桑，
爰始将行，是谓朏明；
至于曲阿，是谓旦明；
至于曾泉，是谓蚤食；
至于桑野，是谓晏食；
至于衡阳，是谓隅中；
至于昆吾，是谓正中；
至于鸟次，是谓小还；
至于悲谷，是谓餔时；
至于女纪，是谓大还；
至于渊虞，是谓高舂；
至于连石，是谓下舂；
至于悲泉，爰止其女，
爰息其马，是谓县车。

以上神话中的行天之日乃由马车牵引，因此，马遂有"阳物""天马"之称。壮马配置扶桑树下，更突出其宇宙树的地位。

在商代开始出现的"摇钱树"，到汉代已经定型，即由树梢所挂的璧瑗转化为方孔铜钱，钱纹上有光芒状，成为太阳的指代，钱树上还有乘马登天者、弯弓射日者，以及神兽、人物等造型，显示了宇宙阶梯上的交通情状（图 5-45）。商代"钱树"上的璧瑗本是通天之门

图 5-45 汉铜钱树残片

的象征，而汉代钱树上钱纹，则具有天门与太阳的双重寓意。[1]

宇宙树是世界性神话构想，在北美易洛魁人的神话中，乌龟负载着大地，地上有一棵擎天巨树，树生三枝，其一枝为太阳，一枝为月亮，另一枝则直通星汉，星空中立有一人，全图表现了天地相连、缘树登天的神话幻想（图 5-46）。

在中国民间丧俗中，有孝子执哭丧棒前导，或置哭丧棒于棺柩，孝子扶柩前行的发丧事象，到下圹封土后，哭丧棒便插于坟头，成为新坟的标记。所谓“哭丧棒”，多截取一节桑枝，糊上白纸，剪成一条条细而短的纸条而制成。这“哭丧棒”实际上就是“扶桑”树的象征，因“桑”“丧”谐音，又由孝子执拿或扶持，意为“扶丧”，循音联想，则成“扶桑”。由于白色象征人间与生命，黑色象征着冥土与死亡，故“哭丧棒”除了宇宙树的联想，又成了生命树的象征，因此，它出现于丧俗中，也是一种遣魂诱生的镇物。

1 陶思炎：《风俗探幽》，东南大学出版社 1995 年，第 148-151 页。

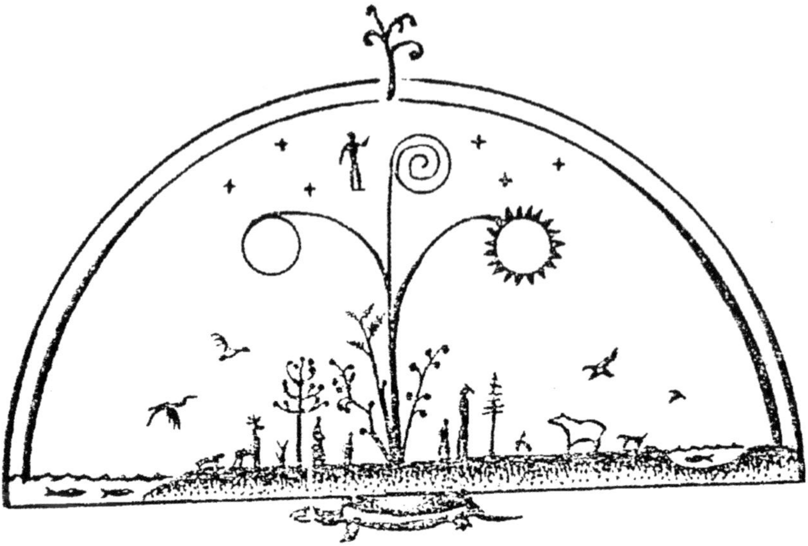

图 5-46　北美易洛魁人的宇宙树

宇宙树见之于丧葬，乃用以导引亡灵，送其登天，以求获阳再生。“宇宙树”实际上就是“生命树”，太阳的温暖、光明与永不停息的运动本来就是生命力的显现，因此，它用于死丧是一种诱生的法物，也是古人生死观与宇宙观借神话逻辑所作出的并合与应用。

魂瓶

魂瓶是中国古代墓葬中的一种特殊的随葬器物，它仅见于汉末至西晋这一时期。魂瓶的质料为陶瓷，尤以青瓷为多。在造型上，它分顶盖与罐身两大部分：其顶盖堆塑丰富，构图复杂，有亭台楼阙、神兽飞鸟、家畜野兽、舞伎乐工、佛神胡僧等；其罐身则多堆塑鱼、鳖、龟、蛇、蟹、龙、泥鳅等水生动物及神兽，还见有铺首、辟邪、佛像等构图。魂瓶的罐口多为一大四小，其楼台有单层、双层、三层之分，大多布图密匝，且富动感（图 5–47）。

从功用上说，魂瓶不是什么贮藏粮食的“谷仓罐”，而是丧葬古俗中的收魂、安魂之器，它作为亡魂的居处和出地入天的阶梯，是宇宙神话与收魂巫术的化用。以中空的器物收魂本是各地皆有的巫法，诸如竹管、骨管、椰壳、葫芦、布袋、皮袋、牙管、牛角等，都曾用作收魂之物，而魂瓶则是这些自然物在晚近社会的发展，体现了巫具的人工化。

魂瓶上留有神话的印迹，其顶盖的构图是对上古海中五神山神话的图演。《列子·汤问》曰：

渤海之东，不知几亿万里，有大壑焉，实惟无底之谷。

图 5–47 东吴青瓷魂瓶

> 其下无底，名曰归墟。八纮九野之水，天汉之流，莫不注之，而无增减焉。其中有五山焉：一曰岱与，二曰员峤，三曰方壶，四曰瀛洲，五曰蓬莱。其山高下周旋三万里，其顶平处九千里，山之中间相去七万里，以为邻居焉。其上台观皆金玉，华实皆有滋味，食之皆不老不死。所居之人皆仙圣之种，一日一夕相往来者不可数焉。

这则神话虽带上了道仙之气，但仍旧是神话思维的记录：五山作为与世隔绝的海中神岛，是不老不死的极乐世界，它虽与天地沟通，却离人世有“几亿万里”之遥，且有“无底之谷”相阻隔，成为凡人不至的仙岛乐土。

魂瓶的构图立意正是对“五山”神话的仿效：其罐身为大海的象征，其青瓷色调正与东海之水相类，而罐身上的水族堆塑，也透露出海域的性质；顶盖则为海中神山的模拟，故以亭台楼阙、飞禽走兽、佛僧乐伎表现一个金玉满屋、吉鸟翔集、歌吹喧阗、人神交混的长乐未央的世界。

魂瓶的前身是五口罐，这一器形早在中世纪已传入日本，它虽没有楼阁、禽兽、神佛、乐伎的附缀，但仍具有“五山”的象征寓意：其口平圆，为“天”之指代，五口与罐相通，表神山并峙，罐身乃登天之梯，罐口为通天之门。我们从汉代海上三神山玉璧的构图中亦能见到类似的“天门”象征（图 5–48）。璧为平圆有孔之玉，古代天子的宫门就有“璧门”之谓。《史记·封禅书》中有“作建章宫……其南有玉堂、璧门”之载。此外，《三辅黄图》载：“（建章）宫之正门曰阊阖，高二十五丈，亦曰璧门。”

天子之宫素以紫微宫相比附，秦始皇的宫室开创了“象天设都”的传统，取“在天成象”“在地成形”之义。可见，“璧门”就是“天门”，意为通天之门。这块汉代的海中三神山之璧，孔在山中，意指神山是

图 5-48 汉海上三神山玉璧

通达天门之梯，乃有宇宙山的隐义。

魂瓶以仙岛、天梯的神话为信仰，用以收魂、遣魂，意在打发亡灵到海中神岛，让他们乐不知返，并缘山而登天，自得超升的安宁，从而也对生者产生镇护的作用。

生肖俑

生肖俑，又称“十二辰俑”，即以十二生肖作为随葬的器物。生肖俑包括鼠、牛、虎、兔、龙、蛇、马、羊、猴、鸡、狗、猪十二兽，多制为兽首人身之形（图 5-49），其置于墓室，具有神秘的招魂诱生寓意。

十二生肖是干支纪年的物化象征，或者说是十二兽历的一种文化遗存。在湖北云梦发现的秦简《日书》中已见有十二生肖的载述，其文曰：

子，鼠也；丑，牛也；寅，虎也；卯，兔也；辰，（原简缺漏）；巳，虫也；午，鹿也；未，马也；申，环（猿）也；酉，水（雉）也；戌，老羊也；亥，豕也。[1]

这虽同当今的子鼠、丑牛、寅虎、卯兔、辰龙、巳蛇、午马、未羊、申猴、酉鸡、戌犬、亥猪的十二生肖配置略有不同，但透露出生肖记时的历史在中国已有两千二百多年，不晚于其他国家。

以十二生肖纪年，实际上是建筑在以十二年为周始的岁时认识和天象观察上。木星在上古被认作“岁星”，木星的公转以十二地球年为一周天，因此，“十二兽历”贴合于“岁星纪年法”，其每一神兽都对应着木星年的一定阶段，而十二生肖排序，则表现其周始的完成。

十二生肖俑从葬，是一种招魂化生的镇物，它以物代时，表时间的推演、复原，以诱发生命的再生，禳除永久的死灭。每一生肖俑守护一定的幽冥岁月，它们的排列共置成为时间推移的阶段性记号，并具有轮值、互换的催魂促醒的功用。如同商周墓葬中死者嘴里的蝉形玉含一样（图 5-50），生肖俑也寄寓了复苏、再生的意义。

在招魂、遣魂风俗中，时间的因素总是受到特别的提醒和夸张，从而让亡灵抱有周而复始的信念。在湖北西部民间招魂歌谣中，有如下的词句：

六月六日头毒，数九北风寒，最经不住是清明节，你到处游，到处蹿。经不住细雨绵绵，小则着凉打喷嚏，大则染上风寒，你在哪里哼？哪里喊？家里人喊不应，瞧不见，回来哟，魂呵魂！菜热了一道又一道，水饭泼了一碗又一碗，回来哟，你看看外面：天上下毒雨，下蛆；地上爬毒虫，铺

1　郭伯南：《华夏风物探源》，上海三联书店 1991 年，第 8 页。

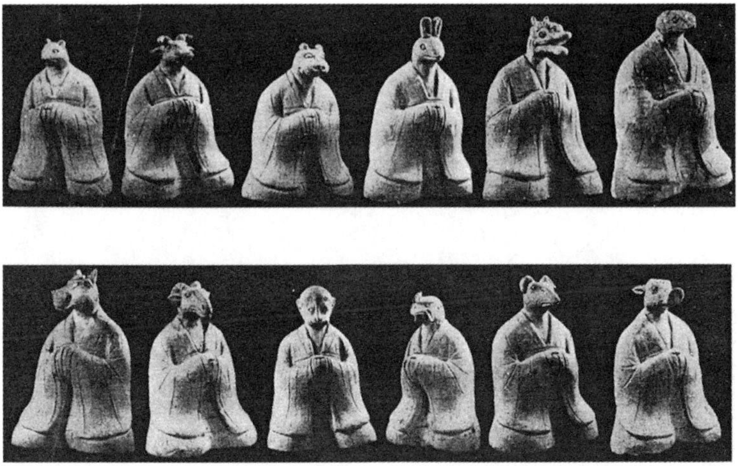

图 5-49　十二生肖俑

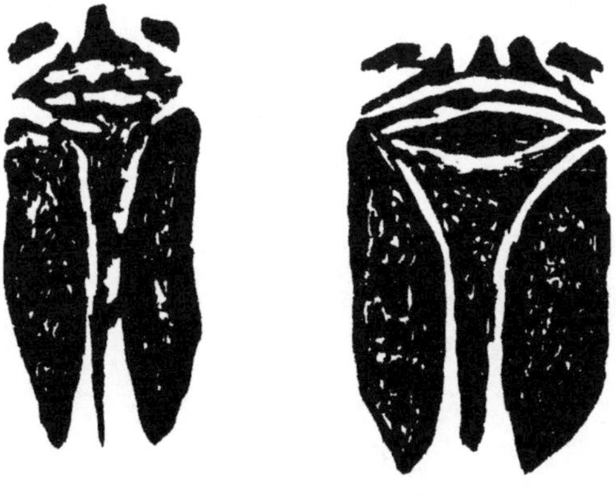

图 5-50　商周蝉形玉含

钉板；石压石，山挤山；大风把树皮都刮翻，看你人往哪里钻！回来哟，回来吔！到处都是卡，哪里都有神来赶，又是打雷，又是扯闪。快飞过几架坡，快飞过几架山，大大方方进屋，一头钻进热铺盖，睡你的觉，打你的鼾，睡个天圆地圆，睡个天宽地宽。

这首招魂歌从“六月六”“数九”“清明”等时令入手，意在警示亡灵，切莫荡游，魂速归来。它正是以时令的强调，促其清醒，从而产生诱归的作用。

辽人的饼丸虽不称“元宵”或“汤圆”,然亦色白而圆,有类星辰。其用在于抛掷帐外,并意在“惊鬼”,可见也是一种巫用型的饮膳镇物。

生肖俑是轮回的暗示，也是再生的诱因，它旨在破除亡灵的千岁永寂，催苏促醒，以护新生。从这一观念讲，生肖俑之用于墓葬，乃寄托了遣魂化生的祈愿。

陆　御凶镇物

人生在世，难免凶殃、祸患、疾疫、灾害的侵扰，也难摆脱鬼神观念及由此而产生的祈禳心态对己身的牵制，总习惯于用行为和法物去平抑自己的焦虑与困惑，以达到御凶除殃的目的。

疾疫、灾祸、鬼祟被视作专事贼害的凶邪，人们除了以实际的手段去抗灾弭患，也借助精神观念，包括镇物的信仰，去加以排拒，从虚、实两方面增强自己御凶的信念。因此，御凶镇物虽大多没有实验的价值，但在意识形态中仍有其积极的作用，并成为一定历史阶段文化精神的曲折表达。

第一节　禳疫镇物

疾疫侵害人的肌体，摧折人的情志，损减人的寿命，是众所憎恶的“凶鬼”。人们在祛病除瘟的苦斗中求助于各类灵药与镇物，并从养生与镇除的功利入手，形成了以饮膳、符咒、灵物、药物等为类型的禳疫镇物体系。

一、饮膳为镇

饮食是生存的需要，也是强身的保障。在古人看来，饮食甚至是人身中阴阳、五行调和相生的基础。明人高谦《遵生八笺·饮馔服食笺》曰："饮食，活人之本也。是以一身之中，阴阳运用，五行相生，莫不由于饮食。"阴阳失调、五行错乱，人则有病患，然运用饮食可以保养和疗救。

元人忽思慧在《饮膳正要·引言》中言及"保养之法"曰：

> 保养之法，莫若守中，守中则无过与不及之病。调顺四时，节慎饮食，起居不妄，使以五味调和五脏。五脏和平，则血气资荣，精神健爽，心志安定，诸邪自不能入，寒暑不能袭，人乃怡安。夫上古圣人治未病，不治已病，故重食轻货，盖有所取也。

忽思慧的"保养之法"，强调饮食得当，并以饮食作为祛病健身的凭依，他在卷一的《养生避忌》中甚至提出"善服药者不若善保养"的观念。

民间的饮食镇物涉及家常饮食和"神仙服食"，其种类有豆粥、面人、汤圆、馄饨、糕饼、猪头、酒水及果蔬等。

豆粥

豆粥是古今乡民习用的寻常食物，也是有保养之性的、可延生祛病的镇护食品。

豆粥一般用精米，选配黄豆、黑豆、绿豆、赤小豆、蚕豆、扁豆、豇豆、刀豆、豌豆等之一种或数种，合而煮成。其米，多用粳米，以香稻为最佳，首选晚稻，因其性软，早稻次之。粥的饮膳代药之功已成为古代医书中的共识。《普济方·食治门》曰:“米虽一物，造粥多般……治粥为身命之源,饮膳可代药之半。”《本草纲目》则云:“粳米、籼米、粟米、粱米粥:利小便，止烦渴，养脾胃;糯米、秫米、黍米粥:益气，治虚寒泄痢吐逆。”[1]

清人黄云鹄《粥谱·谷类》中列举豆粥凡十四品，大多言及其药用之性:

> 黄豆粥:宽中下气，利大肠，消肿解毒。豆黄研末入粥佳，青豆平肝热。
>
> 黑豆粥:补肾，镇心，解毒，明目。少入盐尤妙。
>
> 绿豆粥:止渴，解毒，消肿，下气。勿去皮。
>
> 红白饭豆粥 :补中暖胃，肾病宜之。补血实胃，谓经益气。
>
> 赤小豆粥:行水消肿。心病宜之，久服瘦人。
>
> 豌豆粥:益中平气，脾胃宜之。
>
> 蚕豆粥:利脏腑。或先煮熟，或捣末再入粥同煮。
>
> 扁豆粥:镇脾，消暑。白者胜。补中去皮。解暑连皮。
>
> 芸豆粥:补肾，入少盐同煮;止吐逆，入少姜同煮。
>
> 刀豆粥:益肾补元，止呃逆。[2]

清人曹庭栋《粥谱》中的“赤小豆粥”，则称有“辟邪疠”“厌疫鬼”之性，其“中品二十七·赤小豆粥”条载:

> 《日用举要》:消水肿。又《纲目》方:利小便，治脚

1 〔清〕曹庭栋:《粥谱·说》“择米第一”。

2 〔清〕黄云鹄:《粥谱》“粥品一·谷类”，中国商业出版社 1986 年，第 63–65 页。

气，辟邪疠。按：兼治消渴，止泄痢腹胀、吐逆。《服食经》云，冬至日食赤小豆粥可厌疫鬼，即辟邪疠之意。

豆粥中以赤豆粥最具禳镇的意义。古人视赤豆有辟瘟之性，能禳除疫鬼。唐人徐坚《初学记》引《岁时记》云：

共工氏有不才子，以冬至日死，为人疠，畏赤豆，故作粥以禳之。

豆粥作为食镇同“共工氏”这一神话人物联系在一起，可见其信仰的悠远。

自宋以来，江南有腊月二十五食赤豆粥的禳镇风俗。宋人吴自牧《梦粱录》卷六载：十二月“二十五日，士庶家煮赤豆粥祀食神，名曰‘人口粥’，有猫狗者，亦与焉。不知出于何典”。清人顾铁卿《清嘉录》卷一二载：“二十五日，以赤豆杂米作粥，大小偏餐，有出外者，亦覆贮待之。虽襁褓小儿、猫犬之属亦预，名曰‘口数粥’，以辟瘟气。或杂豆渣食之，能免罪过。”宋人范成大《口数粥行·叙》曰：“腊月二十五日煮赤豆作糜，暮夜合家同飨，云能辟瘟气。虽远出未归者，亦留贮口分，至襁褓小儿及童仆皆预，故名‘口数粥’。”

他的《口数粥行》以诗的语言详细记述了食豆粥禳疫鬼的镇辟风俗：

家家腊月二十五，淅米如珠和豆煮。
大杓镣铛分口数，疫鬼闻香走无处。
锼姜屑桂浇蔗糖，滑甘无比胜黄粱。
全家团圞罢晚饭，在远行人亦留分。
褓中孩子强教尝，余波遍沾护与臧。
新元叶气调玉烛，天行已过来万福。

物无疵疠年谷熟，长向腊残分豆粥。

在西北地区，“口数粥”称“五豆粥”，又称“食五豆”，取除毒辟瘟之意。乾隆四十一年《临潼县志》载：“十二月初五日，煮食五豆。豆者，毒也。食之已五毒。”乾隆五年二十卷本《同州府志》载：“季冬五日，煮食五色豆，曰疗五毒。”光绪九年十二卷本《孝义厅志》载：“十二月初五日，土著人食五豆粥，避瘟。”民国三十三年三十卷铅印本《同官县志》曰：“十二月四日晚，煮杂豆为糜，五日黎明即起祀先，邻居互相馈送，谓之‘吃五豆’。”可见，食豆粥的期日虽有变化，但以豆粥为食镇，以辟瘟除毒、禳退疫鬼的信仰，在古今、南北却相沿承袭。

作为食镇的豆粥多用赤豆，除了赤豆本身有“主下水，排脓血，去热肿，止泻痢，通小便，解小麦毒”的药用性质，[1] 也与赤小豆色红粒小，形似“仙丹”所诱发的联想相关，它体现为以丹药祛邪鬼的神秘方术的化用和俗传。

面人·汤圆

民间的饮膳镇物，有除疾治病的药用型，亦有纯观念的巫用型。前者往往探究出一定的规律，如“春气温，宜食麦，以凉之”；“夏气热，宜食菽，以寒之”；“秋气燥，宜食麻，以润其燥”（图 6–1）；“冬气寒，宜食黍，以热性治其寒”。[2] 后者则无药理的依据，仅仅是一种禳镇观念的象征，如用面人、汤圆作为散灾的替身，就演绎了巫术的信仰。

1 〔元〕忽思慧：《饮膳正要》卷三“米谷品·赤小豆”。

2 同上书，卷二“四时所宜”。

图 6-1　秋宜食麻

在河北省张家口地区，“面人”是蒸制的食品，也是护儿的镇物。据光绪二年《怀安县志》载：（七月十五日）相传天狗下降食婴孩，民间蒸面为人，令小儿自抱，俾作替身，亦有从外家持赠者。此外，清光绪八年《怀来县志》载：“七月七日，妇女穿针乞巧。市上蒸卖面人，与孩童分食，谓凶年不至人相食，以此厌之。”

可见,“面人”不论是自家蒸做,外家赠予,或购取于市,是可“分食”的岁时性食品，并作为“替身”，具有镇辟恶兽凶年的信仰作用。

汤圆也是类似的食品镇物，也有找“替身”的巫术之用。在江西萍乡的“打天斋”禳病风俗，就体现了饮膳镇物的应用。当地居民旧时因跌打损伤或皮肤糜烂，若十多天未好，就会请亲朋出面，提筐背袋地挨家挨户去讨米，待讨得三四担或十来担时，就用这些米的一半或更多些来磨粉做汤圆。汤圆煮至半熟就捞出锅，藏入竹器中，选几个健壮有力的男子，站到屋顶上，向四面抛掷这些汤圆。住在附近的男女们闻讯都会赶来争捡这些汤圆，抢光后便一哄而散，这样，俗信病痛也会离身而去。抢汤圆者，若所争拾的不足十个，必须抛掉，不然他就会招惹疾病。这种以汤圆为替身的镇辟行为便称作“打天斋”。[1]

汤圆，又称“元宵”，是民间祭星神的食品，故抛撒汤圆有“打天斋”之谓。古代辽人以糯饮和白羊髓为丸掷帐外,实也为“打天斋”的一种形式。据《辽史·礼仪志》载：“正旦，国俗以糯饮和白羊髓为饼，丸之若拳，每帐赐四十九枚。戊夜，各于帐内窗中掷丸于外，数偶，动乐饮宴；数奇，令巫十有二人鸣铃执箭，绕帐歌呼，帐内爆盐炉中,烧地老鼠,谓之‘惊鬼’。”[2] 辽人的饼丸虽不称“元宵”或“汤圆”，然亦色白而圆，有类星辰。其用在于抛掷账外，并意在“惊鬼”，可见也是一种巫用型的饮膳镇物。

---

1 郑晓江主编：《中国辟邪文化大观》，花城出版社 1994 年，第 75 页。

2 丁世良等主编：《中国地方志民俗资料汇编》（华北卷），书目文献出版社 1989 年，第 133 页。

琼玉膏

琼玉膏，又称“铁瓮先生琼玉膏”，与“天门冬膏”“地仙煎”“金髓煎”等，被称作“神仙服食”（图 6–2）。

所谓“神仙服食”，实乃药膳。对此，古籍中多有载述。

《列仙子》云：“赤松子食天门冬，齿落更生，细发复出。”

《抱朴子》云：“南阳文氏值乱逃于壶山，饥困，有人教之食术，遂不饥。数年乃还乡里，颜色更少，气力转胜。”

《药经》云：“必欲长生，当服山精。是苍术也。”

图 6–2　神仙服食

孙真人《枕中记》曰:“茯苓久服，百日病除;二百日夜昼二服后，役使鬼神；四年后，玉女来侍。”

《列仙传》云：“偓佺食松子能飞行，健走如奔马。”

《太清诸本草》云:“七月七日采莲花七分，八月八日采莲根八分，九月九日采莲子九分，阴干食之，令人不老。”

至于“琼玉膏”，其神效更为显著。忽思慧《饮膳正要》卷二载:

> 此膏填精补髓，肠化为筋，万神具足，五脏盈溢，髓血满，发白变黑，返老还童，行如奔马。日进数服，终日不食，亦不饥，开通强志，日诵万言，神识高迈，夜无梦想。人年二十七岁以前，服此一料，可寿三百六十岁；四十五岁以前，服者可寿二百四十岁；六十三岁以前，服者可寿一百二十岁；六十四岁以上服者，可寿百岁。服之十剂，绝其欲，修阴功，成地仙矣。一料分五处，可救五人痈疾；分十处，可救十人劳疾。

“琼玉膏”的配料，为新罗参、生地黄、白茯苓、白沙蜜等。其中，人参、茯苓为细末，蜜要用生绢过滤，地黄取自然汁，捣时不用铜铁器，取汁尽去滓。其制法亦颇讲究，药拌匀后放入银石器或好瓷器内，用净纸二三十重封闭，放入汤内，以桑柴火煮三昼夜，取出再用蜡纸数重包瓶口，放入井口以去火毒。待一伏时取出，再入旧汤内煮一日出水气。取出开封，取三匙作三盏，祭天地百神。其服法为，“每日空心酒调一匙头”。

铁瓮先生的“琼玉膏”,虽被列入“神仙服食”,实为凡人的药膳。其“返老还童”“日诵万言”的神能及延寿、救人之功，实际上已带上了镇物的性质，除了固有的药用效能，它已被附加了信仰的成分。

二、神符灵物

与巫道相关的神符灵物常作为禳疫镇物而传习民间，其应用往往伴有咒语或仪式，均在神秘的氛围下追求现实的效果，有时甚至还带有表演的、赏玩的成分。

清代《吴友如画宝·风俗志图说》（上）中的“建醮奇观”，摹写了穗城太平门外打铜街上秋日设坛建醮，“以消疫疠”的风俗活动（图 6–3）。画面上彩棚林立，红灯高挂，人头攒动，其题记曰：“至若笙簧声、钟鼓声、铙钹声、道士唪经声、游人嘈杂声，彻夜喧阗，不绝于耳，洵极一时之盛。”除了此类“人皆若狂”的禳疫镇事，更见有其他严肃而怪诞的镇物，诸如神符、神枕、刀梯、七水、阴阳水等。

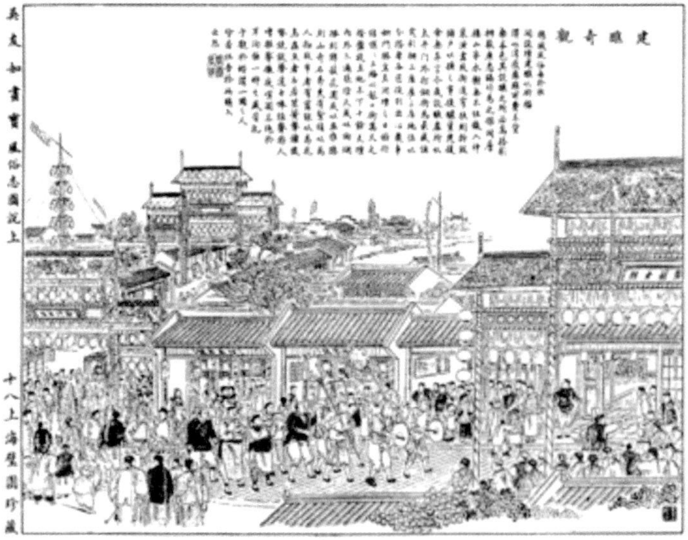

图 6–3　建醮奇观

神符

神符多由道士或术士所绘，在民间专用以祛病除疾或镇鬼辟祟。《吴友如画宝·风俗志图说》（下）绘有一清代民间以“神符治病”的场景（图 6–4），其题记曰：

> 杭垣有祝由科，沿途摆设摊场为人治病。一日，有一妇人左乳红肿，乳头已腐烂，脓血交流，状甚痛苦。就祝由科医治，用清水一杯，黄纸书符烧灰入水中，左旋作圈，令妇吞之，另以清水一碗，口喃喃作咒语，洒于乳上红肿处，渐

图 6–4　神符治病

洒渐消，而乳头渐大如鸡卵矣。旋向粉壁上画一墨圈，大小与乳头相若，渐画渐小，约数十圈，其小如豆，乃出利刃向圈中直刺，深约一分许。回顾乳头已破，脓血泉涌而出，似无甚痛楚者。须臾，病若失，惟乳头有一小孔，复以黄纸书符、念咒，贴孔上，谓三日后结痂而愈矣。（事见《申报》）

吴友如所引《申报》的这则报道当有不实之词，但它记录了当时巫医以神符治病的基本方式及时人对之的热衷。

神符的应用，往往少不了咒语，可谓形、声并用，以图加大镇辟之力。《道藏》中的“敕瘟鬼咒”，以说出瘟鬼的方位、名称、所托之物，以退瘟鬼。其咒曰：

敕东方青瘟之鬼，腐木之精；南方赤瘟之鬼，炎火之精；西方血瘟之鬼，恶全之精；北方黑瘟之鬼，溷地之精；中央黄瘟之鬼，粪土之精。四时八节，因旺而生。神不内养，外作邪精。五毒之气，入人身形。或寒或热，五体不宁。九丑之鬼，知汝姓名。急须逮去，不得久停。急急如律令！

咒语是神符应用中的一种辅助手段，不少神符本身就有咒语与符画的双重性质。神符治病，既有对症用符之法，也有以患病之日推断何鬼作祟，以符镇除之术。民间流传的“天师祛病符”，便是一套“三十日神符”，一月中每日各有一符，上有符文、事断及用法等。1993 年著者由黄伏生木工师傅陪同，在南京远郊高淳县农村作民俗调查时，曾发现上述“天师祛病符”，其符三十日各不相同，其符断文字为：

初一日病者，东南路上得之，是神使客之鬼。头疼，乍寒乍热，起坐无力，吃食无味。用黄钱五张，向东南四十步送之，大吉。吞一道，门上贴一道，大吉。

初二日病，东南方得，是家乡老鬼作病。初头疼，口乱不宁，热多冷少，四肢无力，呕吐不止。用白钱五张，向东三十步送之，大吉。吞一道，门上贴一道，大吉。

初三日病，正北得之，家亲作病。头疼，乍寒乍热，吃食不进。用黄钱五张，向正北二十步送之，大吉。吞一道，大吉。

初四日，东北得之。病者手足沉重，头疼，狂乱不宁，呕吐。用黄钱五张，向东北五十步送之，大吉。吞一道，门上贴一道，大吉。

初五日，在东得之，石楼鬼作病。乍寒乍热，呕吐不止，鬼在床头坐。用黄钱五张向东北五十步送之，大吉。吞一道，带一道，大吉。

初六日病，正东得，树神、黄头鬼作病。四肢沉重，霍乱不宁，遍身疼，鬼在床、衣服上坐。用白钱五张，向正东四十步送之，大吉。贴门上一道，大吉。

初七日，得之土地，家神使老母鬼作祟。呕逆，寒热，手足沉重，鬼在床东北坐。用白钱五张，向东南三十步送之，大吉。吞一道，大吉。

初八日病，东北得之土地，死妇人作病。脚膝疼痛，四肢无力，乍寒乍热，饮食不思。用黄钱五张，向东北四十步送之，大吉。吞一道，大吉。

初九日病，正南得之，家亲少年妇人鬼。其病呕吐，四肢无力，手足沉重，坐卧不安。用白钱五张，向正北三十步送之，大吉。吞一道，门上贴一道，大吉。

初十日病，正东得。先轻后重，手足如火打，心神恍惚，乍寒乍热，不思饮食。用白钱五张，向正东四十步送之，大吉。吞一道，大吉。

十一日病，正北得之，狂死妇人鬼作病。上热下冷，不思饮食。用黄钱五张，向西南四十步送之，大吉。房门上贴一道，大吉。

十二日病，东北得之土地，家亲作病。先轻后重，呕吐不宁，四肢无力，寒冷。用白钱五张，向东北三十步送之，大吉。房门上贴一道，大吉。

十三日病，东北得之，亲男子少亡鬼与人作祟。霍乱，恍惚不宁，饮食无味。用黄钱五张，向正北五十步送之，大吉。吞一道，贴门上一道，大吉。

十五日病，正南得，水、火二神作病。寒热沉重，呕吐心乱，不思饮食。鬼在床头坐。用白钱五张，向正南三十步送之，大吉。吞一道，门上贴一道，大吉。

十六日病，西南得之，家亲鬼作病头疼，在病人身上坐。乍寒乍热，四肢沉重。用黄钱三张，向西南三十步送之，大吉。吞一道，佩一道，大吉。

十七日病，在西得，少年女鬼作病。头疼，手足如火，坐卧不安，寒热不分。用黄钱五张，向正西三十步送之，大吉。

十八日病，西南得之，借物吃食鬼。乍寒乍热，霍乱不安，吃食无味，鬼在床上东南坐。用白钱五张，向西南四十步送之，大吉。吞一道，戴一道，大吉。

十九日病，正北得之，狂死妇人鬼作病。上热下冷，呕吐酸水，四肢沉重，不思饮食。用黄钱五张，向西南三十步送之，大吉。吞一道，头上顶一道，大吉。

二十日病，东北得之，土地使家亲鬼作病。先轻后重，吐呕，起坐不安，四肢无力。用白钱五张，向东北五十步送之，大吉。吞一道，门上贴一道，大吉。

二十一日病，得之东北，家亲男子少亡鬼作病。霍乱，恍惚不宁，起坐不安，饮食无味。用黄钱五张，向正北四十步送之，吉。吞一道，大吉。（图 6–5）

二十二日病，正东得之，井神引鬼作病。手足俱冷，霍乱，起坐不安，饮食无味。用黄钱五张，向东南三十步送之，大吉。门上贴一道，佩一道，大吉。

二十三日病，正南得之，西街五道山神使客鬼作病。睡卧不安，肚疼，霍乱，饮食无味。用白钱五张，向西南四十步送之，大吉。吞一道，大吉。

图 6–5 治病神符

1—第十六日 2—第十七日 3—第十八日

4—第十九日 5—第二十日 6—第二十一日

二十四日病，西南得之，因用饮食而得。老母不葬之鬼作病。四肢无力，寒热，呕吐逆。用白钱五张，向正西四十步送之，大吉。吞一道，佩一道，大吉。

二十五日病，正西得之，金神使老子鬼作病。身沉重，不思饮食，其鬼在卧处坐。用黄钱五张，向正西四十步送之，大吉。门上贴一道，大吉。

二十六日病，西北得之，南方火神使和尚家亲鬼作病。头疼，恍惚不安，鬼在背脊上坐。用黄钱五张，向西北五十步送之，大吉。门上贴一道，大吉。

二十七日病，正东得之，东方神使小男子鬼作病。头疼，狂乱，乍寒乍热，呕吐恶心。用黄钱三张，向正东三十步送之，大吉。戴头上一道，大吉。

二十八日病，正北得，水神使家室小女子鬼作病。头疼发热，睡起不安，不思饮食。用白钱五张，向正西四十步送之，大吉。吞一道，佩一道，大吉。

二十九日病，东南得之，土地家亲鬼作病。头疼，乍寒乍热，饮食无味。鬼在西南器物上坐。用白钱五张，向东南三十步送之，大吉。贴床上一道，大吉。

三十日病，东北得之，山神使男子鬼作病。头疼脑疼，恍惚不安，不思饮食。用白钱五张，向西北四十步送之，大吉。佩一道，大吉。

上述神符，视得病为鬼作祟，故以贴、吞、佩、戴为禳镇手段，以驱鬼除疾。因此，神符就是镇物，是一种具有浓郁巫道气息的御凶镇物，虽然它与道教有渊源关系，但在民间的传习中已演成俗用的镇物。当然，神符的作用仅仅是信仰的和心理的，其作用是虚妄的和想象的，神符无法镇除肉体的病痛，仅被用以抚慰人心。

神枕

所谓“神枕”，即以多味中草药充填的药枕，有祛风活血、镇心安神的疗效。

在传说中，“神枕”有白发复黑、齿落更生、返老还童、延年益寿的神效，并与汉武帝及仙道传说联系在一起。元人忽思慧《饮膳正要》卷二载述了汉武帝与“神枕”的传说：

> 汉武帝东巡泰山下，见老翁锄于道，背上有白光，高数尺，帝怪而问之：“有道术否？”老翁对曰：“臣昔年八十五时，衰老垂死，头白齿落，有道士者，教臣服枣饮水绝谷，并作神枕法。中有三十二物，内二十四物善，以当二十四气；其八物毒，以应八风。臣行转少，黑发更生，堕齿复出，日行三百里。臣今年一百八十矣，不能弃世入山，顾恋子孙，复还食谷，又已二十余年，犹得神枕之力，往不复老。”武帝视老翁颜，壮当如五十许，人验问其邻人，皆云信然。帝乃授其方作枕，而不能随其绝谷饮水也。

至于“神枕”的取材与形制，也有一定的要求：须五月五日、七月七日取山林柏做枕，枕长一尺二寸，高四寸，中空，可容一斗二升药物；以柏心赤色者为盖，厚一分，盖上钻三行孔，每行四十九孔，共一百四十七个，孔小若粟。所选用的药物也有定规，以应二十四气的“二十四物”为：

芎䓖　当归　白芷　辛夷
杜衡　白术　藁本　木兰
蜀椒　桂皮　干姜　防风

人参　橘梗　白薇　荆实
肉苁蓉　飞廉　柏实　薏苡仁
款冬花　白衡　秦椒　麋芜

以应八风的有毒八物为：

乌头　附子　梨芦　皂角
茵草　凡石　半夏　细辛

其神效据称："枕百日，面有光泽；一年，体中诸疾一一皆愈，而身尽香；四年，白发变黑，齿落重生，耳目聪明。"[1]

"神枕"以药物而显其镇辟之力，在禳老除病方面最见其效。它作为中药的合用，本身并无神秘的道术，但人们因古代传闻而视之为神奇灵物，反映了信仰与实用的交并。

刀梯

刀梯，又称"刀杆""刀竿"，也叫"天梯"，是古代禳疫驱邪巫术的巫具和象征的登天通神的"天梯"。

登刀梯禳疫的巫风曾长期存在于西南少数民族中，也曾在萨满文化支配下的东北少数民族中流传，甚至一些汉族地区也曾沾染此风，以刀梯作为除病的镇物。刀梯的柄数各地所用不一，有十二把、十三把、二十四把、三十六把、四十九把、百二十把等数目，大多作为"天"的重数的象征。

德江土家族为祈求小孩平安，有还"过关愿"的"踩刀"巫仪。

1 〔元〕忽思慧：《饮膳正要》卷二"神枕方"。

“踩刀”有“踩天刀”与“踩地刀”两种。“踩天刀”由巫师手执牛角，口念咒语，背着过关童子，赤脚爬上由十二把锋利柴刀组成的刀竿之上。“踩地刀”，则是把装在刀竿上的利刃平放于地，刀锋向上，巫师赤脚牵引过关童子从刀上走过。[1]

所谓“过关”，就是逃过灾厄，求得无病无恙。与“踩地刀”相类的还有“过刀桥”，即把十多把大刀绑在两根二三米长的竹竿上，并搭作桥形，巫师在锣鼓伴奏下赤足从“刀桥”上走过，以为小孩过关煞，也为成人除病消灾。[2]

广西苗族亦有“走刀梯”驱病逐疫的巫仪。刀梯为一竹竿或铁竿，上绑二十六把大刀，分作十三级，刀刃向上。巫师先在“刀梯”下运气作法，然后赤足而上，登到梯顶后以腹顶住刀尖旋转，而无所伤。巫师随身带有牛角号，在“刀梯”上吹号念咒，以镇除灾疫。

云南白族间也有“上刀杆”的禳镇事象。“刀杆”为三五米的两根木杆，相距约一二尺，中间以利刃交插，从上而下呈阶梯状。木杆顶上各插三角旗两面，“刀杆”上贴满黄钱。上刀杆主要由称作“朵兮婆”的女巫施行，还有一些“小朵兮”，他们在“刀杆”前敲锣鼓、唱神歌。上刀杆前所唱的神歌叫《雪山娘娘》，其词曰：

三步当作两步走，
一步跳到雪山娘娘你门前，
双手把你门挪开。
热来就是热似火，
冷来就是冷似霜。
一更天气下冷雨，

1 庹修明：《贵州德江土家族地区傩堂戏》，《中央民族学院学报》1989 年第 3 期。

2 陈永正主编：《中国方术大辞典》，中山大学出版社 1991 年，第 441 页。

二更天气下冷霜，
三更天气下大雪，
四更天气雪上又加霜，
五更天气金鸡来报晓，
六更天气山中树木挂铃铛。

歌一结束，朵兮婆披头散发，赤着脚板，用一叠黄纸垫着，一口咬住一个烧得发烫的犁头，一步一蹬，爬上刀杆。小朵兮们此时猛敲锣鼓，并向朵兮婆鞠躬。朵兮婆又唱神歌，再登刀杆，在一根彩绳拴好的提篮里，放上一只雄鸡、一壶烧酒、几个馍馍，在祝颂声中吊下给主人。接着又撒些钱币和馍馍，最后焚甲马、纸锭，拆“刀杆”，仪式结束。举行“上刀杆”的巫仪，主要是因家有重病之人，或在打赢了官司之后。[1]

在广东潮州的汉人间，过去也有刀梯禳病的巫法。《吴友如画宝·风俗志图说》（上）中的“听命于神”（图 6-6），记写了清代潮州人的“刀梯”：

潮人笃信鬼神，有病则使巫祝默祷于神，其最足骇人者，莫如上刀梯。梯上用直木两杆，各长三丈余，矗立大木盘内，以大索四面维系之，使不摇动。旋用利刃百二十柄，横架于两木，刀锋上向。巫者率以童头，戴莲花之冠，身披龙凤之甲，跣足披发，仗剑跳舞，剑光四射，皎如霜雪。金铙镗镗然，法鼓冬冬然，号角呜呜然，呼者、呼应者应然跳舞之间，作诸变态，与铙鼓声相应。已而巫童口念神咒，足

1　杨铠：《鹤庆县白族巫教调查》，载《云南民族民俗和宗教调查》，云南民族出版社 1985 年。

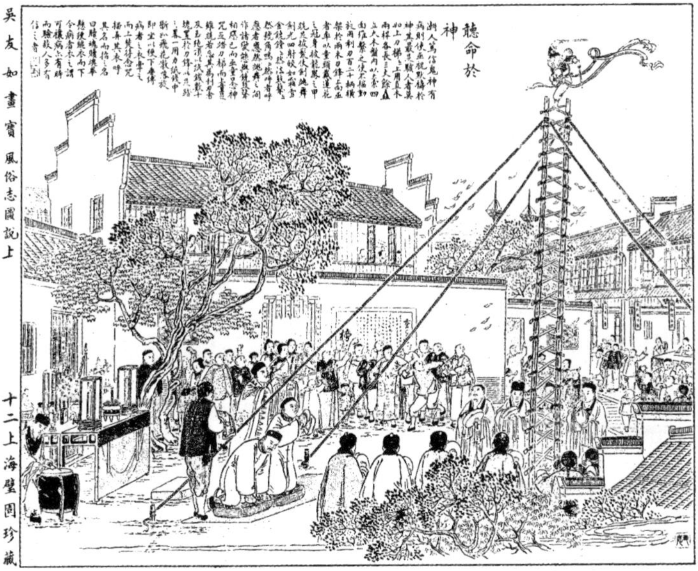

图 6-6　听命于神

图 6-7　白刃可蹈

> 踏刀梯而上，童足虽跣，若忘其为利刃者，及至绝顶，以纸钱数十块置于刀锋，以足踏之，略一用力，纸钱中断，如飞花散落。旋即坐，以绠下垂缚病者之衣，牵之而上，焚符念咒，播弄其衣，呼其名而招之，名曰“赎魂”。赎魂毕，悬縋衣而下，令病者衣之，谓可禳病。亦有时而验，故人多有信之者。

“上刀梯”的风气甚至吹到了澳门，在清代的《吴友如画宝·风俗志图说》（上）中同样见有纪实性的报道（图 6–7）。

刀梯作为巫具和灵物，是登天的阶梯，也是神异的禳疫镇物，它与宇宙树的神话观相联，同时又融入了刀剑为镇的信仰。

三、止疫杂镇

在除病禳疫的长期探求中，人们总是幻想借助镇物的法力，驱逐疫鬼，获得长寿长乐。在这一功利的驱动下，民间的禳镇事象多不胜数，使禳疫镇物的支系显得奇异而纷杂。例如，以狗御蛊毒，束草龙逐瘟疫，以鸡血送“白虎”，以古镜辟疟鬼等，[1] 均普遍而神秘。在止疫杂镇中，还有“无疾镜”、[2] 萨满镜、清水、纸人、纸船、茅船、猪头、食盐等。

水

水是天下最多、易寻易得之物，在观念中又是“高下无不至，万

1 〔明〕陆粲：《庚巳编》卷一〇。

2 《本草纲目》引《樵牧闲谈》云：“孟昶时张敌得一古镜，径尺余，光照寝室如烛，举家无疾，号‘无疾镜’。”

物无不润”的灵物，[1] 同时，水还是除疾止疫的镇物。

水与特定的岁时结合，往往被民间视作具有特殊的镇力。七月七，人们汲清水贮于坛内并加以密封，据说久贮不变臭味，俗称“七月七水”，并谓用以调药治热性疮疥极有特效。此外，八月朔或八月十四日，取露水或清水加朱砂制成“朱水”，用以点儿头，信能厌除百疾，名为“天灸”。《说郛》卷三二引《潜居录》曰：

> 八月朔，以碗盛取树叶露，研辰砂，以牙筋染点身上，百病俱消，谓之天灸。

用冷、热水相掺，谓之“阴阳水”，加上咒语，成为禳治鱼刺鲠喉的镇物。浙江的畲族，遇人被鱼刺所鲠，便用“阴阳水”画“水”字，并念诵咒语道：“此水非是凡间水，化作东海龙神水，此喉化作大江河，鱼骨化作九鳅到大海。此水化作吸石，此水化作南针，吸入大江海。”念罢，送水进喉，信能使鱼骨化掉。[2]

在湘西苗族中，这种水则被称作“鹭鸶水”，亦专治鱼骨鲠喉。其画水的咒语为：

> 月出四柱起，切尽肮脏鬼，愿吾变猴生，正正变吃水。叫变就变，若有不变，弟子画起六月太阳晒变；叫融就融，若有不融，弟子画起六月太阳晒融。叫变就变，若有不变，弟子画起五百蛮雷打变。叫融就融，若再不融，弟子画起五月蛮雷打融。抬头望四方，九龙下天堂。龙来龙脱爪，虎

1　郦道元《水经注·叙》引《玄中记》曰：“天下之多者，水也。浮天载地，高下无不至，万物无不润。”

2　姜彬主编：《吴越民间信仰民俗》，上海文艺出版社 1992 年，第 573 页。

来虎脱皮，山中百鸟脱毛衣，步步成钢，动手成划。（念三次）[1]

湘西苗族的咒语，是用威赫恐吓的手段加大水的镇除之力，体现了镇物神力的主观性质。

清水还是巫师解煞送殃的除病镇物。民间俗信，人若遇煞就会得病，称作“犯煞”，但也可以巫法退煞去灾。施法主要靠清水与咒语的选用，在江西万载，退煞由巫师主持，他手拿一碗清水，在水中画符，并对清水念咒语道：

伏以拜请退煞咒，手举清香口念经，念得上界下方都清静，人离难，难离身，一切灾殃化为空。不怕流年和关煞，不怕太岁来较量，今使法水送灾殃，凶神恶煞不敢当。天灵灵，地灵灵，太上老君急急如律令。

念毕咒语，将水向四方喷洒后泼在地上，俗信这样就赶走了煞鬼，病人就能康复。[2] 在上述巫仪中，水实际上成了最主要的祛病镇物。

以水为禳疫镇物的信仰仍残留在当今的一些乡民中，“移风易俗”对现代人来说，仍旧是一个实际的却又艰难的任务。

纸人

剪纸图案在民间也常用作御凶的镇物，诸如葫芦纹、古钱纹、扫晴娘、免灾娃娃、雄鸡、老虎、五毒图等，均各有禳镇之用，甚至纸

1　林纯声、芮逸夫：《湘西苗族调查报告》，商务印书馆 1947 年，第 197-198 页。

2　郑晓江主编：《中国辟邪文化大观》，花城出版社 1994 年，第 72 页。

人也作为禳疫镇物见于应用。

民间有用红纸剪人形倒贴于门坎内边以止小孩火眼的风俗，也有用红纸剪牛形，以红绳牵引，拴于屋外树上，以除小孩疟疾的禳事。在东北，若有小儿生病，辄许糊纸人作替身，在赴庙会时将纸人焚化，以示替代。在西北，焚纸人祛病的风俗已成为岁时性的活动。据《平凉县志》载：

> （正月）二十三日夕，剪纸人刺孔遍身，当门焚草，子女皆烧火跳越，已而焚纸人，曰“燎疳”。[1]

所谓“疳”者，即“病”也。“燎疳”，就是镇除病患。至于“疳”的类型及治法，《康熙字典》午集中引《正字通》曰：

> 小儿食甘物，多生疳病。疳有五：心、肝、肺、脾、肾也。治疳先辨冷热肥瘦，初病为肥热疳，久病为瘦冷疳。五疳诸积，腹大筋青，面黄肌瘦，或腹痛，以葱、椒煮虾蟆食之，大效。

疳病多为小儿所得，故“燎疳”的镇事，仅为小儿禳疫之用。剪纸、焚草本是常见的俗信行为，而针刺纸人，遍身穿孔，更是一种施咒的巫法，这纸人作为“替身”，显示出镇物的意义。

清代还有“纸人替死”的禳病巫术，即用纸棺装殓纸人，旁招人假哭，抬出后焚毁，以此为垂危病人免死祛疾（图 6–8）。

在清代的京津地区，遇人患病，则有用纸人送“大落水鬼”之术。

---

1 丁世良等主编：《中国地方志民俗资料汇编》（西北卷），书目文献出版社 1989 年，第 165 页。

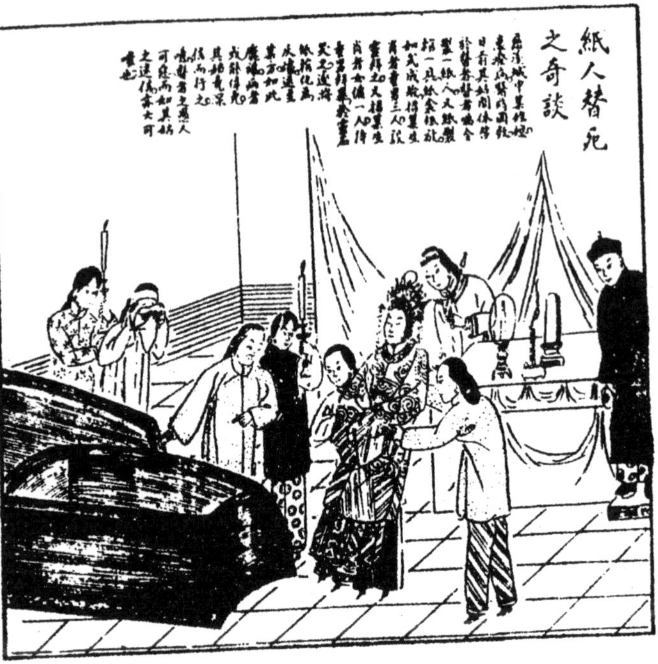

图6-8 纸人替死

纸人先供于病人榻前的几上，上设酒醴鱼肉之属，焚香祝之。到黄昏时分，请一位善饮酒的人与纸人对酌，频频劝酒，一杯复一杯。然后，这人提出不欲闷饮寡欢，须寻乐事。这时别有二人把小几渐渐移出病室，再移中堂，然后抬出大门，均蹑手蹑脚，以图不使纸人察觉。陪饮者亦随之而出。出门后，他们又从岸上渐移至泊于水滨的舟中，然后，解维疾驰，速如激箭。陪饮者仍频频劝酒，当舟至四五里外旷野无人处时，乃抓起纸人，并投之于水，并在铜钲乱鸣声中拔棹回还。回到家中，互相庆贺道："大落水鬼送去矣。"[1]

上述"纸人"则变成"大落水鬼"的替身，作为禳病风俗的中心，"纸

1 《清稗类钞·方伎类》。

人”的留与送是患者病在与病除的象征。从这一意义上讲，纸人在上述禳事中，乃具有镇物的性质。

纸人替身在当今河南省乡间仍见扎用。纸人是人工的造物，也是一种象征的巫具，它主要应用于禳疫祛病的镇事中，体现为巫术、艺术与风俗的混融。

纸船

纸船作为送瘟逐疫的象征，曾广泛见之于少数民族及汉族的巫仪中，并形成功用明确的祈禳风俗。

明万历《慈利县志》载：正月初二，“旦，寺观僧道击铙鸣鼓，为各家收瘟，复作纸铅，设忏悔以遣瘟”。

清嘉庆二十四年《茶陵州志》载：“正月十六日，绘纸为船，以香楮送之江浒而焚之，名曰禳灾。”

清光绪四年《合州志》曰：三月，“以纸糊船送之江中，谓之‘送瘟船’”。

民国二十六年《衢县志》卷八“节序”曰：

> 中元俗称鬼节。是月大傩，立桃、苇索、沧耳虎等，以逐疫鬼。此病家祈禳之事，非傩也。傩名清醮，以道徒五七人，金铙鼓角送纸船出河烧之，以为逐疫。

以上对纸船的处理有送有焚，其期日也不一，但都以之作为送瘟逐疫的主要象征。

送船除疫的俗信还演成了宗教性的大型仪典。在清时的福建，入秋后若瘟疫流行，当地官绅便于九月九日建水陆道场，以求神佑，驱灾除疫。届时迎神出巡，历时七昼夜。陆地上支搭七层高台，文武官员到坛拈香，为民请命。水中纸扎大号船一艘，二号船四艘，载以金箔、银箔，储以日用器具凡三十六行应用之物，无一件不精，无一物不备。至十五日亥时，送至北门外大江中焚化。各庙柱下到者不下千余人，火把灯球，亮若白昼。纸船焚化后，各人灭灯，由西北方迤逦回城，此仪称作“大送船”（图 6–9）。

如果说，福建汉族的“大送船”具有突出的宗教性质的话，那么，在一些少数民族间，仍保有“调瘟船”之类的禳疫巫风。

广西贵港市壮族的“调瘟船”是乡村中“安龙”“立社”“立庙”“打醮”等祭祀活动中的一个驱鬼逐疫的仪式。“调瘟船”之前先行“招兵”仪式，所迎请的神灵有“东九夷九十九万，南八蛮八十八万，西六戎六十六万，北五狄五十五万，中三秦三十三万兵马”。在师公布置的祭坛正前方，安放着一只由彩纸糊成的“船”，其头尾各立放着一个纸人。在掌坛师公唱罢“鲁班造船”传说后，戴面具的“赵元帅”“邓元帅”“马元帅”“关元帅”四位代表神灵的师公登场，与掌坛师公一起收瘟。掌坛师公一手持剑，一手拿符水，在屋的四角施行法术，将各种恶鬼瘟疫收上纸船。这时，师公唱道：

祝赞当年都完备，回来请圣上花船。
买船张且上船去，化瘟教主上花船。
雷霹石叠上船去，黄幡豹尾上花船。
鸦鸣雀叫上船去，肚胎怀孕上花船。
痕疮痘子上船去，金鸡动狗上花船。
红肚泻痢上船去，时冷时热上花船。
勒喉吊颈上船去，封喉喉胀上花船。
四季行灾上船去，四季行瘫上花船。
十二年王上船去，十二月将上花船。
五方圣者上船去，五方棺木上花船。

图 6-9 大送船

当年瘟主上船去，行瘟部瘟上花船。
船头艄公上船去，船尾艄婆上花船。
瘟家圣公上船去，一切神祇上花船。

唱罢，“四元帅”师公作摇船状，以表将纸船送往他界，并将纸船在野田中焚化。[1]

1 黄强:《中国江南民间“送瘟船”祭祀活动研究》,载《中国民间文化》总第 12 集。

从上述巫歌看，各种瘟疫、疾病都被请上了纸船，纸船成了收瘟的镇物。纸船禳疫的信仰基础是“二河三界”的宇宙分层观念，即“天河”将天庭与人间分隔，而“地河”则将人间与冥府分开。作为象征的交通工具，纸船可沿河而上或沿河而下，分别循天河或地川上登于天或下归于地。这两种对瘟疫的打发去向，派生出“焚化”与“漂放”两种处置办法。

清光绪十八年《澎湖厅志》载：

> （船）造毕，或择日付之一炬，谓之“游天河”；或派数人，驾船游海上，谓之“游地河”，皆维神所命焉。

“游天河”似对瘟神有抬举、取悦的情结，而“游地河”则表达出一种无情的放逐的心态。但不论是送瘟上天，或是送瘟入地，都是要把瘟疫从人的生存空间中加以逐除，使之前往宇宙中人迹不至的它界，从而让人们无病无恙。在这一神话与巫术观念的诱导下，纸船便成了广为应用的收瘟镇物。

第二节　除灾镇物

人类生存于自然世界，难免遭受各种天然灾祸的侵扰，由于对灾祸突发的难以预知和缺乏科学的认识，在相当长的历史时期中，人们曾凭借镇物和巫术方式以图防灾御凶。除灾镇物主要用于救日月、抗水旱、防火除雹、驱虫除害等方面，以天象、气象、农事、人生为关注的焦点。镇物在上述领域的应用，形成了“抗天镇物”“除虫镇物”等基本类型。

一、抗天镇物

抗天镇物以天象异变及自然灾害为禳镇对象，多以文化造物寄托情感，表达观念，幻想以物制天，实现对日食、月食、洪水、旱灾、雨涝的镇辟。此类镇物甚多，有金鼓、盆盎、朱丝、泥狗、面人、纸人、灰人、灯笼、纸鱼、铁牛、石鸡、猪头、狗毛、柳枝、阴阳石、荞面灯等，具有浓郁的巫风气息。

朱丝·金鼓·泥狗

日食、月食在中国民间曾作为灾异的征兆，长期影响着人们的天文观念，并引发了一些相关的禳镇风俗。其实，有关日月之食在古代早已有了神话与科学的双重解释。

《尚书正义·夏书·胤征》言及“羲和湎淫，废时乱日，胤往征之”之事，说的是羲和贪酒而没及时报告日食而遭受征伐。日食由神所司，日食乃神界的事变。

《殷契佚存》第374片牛胛骨上的卜辞曰：“癸酉贞日夕又食，佳若？癸酉贞日夕又食，匪若？”这反映出月食作为一种征兆，在公元前13世纪已见记载，其性可吉，可凶。

对日月之食的规律发现及科学思考，伴随着神话认识和预兆观念也早见载述。《诗经·小雅·十月之交》曰：

> 十月之交，朔月辛卯。日有食之，亦孔之丑。……彼月而食，则维其常。此日而食，于何不臧？

这种日月之食有常之说在东汉王充《论衡·说日》中讲得更为具体：

> 大率四十一二月日一食，百八十日月一蚀，蚀之皆有时，非时为变，及其为变，气自然也。

王充还在此篇中重复了时人对日食之因的科学解说，指出："日食者，月掩之也。"

然而，受兽体宇宙神话观的支配，日月之食为神兽相食之说长期占据上风，并对民俗产生影响。《史记·龟策列传》曰："日为德而君于天下，辱于三足之乌；月为刑而相佐，见食于虾蟆。"除了说"三足乌"造成日蚀，"虾蟆"造成月蚀外，民间还有天狗食月之说（图6–10），并将日月之食视作凶兆，各地形成了一些驱禳镇物和相关的仪典。此类镇物中有朱丝、金鼓、泥狗，也有铜锣、盆盎、木柝等响器，以及面人之类。

朱丝救日见之于先秦。《公羊传》曰："六月末朔日，有蚀之，以朱丝萦社，或曰胁之。萦之社者，土地之主；蚀者，土地之精，上敷于天而犯日，故朱丝萦之，助阳抑阴。"

此说称日蚀为地精犯日而成，故用朱红的丝线缠绕象征土地的灶，以压制地下的阴气，达到助阳救日之效。朱红象征血液、生命和阳气，是早在原始文化阶段就已启用的镇护之色，作为死亡和阴气的对立面，信能产生镇辟之力。朱丝用作救日的镇物，其信仰基础是朱色的辟邪之性及地精犯日而蚀的神秘信仰。

金鼓作为响器，也是最常用的救日镇物。孔颖达疏《尚书·胤征》"瞽奏鼓，啬夫驰"曰："日有食之礼，有救日之法，于是瞽人乐官进鼓而击之，啬夫驰骋而取币以礼天神，庶人奔走供救日食之百役。"此外，《春秋左传正义》中亦见"日有食之""伐鼓于朝"之载。可见，鼓自古便是护日的镇物。

在近代地方志数据中，也多见有以鼓救日的礼俗。清康熙三十七年《藁城县志》载逢日、月蚀时的场景：

图6-10　天狗（台南纸马）

设香案县堂露台上，设金鼓手于仪门内两旁，设僧道、乐人于露台下，设各官拜位于露台上，俱向日。至期，阴阳生报日初食，各官用素服行四拜礼毕，执事者捧鼓至县正前，击鼓三声，众鼓齐鸣；僧道前导向露台周旋三回毕，赴二堂坐候。报食甚，各官出堂行礼毕，仍赴二堂坐候。报生光，出堂行礼毕，乃退。月食礼同，俱用常服。

清光绪二十八年《顺天府志》曰："日月蚀，寺观击钟鼓，家击盆盎、铜镜，救日月声嘈嘈屯屯满城中。蚀之刻，不饮不食，曰生噎食，病幼儿。"

民国三十年《高邑县志》载："值日月之蚀，则擂鼓、鸣锣、拍铙钹、击铜瓷器皿，谓之'救日月'。今虽改用国历，而旧历仍风行于民间。

甚矣，习俗之难移也。”

救日何用金鼓之类的响器呢？《春秋穀梁传注疏》卷六载：

> 天子救日，置五麾，陈五兵、五鼓；诸侯置三麾，陈三鼓、三兵；大夫击门；士击柝。言充其阳也。（凡有声者皆阳事，以压阴气。）[1]

鼓能发声，故成为天子、诸侯首选的“救日”响器，本取阳事而辟阴之义。因此，金鼓、木柝皆为“救日”的镇物。

由于民间流传着“天狗”食日、食月之说，也形成了一些驱“天狗”的风俗，曲折地表达了人们护日月的镇辟心理。

在江苏镇江地区丹徒县，人们在四月八纷纷捏制泥狗，并做面狗，待月出时分，妇女们将泥狗倒入河塘之中，并放一阵爆竹，然后回家将面狗蒸了吃，俗信可禳辟“天狗”，消除灾难。

在河北省张家口地区怀安县，有七月半蒸面人逐“天狗”的风俗。相传“天狗”下降食婴孩，民家遂蒸面人，令小儿自抱，以作“替身”。[2]

上述泥狗、面狗、面人，看似为消灾护身，且已岁时化，但仍潜含着逐“天狗”、护日月的寓意，至少反映了救日月、驱“天狗”信仰在近代民间的变异与泛化。因此，泥狗、面狗、面人也归属于抗天镇物，并包藏着复杂的禳护意义。

铁牛·石鸡·灰人

洪水作为天灾，为害甚烈，自古以来，人们除了筑堤修坝、疏河

1 〔清〕阮元校刻：《十三经注疏》，中华书局影印本 1980 年，第 2387 页。

2 清光绪二年八卷本《怀安县志》。

导流，也以神话与传说的方式，描述远古的洪水灾难，以及鲧禹、防风等治水的悲壮与伟烈，寄托平洪弭患的愿望。面对洪水的侵扰，人们常常用信仰的方式辅助实际的努力，借取防洪镇物以作为治水抗洪的象征，于是出现了铁牛、石鸡、灰人、铁钟、铁镬、锁水阁等抗洪镇物。

以铁牛作为镇水的灵物，多见于明清时期的黄、淮流域，在河南、山东、江苏诸省至今仍见铁牛镇水的遗物。

在河南省荥阳县城关镇西北 18 公里处，即广武山脚下、黄河岸边的柏嘴渡口，原有镇河铁犀两只，以镇服河怪，使黄河不在此泛滥。今在孤柏口村尚存一只，铁牛作伏卧状，底座 0.89 米 ×0.57 米，犀长 1 米，身高 0.4 米，背有剥落不可尽辨的残句："金牛金牛，□尾龙□，□值芒山，□□□流。"其臀部有"白日依山尽，黄河入海流"的唐人诗句，以及"乾隆十三年九月吉日"、"开封府郑州泛水，主持僧人性琳，各出己财，黄河不敢南□"的下款。

另据民国初年续修的河南省《仪封县志》载：

> 十堡村火神庙前，一铁牛卧地，昂其首，角高于地者二尺有二寸，自首至尾，长不满四尺，然远而望之，一巨牛弗啻也。右肋下有铭，刻处字镘灭不可读。惟前有"水德"字，末行有"大清"字、"乾"字、"四十四年"字，尚略可辨识。盖前清乾隆四十四年所铸也。

此外，明人于谦曾任河南巡抚，巡查过黄河的水情，并于英宗正统十一年（1446 年）铸成镇水的铁犀，并在犀背亲撰《镇河铁犀铭》。而地处黄河下游的山东省阳谷县张秋镇因屡遭黄河水患，也铸有一只镇水的铁牛。[1]

1　山曼：《黄河下游的水神与灵物信仰》，载《中国民间文化》总第 12 集。

在江苏省洪泽湖畔及大运河沿岸的洪泽县、高邮市等地，也见有治水镇物——铁牛的遗存。在洪泽县高良涧闸下仍放有两只铁牛，牛身硕壮敦实，作跪卧状，昂首奋角，双目圆睁，显得刚毅而警觉。铁牛的腹部铸有如下的铭文：

惟金克木蛟龙藏，惟土制水龟蛇降，
铸犀作镇奠淮扬，永除昏垫报吾皇。

康熙辛巳年午日铸
监造官：王国用

在高邮市运河边的马棚湾亦有同样的铁牛出土，现存放于市内的文游台。所谓“铸犀”，并非制成独角的犀牛，其造型仍为寻常水牛，因犀牛被古人视作灵兽，故借其名以讨祥瑞。

由于铁牛系金属铸成，故先天地带上了“金”的属性。在五行相克观中，有“金克木”之说，而木配东方，东方的神兽是龙，所以“金”可镇克“蛟龙”，迫其“潜藏”，并因此有了“铁者，金也，为水之母，子不敢与母斗，故蛟龙咸畏之”的神话式解说。

铁犀的构图是牛，而牛为“土属”。《贾子·胎教》曰：“牛者，中央之牲也。”中国古代以方位与五行相配，有“东木、南火、西金、北水、中土”之分。牛为“中央之牲”，故“属土”。土能堙水，所以铁牛上留下了“惟土制水”的铭文。

其实，牛在神话中本是大地的象征和大地的载体。《周礼·地官·大司徒》“奉牛牲”注云：“牛，能任载地类也。”在一些民族的神话中，牛是大地的支座，大地由牛用角顶住，当一只角累了，就换另一只顶，这样大地会因此而抖动，于是发生了地震。在河南安阳侯家庄西北岗出土的商代大理石雕双兽纹案，就以牛为底座，表现牛的“载地”神功（图 6–11）。同时透露出，早在三千多年前，牛载大地的神话已在中土有了文化的应用。

铸铁牛御恶龙、镇水怪的俗信早在唐代已演成除水患的镇物。《大唐新语》卷一三载：

> 平地之下一丈二尺为土界，又一丈二尺为水界，各有龙守之。土龙六年一暴，水龙十二年而一暴……铸铁牛为牛豕之状，可以御二龙。

“金克木”“土堙水”是铁牛镇水的外显的象征文化观念，而牛为大地的神话思维才是铁牛作为辟凶镇物的内在机缘。

在水患多发的地区，除了以铁牛设镇，还见有石鸡的配置。在苏北运河入江口附近的壁虎坝，曾有一站立的汉白玉雕成的雄鸡，而在当今洪泽湖畔的洪泽县城内，仍有一只高高站立的雄鸡，它昂首长啼，面对东方，永远呼唤着光明。

图 6-11　商代牛纹石案

雄鸡作为御辟水患的镇物，乃因其为去阴的阳物。《春秋说题辞》曰：“鸡为积阳，南方之象，火阳精物，炎上，故阳出鸡鸣，以类感也。”由于鸡能与太阳相类感，故为充溢着阳气的灵物。鸡啼破晓，阳至而阴去，所以石鸡一直被民间用作辟鬼除阴的镇物。洪水是一种突发的破坏力量，不论是否由恶龙兴风作浪而发，它带来祸患的事实使它带上了“阴气贼害”的鬼性，而鸡能辟阴，也就被看作有镇洪之力。

灰人也是古代用以止雨退洪的御凶镇物。“灰人”由方士聚灰而成，被作为偶像加以祈拜。梁简文帝《祭灰人文》曰：“积注奄旬，祭在灰人。消兹兽炭，焚此挂薪，积如玉屑，聚若游尘。”灰人止洪的镇术与“积芦灰以止淫水”的神话观念相通，也与借“息壤”以堙洪的传说相关。“息壤”作为退洪的镇物，在鲧之后仍见于晚近的传说中。

清人王士禛《香祖笔记》卷三载：

> 荆州南门有息壤，其来旧矣，上有石记云：“犯之颇致雷雨。”康熙元年，荆州大旱，州人请掘息壤出南门外堤上。掘不数尺，有状若屋，而露其脊者。再下尺许，启屋而入，见一物正方，上锐下广，非土非木，亦非金石，有文如古篆，土人云：“即息壤也。”急掩之。其夜大雨，历四十余日，江水泛溢，决万城堤，几坏城。

“息壤”出则大雨，“息壤”埋则洪退。在上述掘“息壤”以抗旱的传闻中，是将“息壤”与大雨、洪水相联系的，透露出它作为抗天镇物的性质。“灰人”是与“息壤”相类的镇物，同取“水来土掩”的防护方式，也都以神话资料作为风俗传承的基础。这种以物抗天的俗信，在一定程度上反映出古人除灾免患、改造自然的纯朴愿望。

纸龟·柳枝·泥龙

久旱无雨，农田干涸，古人视之为旱魃作祟，因心忧二谷，往往借物加以镇除。《诗经·大雅·云汉》曰：“旱魃为虐，如炎如焚。我心惮暑，忧心如熏。”为斗魃除旱，在民间形成了多种的祈雨方式，有敬神型、娱神型、诱感型、驱使型等，其中不乏镇物的应用。在祈雨抗旱的镇物中，有纸龟、柳枝、泥龙、龙灯、灵星、雨师、龙王、金鱼、蜥蜴、发爪等，带有浓郁的农耕文化的色彩。

纸龟、泥龙曾在天津的求雨风俗中并举共用，胡朴安在《中华全国风俗志》下编里作如下的描述：

> 天津农人遇天旱之时，有求雨之举。求雨者，或抬关壮缪之偶像出送，或抬龙王之偶像出送，前引以仪仗多件，锣鼓喧天聒耳，有如赛会一般。另有一人，身披绿纸制成之龟壳，以墨粉面，口中喃喃而语。其余随从之人颇多，大都头戴一柳圈，手持一柳枝，亦不知何所取意。每到一处，该处之人皆须放鞭炮，陈列供品迎接。有街市之处，门口皆插柳枝，用黄纸书“大雨时行”四大字悬之，亦有书“大雨如注”，或“大雨倾盆”，或“天降大雨”者。另有儿童等用长木板一条，塑泥龙于上，以蚌壳为龙鳞，黏其上，扛之向街中游行，口中喊曰：“滑沥滑沥头咧，滑沥滑沥头咧。家家小孩来求雨咧。”或又喊之曰：“老天爷，别下咧，滑沥滑沥下大咧。大雨下到开洼地，小雨下到菜畦里。”

绿色纸龟壳与柳圈、泥龙是诱雨的巫物，也是抗旱的信仰镇物，它们与符文咒语叠加应用，表明了灾民除旱御凶的急切心情。

如果说纸龟为镇较为少见的话，泥龙、纸龙及相关的“迎龙”“送龙”风俗却广为流布。吴长元《宸垣识略》曰：

> 凡岁时不雨，家贴龙王神马于门，瓷瓶插柳枝挂门之旁，小儿塑泥龙，张纸旗，击金鼓，焚香各龙王庙，群歌曰：“青龙头，白龙尾，小儿求雨天欢喜，麦子麦子焦黄，起动起动龙王。大下小下，初一下到十八。摩诃萨。”

泥龙、柳枝作为镇物又与咒语相连，同时还附加了龙王纸马（图 6–12）、纸旗、金鼓等作镇，也反映了抗天镇物的并举与迭用。

至于柳枝作镇，乃因其多生水际，且为观音菩萨洒水之物，故成为甘露必致的象征。祈雨的人群多头戴柳圈，或瓶插柳枝，呼风唤雨，以行求雨之祭。在宋代，还将“插柳枝”与“泛蜥蜴”共举，成为柳、龙并用的借代。据《倦游杂录》载：

> 熙宁中，京师大旱，按古法令坊巷以瓮贮水，插柳枝，泛蜥蜴。小儿呼曰：“蜥蜴蜥蜴，兴云吐雾，降雨滂沱，放汝归去。”时蜥蜴不能尽得，往往以蝎虎代之，入水即死。小儿更曰：“冤苦冤苦，我是蝎虎，似凭昏沉，得其雨。”[1]

蝎虎、蜥蜴是龙的指代，而龙、柳均有水生之性，可见抗旱镇物的信仰诱因具有观念的与实验的两路来由，但作为文化象征，仅仅是愿望的表达，并无实用的意义。在东北地区，祈雨的人群有“不烟、不酒、不撑伞、不戴笠”“禁宰杀”的规矩，而取“柳圈罩头”、“人皆跣足”、沿街抱瓶、柳枝蘸酒的做法，[2] 使祈雨巫仪完成了风俗化，

1 〔明〕陈耀文：《天中记》卷三。

2 丁世良等：《中国地方志民俗资料汇编》（东北卷），书目文献出版社 1989 年，第 179 页。

图 6-12 龙王纸马

然不失神秘的气氛。可以说，巫物向镇物的转化是祈雨巫仪风俗化的潜在动因。

扫晴杂镇

无雨为旱，久雨则涝，为辟多雨之灾，民间曾出现了一些止雨镇物，表达了神秘的抗天愿望。

古人很早就将雨旱同阴阳相联，并由此产生了祛灾巫法和奇异镇物。《汉书・董仲舒传》载：

仲舒治国，以《春秋》灾异之变推阴阳所以错行，故求雨，闭诸门，其止雨反是。

阴阳雨旱观直到清代也未曾动摇，陆凤藻《小知录》卷二中的“阴阳石”，便实为祈雨、止雨的镇物。其文曰：

夷陵有阴阳石，阴石常润，阳石常燥，旱则鞭阴石，雨则鞭阳石。

鞭“阳石”，为激发阳气而除阴止雨，“阳石”乃观念中的扫晴镇物。

在大江南北还见有剪纸人以扫晴的巫法，这种纸人称作“扫晴娘”，或称“扫天婆”（图 6–13）。据清光绪二十八年重印本《顺天府志》载：“雨久，以白纸作妇人首，剪红绿纸衣之，以箸帚苗缚小帚令携之，竿悬檐际，曰‘扫晴娘’。”[1]

光绪《丹阳县志》卷二九载：“是月（二月）雨为‘杏花雨’。雨久，以白纸作妇人首，以箸帚苗缚小帚令携之，竿悬于檐际，曰‘扫晴娘’。”

《清嘉录》卷六引钱思元《吴门补乘》曰：“久雨，则翦纸为女形，持箸帚，悬檐际，名扫晴娘。”

关于“扫晴娘”悬置方式，胡朴安《中华全国风俗志》下编所述甚详：“吴县如遇久雨，则用纸剪为女子之状，名曰扫晴娘。手执扫帚，纸人须颠倒，足朝天，头朝地，其意盖谓足朝天可扫去雨点也。用线穿之，挂于廊下或檐下，俟天已晴，然后将扫晴娘焚去。”[2]

1　丁世良等主编：《中国地方志民俗资料汇编》（华北卷），书目文献出版社 1989 年，第 11 页。

2　胡朴安：《中华全国风俗志》，河北人民出版社 1986 年，第 172 页。

图 6-13　扫晴娘（民间剪纸）

“扫晴娘”作为止雨镇物,乃因持帚之故,俗信凭之可“扫净世界,救之风尘”。[1]

在某些地区另有剪纸为小和尚，以祈晴之俗。在浙江奉化，人们剪两个小和尚，贴在墙上，用竹梢抽打他们，让他们代龙受过，让龙感知而收雨。在江苏苏州地区，则用黄纸剪七个和尚头，倒贴水缸脚，并烧纸香，以祈止雨。[2]

以“小和尚”取代“扫晴娘”并非什么感应龙类,而是和尚为阳,“扫晴娘”为阴，取助阳灭阴之信，以图止雨。这是以阴阳观对“扫晴娘”的性别所作出的修正，反映了镇物选用中的合理化心态。

1　流传于江苏无锡地区的《天明经》曰：“天明经，地明经，东方日出皎皎晴。开天姑娘，扫地娘娘，扫清世界，救之风尘。乌云堂堂开，显出太阳来。”

2　阳渔：《水稻生产与太阳崇拜》,《中国民间文化》总第 14 集，第 12 页。

民间还有将破鞋、破灯笼、破笠帽作止雨镇物，用火焚毁，让烟尘飞天以止雨的巫法。在浙江兰溪，旧笠帽与破灯笼要扎在竹竿上焚化，同时还念如下的咒语：

笠帽精，灯笼精，请你上天讲人情，今天落，明天晴。

此外，钉鞋、锄头也能充作扫晴镇物，人们祭供钉鞋，把锄头丢在屋顶上，以作为收雨之法。[1] 如果说，供钉鞋是通过对雨具的崇拜而感神止雨的话，那么，丢锄头则隐含炫耀武力的震慑寓意，表现出锄云止雨的抗天决心。

扫晴镇物品目虽多，但"止雨"是唯一的目的，这类镇物作为农耕社会的产物，表达着世代农民们向天索粮的质朴的心愿。

二、除虫镇物

蛇蝎、蚤虱、蝗虫、蜈蚣之类，或伤残人身，或噬毁稼禾，有时属人类的敌害。为了维护生命与劳动的成果，自古以来，民间形成了多种除虫禳灾的风俗，其中包括以信仰的方式或巫术的手段去实现实在的目的。由于历史的局限，人类在除虫的努力中也部分选用了镇物，并以此作为威力的象征和意愿的寄托。诸如五毒图、蝎符、蜒蚰榜、灰弓、纸斧、纸船、篾虫、面灯、火把、黄豆、粟米、潮水、狗肉等，都曾被用作除虫镇物，融入各地的民间信仰之中。

1　阳渔：《水稻生产与太阳崇拜》，《中国民间文化》总第 14 集，第 12 页。

蝎符

与道教符咒相关的“蝎符”或“虫符”在各地曾广为流布，民间多在谷雨日、二月二，或四月八将其贴于墙壁、橱背或床脚。据清雍正十三年一百卷本《陕西通志》引《延绥镇志》载：

（谷雨日），贴厌蝎符于壁，书咒其上曰：“谷雨日，谷雨晨，奉请谷雨大将军。茶三盏，酒三巡，逆蝎千里化为尘。”

在这种“蝎符”上常印绘雄鸡图像，并配有道符和咒语。在陕西凤翔印制的神鸡“蝎符”（图 6–14）上，印有这样的咒语：“谷雨三月中，蝎子逞威风。神鸡鸣壹嘴，毒虫化为水。吾在鸡峰山雷音寺魔天洞，吾奉太上老君急急如律令。”

在陕南，人家在谷雨日除了贴蝎符，还折取柳枝在天刚亮时鞭打墙壁，信能消除毒蝎。

在其他地区，多以二月二日为除虫日。康熙二十七年《睢宁县旧志》卷七载：“二月二日爆粟，俗曰‘爆虫’。”民国九年《沛县志》卷三曰：二月二日，“炒豆加糖与小儿食，可免蝎螫，谓之‘吃蝎子爪’”。在山东高唐，人们则吃盐水炒豆以免蝎毒，据《中华全国风俗志》下编“高唐奇俗之一种”载：

阴历二月初二日，高唐有一种奇俗，名叫蝎子毒。蝎子为蜘蛛属，长三寸许，色青黑，全身环节而成，尾端有毒钩，能注射毒汁杀人。高唐之人，用黄豆盐水泡之，经二十四小时后，将水滤去晒干，置锅中炒熟食之。其意以为春雷鸣动，万蛰皆起，而此螫人之蝎子，亦将出蛰。故吃黄

图 6-14　神鸡蝎符

豆，托名“蝎子毒”，谓吃尽其毒，可免为其所螫也。[1]

此外，还有吃“面灯”以咬“蝎毒”的俗事。

若被蝎咬，古人则诵念解蝎毒咒，《外台秘要》卷四〇“广济疗蝎螫毒方”载：

1　胡朴安 :《中华全国风俗志》，河北人民出版社 1986 年，第 110 页。

咒曰：一名蒿枝，一名薄之，傍他篱落，螫他妇儿，毒气急去，不出他道你愚痴，急急如律令。

这种以声音表现的镇力当然是想象的，同蝎符一样不会有实际的疗效。

蝎符虽无疗救的神效，但在除虫灭毒的心理发动方面仍有其积极的功用，至少在认识时令方面，它具有警示的作用。除了谷雨日，二月二、四月八还见有类似的“蝎符”。在苏南农村，这类“蝎符”称作“蜒蚰榜”。所谓“蜒蚰榜”，是2寸宽、1尺长的红纸条或白纸条，上写着“蜒蚰、蚂蚁、蜈蚣、蟑螂、蛇蝎、蛀虫、壁虎、蜘蛛、跳蚤、白虱、臭虫，一切诸虫皆入地”，或写“二月二，诸虫蚂蚁直入地”，“诸虫”以下七字倒书，并以朱笔勾画。“蜒蚰榜”贴于床底、桌腿、橱腿、箱背等处，贴时儿童在一旁高唱：“贴上蜒蚰榜，虫豸都死光！”

在皖南民居中常见书有“壬子癸”的符贴，以驱白蚁、毒虫。在湖南宁远，则有四月八日书黄纸符贴墙的除虫之俗。其黄纸上所书文字曰：

四月八日节，洞宾来借歇。
仙风吹一口，毛虫尽皆灭。[1]

这是借取吕洞宾的仙力以除虫的符文，与“蝎符”“蜒蚰榜”等如出一辙，尽为以道法神咒以灭毒的除虫镇物。此类镇物时令性强，涉及自然与生活的关系，故曾有普遍的应用。

1 杨荫深：《事物掌故丛谈》，上海书店影印版1986年，第32页。

虫王

虫王，又称“虫神”“八蜡神”或“虸八蜡之神”“刘猛将军”等，是农家驱蝗除虫的镇物和恩主。

蝗灾的惨烈常使农家颗粒无收，因此使古人产生了对虫王的幻想与祈拜。早在先秦时期，昆虫已成为天子“大蜡”之一。《礼记·郊特牲》曰：“天子大蜡八。伊耆氏始为蜡。蜡也者，索也。岁十二月，合聚万物而索享之也。”唐孔颖达疏曰：“大蜡八者，即郑注云：先啬一、司啬二、农三、邮表畷四、猫虎五、坊六、水庸七、昆虫八。”东汉蔡邕《独断》卷上“天子大蜡八神之别名”释曰：

> 蜡之言索也。祭曰：“索此八神而祭之也。大同小异，为位相对向。”祝曰：“土反其宅，水归其壑，昆虫毋作，丰年若土，岁取千百。”

“八神”中，昆虫位居第八，故虫王多被呼作“八蜡神”，中国北方多有“虫王庙”或“八蜡庙”，此外，“虫王之神”“虸八蜡之神”和“蝗蝻太尉”之类的纸马在民间也曾广为流布（图 6–15），以供农家随时祭供。

虫王有化变百虫之说，例如“虸八蜡之神”的形象常制为尖嘴带翼之形（图 6–16），又有英雄迁变之说，表现为完整的人形之神。这位人格化的虫王神就是江浙一带尤为虔敬的“刘猛将军”。

传说，正月十三日是刘猛将军的诞日，江南过去多有“祭猛将”的迎神赛会，以求驱蝗除灾。清顾铁卿《清嘉录》卷一载：

> 十三日，官府致祭刘猛将之辰，游人骈集于吉祥庵。庵中燃铜烛二，大如栝棬，半月如灭，俗呼“大蜡烛”。相传神能驱蝗，天旱祷雨辄应，为福畎亩，故乡人酬答，尤为心

图 6-15　蝗蝻太尉

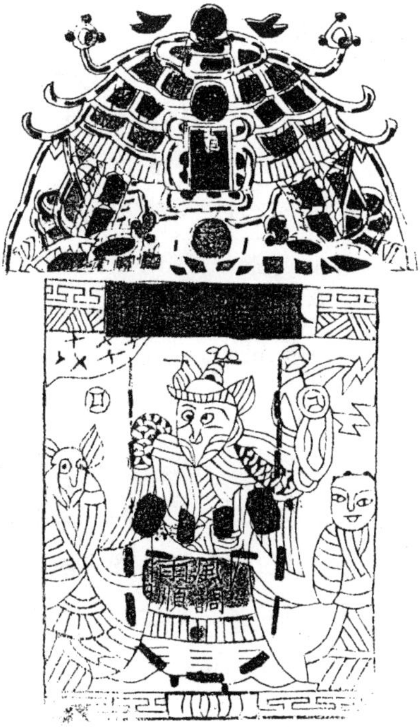

图 6-16　虮蜡之神（民间纸马）

> 愫。前后数日，各乡村民击牲献醴，抬像游街，以赛猛将之神，谓之“待猛将”。穹窿山一带农人舁猛将，奔走如飞，倾跌为乐，不为慢亵，名曰“迎猛将”。

猛将赛会往往持续半月，甚或长达二十天之久，在有的乡镇从正月初一起大行猛将赛会，把驱蝗迎神作为新年活动的中心。

据《江震志》载：“元旦，坊巷乡邨，各为天曹神会，以赛猛将之神，谓神能驱蝗，故奉之。会各杂集，老少为隶卒，鸣金击鼓，列队张盖，遍走城市，富家施以钱粟。至二十日或十五日罢。”[1]

被视作虫王的“猛将”为谁呢？民间颇多异说。有说是南宋高宗时的抗金英雄刘锜，有说是其弟刘锐，或称为南宋光宗时的刘漫塘，亦有谓为元末坐镇江淮的刘承忠。江苏地区多祀刘锜，并建有刘猛将军庙，而浙江地区多以刘承宗为猛将，感其率兵捕蝗，除灭虫灾。

对猛将的祭奉不仅在其诞日前后，也常在夏日稻熟前“烧青苗”以除蝗灾。《清嘉录》卷七另载：“（七月）是时，田夫耕耘甫毕，各醵钱以赛猛将之神。舁神于场，击牲设醴，鼓乐以酬，四野遍插五色纸旗，谓如是则飞蝗不为灾，谓之‘烧青苗’。”

纸旗在布依族人的驱虫风俗中亦见运用，它作为招引虫王或“猛将”的神幡，或作为“猛将”的令旗，对蝗虫等虫害具有象征的威镇作用。

在浙江慈溪也有祭祀刘猛将军的青苗会，其出巡仪式颇为壮观，前有两个拿顺风旗的开路者，后跟两个戴面具的大头和尚，手执马桶、扫帚和芭蕉扇，后面是头旗和头牌，上书行会的村名、堂名、姓氏，再后是两盏开路莲灯，然后又是十二面三角牙旗，绣十二生肖或十二月花卉，后面是门枪、鼓船、锣鼓、丝竹，再后是十面五色大旗，旗

1 《清嘉录》卷一。

后是数十把锁叉赶丧魍的队伍。丧魍形如无常，头戴高帽，脸罩丝瓜络，身穿麻布长衫，脚穿草鞋，手拿破芭蕉扇，嘴含麦杆哨子，作为害虫的象征。每行至一村，人们用板凳把丧魍拦住，“话野饭”的便站在长凳上讲白话：

> 丧魍头子狰，野饭会摆大路登。众班兄弟让开身，让我野饭话几声。湖白田青虫行大群，棉花地攀虫吓煞人。叶瓣吃光无收成，肚饥难煞咋做人。种田地人想法门，庙里来请猛将军，菩萨扛出大殿墩，宗长、房长、修事来讨论，青苗会不行弄勿成……

赶丧魍的后面还有五至十把青虫耙，再后是抬阁、龙灯，龙身十八节，龙灯后是纱船，再后是皂班，最后是刘猛将军菩萨，菩萨旁边有手执鹰毛扇的赞礼二人。[1] 青苗会出巡的主题，为除虫灭害、护苗祈稔，但也留下了傩仪、傩戏的承传印痕。

“猛将”是“虫王”在近古的衍化，而“虫王”的立祀则源于蜡祭。直到中古时期，农家仍取“腊炙”为驱虫镇物。

唐人韩鄂《四时纂要·十二月》载：“是月收腊祀余炙，以杖头穿，竖瓜田角，去虫。”

周人称“蜡”，而汉代称“腊”，其中都包含对虫王的祭奉。

虫王作为农家的恩主，在于它对昆虫的驱除，虫王庙、虫王纸马、虫王旗、虫王祭品都同虫王像一样，成为旧时农户的除虫镇物。它们并无实际的救灾功用，仅作为心理的寄托，反映出农事的艰辛及其抗灾的祈盼。

1　滕占能：《慈溪青苗会调查》，载《中国民间文化》总第 14 集，第 16–17 页。

灰弓·纸刀·篾虫

在江南乡村有画灰弓以禳镇的农俗，灰弓用石灰在门外空地或谷场上画成，其时多选在除夕或四月初八。

“灰弓”上一般画有三支利箭，以驱煞退祟、除虫灭害。在无锡乡间，俗信“灰弓”可用以制伏“三害”。所谓“三害”者，指蝗、螟、蠓三虫。据《锡农卷》载：

> 宋、元、明、清时期，种植混乱，虫灾频发，尤以蝗、螟、蠓虫三害最甚……飞蝗翳空伤稼，秋虫（螟虫）蚀禾，蠓虫（稻飞虱）食根，禾枯不实，酿成大灾。农民们多视水稻病虫为天意，多兴庙拜佛，画弓箭射虫害，祈求消灾。[1]

吴地养蚕的农家，在育蚕期间也画灰弓以退辟“蚕祟”，并与“挑青”——吃螺蛳、“赶白虎”的俗事并举。周煌《吴兴蚕词》中有“青螺白虎刚祠罢，留得灰弓月样圆”句，可见，灰弓在俗信中是除祟兴蚕的镇物。

灰弓用石灰所画，而石灰本身就是除虫的镇物。在浙江淳安县，四月八人们用石灰抛撒屋角或阴沟，并口念咒语道：

> 石灰撒一撒，蜈蚣蝎螯都死塌。
> 石灰啄一啄，蜈蚣蝎螯不出屋。
> 石灰腌一腌，蜈蚣蝎螯不出现。[2]

1　朱海容：《古吴春秋》（上），新疆青少年出版社 1994 年，第 48 页。

2　姜彬主编：《吴越民间信仰民俗》，上海文艺出版社 1992 年，第 570 页。

在西北地区，有用灶灰替代石灰涂门抹户以辟毒虫的风俗，就选材说而言，可谓异曲同工。

纸刀也是俗信中的除虫镇物。清人袁枚《子不语·囊囊》记述了一则纸刀斩虫的神异故事：

> 桐城南门外章云士，性好神佛。偶过古庙，见有雕刻神像，颇尊严，迎归作家堂神，奉祀甚虔。……邻有女为怪所缠，怪貌狞恶，遍体蒙茸，似毛非毛。……
>
> 女母告章，章为求家堂神。是夜梦神曰："此怪未知何物，宽三日限，当为查办。"过期，神果至，曰："怪名囊囊，神通甚大，非我自往剪除不可。然鬼神力量，终需恃人而行。汝择一除日，备轿一乘，夫四名，快手四名，绳索刀斧八物，剪纸为之，悉陈于厅。汝在旁喝曰上轿，曰抬到女家，更喝曰斩，如此则怪除矣。"
>
> 两家如其言。临期扶纸轿者，果觉重于平日。至女家，大喝"斩"字，纸刀盘旋如风，飒飒有声。一物掷墙而过，女身霍然，如释重负。家人追视之，乃一蓑衣虫，长三尺许，细脚千条，如蚕丝闪闪，自腰斫为三段。烧之，臭闻数里。
>
> 桐城人不解"囊囊"之名，后考《庶物异名疏》，方知蓑衣虫一名"囊囊"。

这则故事虽说的是以神降怪，但透露出纸刀纸斧的巫具性质和镇物作用。蓑衣虫又称"蜒蚰"，是民间春日镇除的主要虫害之一。如果说苏南的"蜒蚰榜"与道符相关联的话，那么，桐城的"纸刀"则是通神的镇物。故事言虫为怪，反映了民间对毒虫的憎恶，并成为这一情结的夸张。

人们对毒虫的镇灭除了用法具与工具，也用拟虫之物，以虫除虫。

在浙江台州地区曾流行的“篾虫”，实际上也是一种人造的除虫镇物。过去，每逢清明时节，当地人用篾子扎一根两丈长、两抱粗的“大百足虫”，首尾共九节，每节用短木相连接，可以活动。虫身用篾箍、纸糊、彩画。届时由两人放爆竹作前导，另有九个人钻进九节虫身里，俯下身子，手脚并用地在地上缓缓爬行。每节的背脊上都插上一炷燃着的香火，故篾虫又称“香九虫”或“香九娘”。其后有撒盐米、唱“驱虫歌”者，有执柳条驱赶大虫者，并有扮作将军及侍卫者，以押送毒虫到东郊。篾虫到了东郊，经祭祷念咒后即行火化。是日，观者人山人海，俨然节日般的热闹。[1]

“篾虫”是毒虫的象征，也是灭虫的符号，它以自身的焚毁，来预示一年虫害的尽除。从这一意义上说，“篾虫”就是除虫的镇物。由于它以模拟的、仪典的、想象的方式去干预自然界的实在之物，因此这一风俗带上了浓郁的巫风气息，并突出了镇物文化非实验性的信仰特征。

土家族在蝗灾猖獗时，则用纸扎官人形象，并举行“审老爷”“鞭老爷”“烧老爷”的巫仪。这种以惩戒求禳除的做法反映了救灾的急切心情，以及镇物正用与反用的多变形态，同“篾虫”一样，它表现出先人为驱除虫害曾作出的幼稚努力和对平灾弭患的执着追求。

1　叶大兵等：《中国风俗辞典》，上海辞书出版社 1990 年，第 727 页。